基礎から学ぶ博物館法規

栗原祐司

同成社

は じ め に

　現在、日本にはおよそ5,800館の博物館があり、300近い大学等で学芸員の資格を取得するための「博物館に関する科目」が開講されている。受講生は、必須科目である「博物館概論」や「博物館経営論」で、必ず博物館法や博物館行政に関する内容を学んでいるはずだが、晴れて博物館に就職できたとしても、新たに開館・リニューアルする館でもないかぎり、役所に出向したり、管理職になるまでは、博物館法を身近なものとして感じることがないというのが実態であろう。規制が少ないという意味では結構なことだが、逆にそれは博物館法が形骸化していることの証でもある。

　筆者は、10年以上大学院で「博物館関係法規特論」という科目を担当しているが、受講生のほとんどが文学部出身のため、学部で法令の基礎を学んでいない者が多い。ほぼ全員が学芸員資格を有しているにもかかわらず、博物館行政に関する断片的な知識のみで、実務的なスキルを身に付けていないのである。大学ではそれが限界であると言ってしまえばそれまでだが、ただでさえ定員削減で学芸員が事務的な作業までしなければならない昨今、博物館現場では、新人であっても最低限の基礎的・体系的な行政知識は身に付けてほしい。

　本書では、まず法令の基礎からはじめ、補助金や税制等行政的な内容も含め、博物館法規に関する基礎から学べるようわかりやすく解説した。その上で、現在の博物館行政が抱えている課題を歴史からひもとき、今後の展望を考察できるように心がけた。第1章及び第2章はすべての行政関係に共通のことなので、博物館関係以外の方でも参考になるのではないかと思う。

　本書の中核をなすのは第3章であり、類書のない博物館法のコンメンタールとなっている。博物館法は1951（昭和26）年の制定以来、1955（昭和30）年の改正を除けば、半世紀以上にわたってほとんど大きな改正を行ってきておらず、その見直しを行うことが博物館関係者の悲願であると言ってもよいであろう。筆者は、かねてより博物館制度の充実に向けて行政官としての立場のみな

らず、個人としても学会等を通じて様々な活動を行ってきたが、幸運にも文部科学省生涯学習政策局社会教育課の企画官として 2008（平成 20）年の法改正に従事することができた。立案作業を行うに際して痛感したのは、博物館法の解説書が必要だということであった。社会教育法や図書館法については先達による解説書があり、学生や研究者にとって必読の書となっているが、博物館法については、市販されている解説書やコンメンタールが存在しないのである。

　もちろん、博物館学の先達たちによる博物館学概論等の文献の中には博物館法についての記述がなされているものも多く、博物館法に関する論文も多数執筆されているが、一冊にまとめられた書籍は、筆者は寡聞にして知らない。唯一、日本社会教育学会社会教育法制研究会による『社会教育法制研究資料』（1972 年）が博物館法成立当時の関係資料を整理・保存した貴重な資料となっているが、残念ながら一般には入手が困難である。また、法制定当時の文部省の想定問答等も掲載されているものの、必ずしも体系的な解説書とはなっておらず、参考資料集の域を出ない。

　社会教育法や図書館法と同じように、制定当時、文部省の担当者による博物館法の解説書が出版されなかったのは誠に残念で、制定当時の資料もその多くが散逸してしまっているが、幸いなことに内部用に作成した資料が文部科学省に引き継がれてきている。また、井内慶次郎氏とともに立案業務に従事された川崎繁氏の「博物館法案資料」と題した綴りが現存しており、2007（平成 19）年には大先輩である川崎氏より直接お話をうかがうこともできたが、残念なことに鬼籍に入られてしまった。あわせて、博物館法の制定及び改正の経緯に関しても、伊藤寿朗氏ら先達による優れた研究はあるものの、簡潔に概観できる資料が求められているように思う。

　そこで本書は、先行研究のみならず、博物館制定当初の資料をはじめ文部科学省に引き継がれてきた資料等を活用した。また、政省令等に関しては頻繁に改正が行われることもあって解説書等に掲載する例は少ないが、この際、それらについての解説も盛り込むこととした。

　言うまでもないが、博物館の現場は学芸員だけではまわらず、学芸員や専門職、そして事務方とが車の両輪となって運営していかなければならない。そのためには、事務方はたとえ望んだ職場ではなかったとしても、博物館学はじめ

専門分野に関する基礎知識を学ぶことが必要であり、学芸員もまた、法令を含む事務的な基礎知識を有することが必要であると考えている。

　そうした観点から、本書が博物館学を学ぶ学生だけではなく、現職の学芸員や博物館の事務方の方々にとって、博物館行政に関するガイドブックとして活用してもらえれば、筆者の望外の喜びとするところである。

　もとより、本書は、筆者の私的見解を示したものに過ぎず、文部科学省・文化庁としての公定解釈ではない。今後とも研究と修養に努め、欠点を補っていきたいと考えており、関係各位の御叱正、御教示をお願いしたい。

　筆者の目的は、日本の博物館の振興、そして博物館学のさらなる発展にある。志を同じくする方々が本書をお読みいただき、次世代に向けた博物館政策の企画・立案の参考の一助となれば幸いである。

　　2022 年 2 月吉日

栗 原 祐 司

目　　次

基礎から学ぶ博物館法規

第1章　法令の基礎

1. 法規と法令

　テレビニュースや新聞などで、よく「法令」、「法規」という言葉を聞くと思うが、一般にはあまり意識して使い分けておらず、同義の場合もある。本書が『基礎から学ぶ博物館法規』でありながら、本章では「法令の基礎」をタイトルとし、あえて使い分けているのは、両者は意味が違うからである。

　「法規」とは、一般的・抽象的な法規範のことを指すことが多い。国民の権利を制限したり、国民に義務を課すものと指すと考えていい。「一般的」とは、法の受範者が不特定多数人であることを意味し、「抽象的」とは、法の対象・事件が不特定多数であることを意味していると理解すればいいだろう。

　一方、「法令」とは、「法律」、「政令」、「省令」、「告示」など国の行政機関が定める法的拘束力のあるものの総称である。地方公共団体（都道府県、市町村）が制定する「条例」や、最高裁判所規則、上級官庁が下級官庁に対して（例えば中央官庁が地方支分部局へ）発する訓令等を含む場合もあるが、明確な定義づけはなされていない。ただし、国と国との国際的な取り決めである条約や国際規約などは、含まないと考えていい。それらは、国内で批准、すなわち各国国内法上の手続に従って行われる最終的確認と同意を得て初めて効力が生じるからである。

2. 法律、政令、省令、告示

　まず、日本国憲法は、「国の最高法規」と定義されており、憲法に違反した

国内のすべての法規は効力を持たない。

　「法律」が国会で成立したものであるのに対し、「政令」は法律を施行するための手続きや、法律で定めていない内容を委任したもので、内閣が定め、国会では審議しない。手続き的には、「閣議決定」すなわち全閣僚が合意して政府の方針を決定することが必要となる。さらに、政令よりも細かい内容については、「省令」や「告示」に委任し、主務大臣が主管官庁限りで決めることになる。あらゆる法令は「主務大臣」「主管官庁」が決められており、複数の官庁が所管する「共管」の場合もある。博物館に関する法令は、文部科学大臣が主務大臣で、主管官庁が文部科学省、より具体的には文部科学省の外局である文化庁ということになる。

　「政令」は「施行令」、省令は「施行規則」（「内閣府令」は省令と同様）と表記されることが多いが、それらは優劣関係にあり、上位のほうが優先され、上位の法令に反する下位の法令は効力を持たない。

　「告示」は、国民に伝達する趣旨のもので、法令ではないと解釈する場合もあるが、法律等の委任を受け、大臣まで決裁を経て官報に掲載される形式を考えれば、法的拘束力はあると考えるのが妥当であろう。

　つまり、上位の法令になればなるほど多くの煩雑な手続きが必要となり、例えば手数料や数値基準など、簡易な事項まで法律で定めてしまっては、時代や状況の変化に応じた機動的な行政が期待できない。このため、軽微な内容については、比較的手続きの少ない政令や省令、告示等の下位の法令で定めることにしたわけである。

　これをわかりやすく示せば、次のようになる（通知・通達については、3.で後述する）。

　　憲法＞法律＞政令＞省令＞告示＞通知・通達・訓令

　法律には一般法と特別法とがある。「一般法」とは、その分野に対して一般的に適用される法律であり、特別法がない限りその法律が適用される。そして、「特別法」は一般法に優先し、一般法と特別法とで異なった規律を定めている場合、特別法の適用を受ける事項は一般法の規律が排除され、特別法の規律が適用される。例えば、「社会教育法」が一般法であるのに対し、「図書館法」及び「博物館法」はその特別法という位置付けになっている。その根拠

は、社会教育法第9条第2項で「図書館及び博物館に関し必要な事項は、別に法律をもつて定める」と規定し、博物館法第1条で「この法律は、社会教育法の精神に基き、」と規定していることからも明らかである。

　また、憲法と個別法との間をつなぐものとして、「基本法」の存在があり、憲法の理念を具体化する役割を果たしている。例えば、教育基本法は、その制定の経緯、内容等から、日本国憲法の下での教育の基本について定めたものであり、憲法の補完法的な性格を有するものとされている。学校教育及び社会教育関係の法律の場合、教育基本法が親法としての性格を有しているものが多いと考えられる。なお、文部科学省所管では、「スポーツ基本法」「科学技術基本法」「文化芸術基本法」があり、文化庁関係の法令は、教育基本法よりも文化芸術基本法体系にあると考えられる。

　これらは必ず重層的に定めなければならないわけではなく、法律から政令を飛ばして省令に委任することもあり、この場合は政令では何も規定しないことになる。

　具体的に博物館法関係の例で考えれば、次のようになる。

　　日本国憲法……教育基本法……社会教育法……博物館法＞博物館法施行令＞博物館法施行規則＞博物館の設置及び運営上の望ましい基準＞文化庁次長通知（審議官通知、課長通知）＞事務連絡

3.　通知・通達・訓令

　上級官庁は、通知・通達・訓令という形式で、事実上行政指導を行うことがある。例えば、法律等を施行または改正した際には、各都道府県や関係団体等に「施行通知」が出される。通常は所管の局長通知が一般的だが、例えば教育基本法改正の通知は、事務次官通知であった。同じ通知であっても、その重要度によって事務次官、局長、部長または審議官、課長とレベルが違ってくるし、さらにより軽微な内容であれば、文書番号のない「事務連絡」になる。したがって、こうした官庁からの通知は、どのレベルの通知であるかを確認することによって、その重要度がわかると言っていい。

　なお、通知・通達・訓令について厳密な定義はなく、その区分も明確ではないが、一般的には次のように説明される。

　　通知：特定人または不特定多数の人に対して特定の事項を知らせる行為。

　　通達：各大臣、各委員会及び各庁の長官が、その所掌事務に関して所管の
　　　　　諸機関や職員に命令又は示達する形式の一種。法令の解釈、運用や
　　　　　行政執行の方針に関するものが多い。

　　訓令：上級官庁が下級官庁の権限の行使を指揮するために発する命令。

　さて、これら「通知行政」とも言われる行政指導の根拠は、どこに求めることができるのであろうか。前述のとおり、あらゆる行政行為は「主務大臣」「主管官庁」が決められており、各府省は「国家行政組織法」を踏まえた「設置法」に基づき、その権限が規定されている。

　例えば、博物館に関しては、文部科学省設置法で「文部科学省は、教育の振興及び生涯学習の推進を中核とした豊かな人間性を備えた創造的な人材の育成、学術及び文化の振興、科学技術の総合的な振興並びにスポーツに関する施策の総合的な推進を図るとともに、宗教に関する行政事務を適切に行うことを任務とする」（第3条）と規定され、「文部科学省は、前条第一項の任務を達成するため、次に掲げる事務をつかさどる」（第4条）として、第32号に「社会教育の振興に関する企画及び立案並びに援助及び助言に関すること」が規定されている。さらに、第81号に「劇場、音楽堂、美術館その他の文化施設に関すること」ともあり、社会教育行政と文化行政の両面から文部科学省が所管していることがわかる。科学館に関しては、第55号の「科学技術に関する知識の普及並びに国民の関心及び理解の増進に関すること」でも読めるであろう。各府省では、さらに「組織令」（政令）で内部部局の所掌事務について規定し、「組織規則」（省令）で各課室等の所掌事務について規定している。

　これら通知の中には、いわゆる「行政実例」として、法令解釈の判断となっているものもあり、本書においてもそのいくつかを紹介している。通知・通達以外にも、国会答弁または質問主意書の回答や、裁判所での判決が政府の公権的解釈または見解として特別な法的意味を有している。国会会議録並びに質問主意書の本文及び答弁本文は、ホームページで閲覧が可能である。なお、国会

では、本会議や予算委員会等は基本的に全閣僚が出席し、大臣が答弁すること
が多いが、各委員会では大臣のほかに副大臣、政務官も答弁する。事務方（い
わゆる官僚）は、局長級以上が「政府特別補佐人」または「政府参考人」とし
て登録の上、技術的・専門的な内容について答弁することができる。

　また、訴訟となった場合は、各裁判所の判断が「判例」として適用されるこ
ともある。博物館関係では、博物館登録や文化財購入、著作権等をめぐって訴
訟になったケースなどがある。

4.　法律ができるまで

　法律は、国会での議決を経て制定される法規範であり、国会の議決を経る前
の段階を「法律案」または「法案」といい、議決されてはじめて法律となる。
現行憲法下において法律を発案・制定するためには、次の三つのいずれかの手
続きを踏む必要がある。

① 国会議員が法律案を提出して行う場合（国会法第 56 条）
② 両議院におかれた委員会が立案し、委員長名で提出される委員会提出法
　律案による場合（国会法第 50 条の 2）
③ 内閣が法律案を提出して行う場合（内閣法第 5 条）

　①、②のように、議員または委員会が提出した法律案によって行われる立法
を「議員立法」または「議法」と呼んでおり、このために両院に法制局が置か
れている（国会法第 131 条）。一方、内閣の発案による場合は、「政府提出法
案」または「閣法」と呼ばれ、一般に以下のような過程を経ることになる。た
だし、成立・発効後は、なんらその効力に区別はなく、議法を閣法で、あるい
はその逆に閣法を議法で改正することも可能である。博物館法は政府提出法案
として準備が進められていたが、国会日程の関係から議員立法となった。その
後の改正はすべて政府提出法案となっている。

　なお、②の委員長提出法案は、超党派による賛同を得た理念法であることが
多く、審議はほとんどなされないことが多い。例えば、「海外の文化遺産の保
護に係る国際的な協力の推進に関する法律（平成 18 年法律第 97 号）」は、委

員長提案で衆・参いずれも委員会での審議は省略され、趣旨説明の後直ちに採決がなされている。

① 主管官庁（博物館法であれば文部科学省。具体的には同法を所管する文化庁）が法律案の骨子や素案（第一次案）を作成する。

② 第一次案を基に、関係府省や与党との意見調整を行う。必要に応じて、審議会に対する諮問や、公聴会における意見聴取等を経る。

③ ②を経て、法律案提出の見通しがついた場合には、主管官庁が法律案の原案を作成する。

④ ③で作成された法律案の原案について、内閣法制局による予備審査が行われる。

⑤ 主務大臣（博物館法であれば文部科学大臣）が内閣総理大臣に対し、法律案の国会提出について閣議請議の手続きを行う。これを受けた内閣官房は、内閣法制局に対して閣議請議案を送付する。内閣法制局は、予備審査における審査の結果とも照らし合わせつつ最終的な審査を行い、必要があれば修正をし、内閣官房に回付する。

⑥ ⑤の審査を経た法律案について、内閣法制局長官が閣議の席上で概要の説明を行う。異議なく閣議決定が行われた場合には、内閣総理大臣は、その法律案を国会に提出する（なお、並行して、与党による審査も行われるため、各主管官庁は、関係国会議員に事前に説明を行うことになる）。

⑦ 法律案を提出された議院の議長は、法律案を適当な委員会（通常は衆議院が先。博物館法であれば、衆議院の場合は文部科学委員会、参議院の場合は文教科学委員会）に付託する。

⑧ 委員会において、法律案に対する政府に対する質疑、または参考人質疑、現地視察等の形で審議が行われる。委員会において可決されれば、本会議に審議が移行し、本会議でも可決されれば、その法律案は、他の議院（通常は衆議院から参議院）に送付される。送付を受けた議院においても、委員会及び本会議の審議、表決の手続きが行われる。

⑨ 両院で可決されれば、提出された法律案は、「案」がとれて法律となる（憲法第59条第1項）。衆議院で可決し、参議院でこれと異なる議決となった場合、衆議院で出席議員の3分の2以上の多数で再び可決すれば法

律となる（憲法第 59 条第 2 項）。なお、特定の地方公共団体だけに適用
される法律の場合は、その地方公共団体の住民の投票の過半数の同意を
得なければ、国会は制定できない。例えば、関西文化学術研究都市建設
促進法、明日香村における歴史的風土の保存及び生活環境の整備等に関
する特別措置法などである（憲法第 95 条）。

⑩　法律成立後、議院の議長から内閣を経由して、奏上（天皇に申し上げる
こと）される。奏上された日から 30 日以内に、天皇が内閣の助言と承認
に基づいて公布する（憲法第 7 条第 1 号、国会法第 66 条）。公布は、公
布のための閣議決定を経た上で、官報に掲載されることによって行われ
る。公布される法律には、法律番号が付けられ、主務大臣の署名及び内
閣総理大臣の連署がなされる。

　正式な法律名は、法律番号を含むものであり、例えば博物館法の場合は、
「博物館法（昭和二十六年法律第二百八十五号）」が正式な表記である。この場
合、官報は縦書きのために数字は漢字表記でなされることになるが、一般に引
用する場合は、アラビア数字表記でも差し支えない。
　次に、法律を改正する場合は、「一部改正法」を国会に提出することになる
が、この場合、例えば「○を△に改める」というような条文の改正法自体も一
つの法律だが、施行されるともとの法律に溶け込み、この改正法自体は消える
ことになる。法律の全部を改正する場合は、「全部改正法」といい、この場合
は法律番号が変わり、もとの法律が廃止され、まったく新しい法律が制定され
ることになる。例えば、教育基本法の場合は、もともと昭和 22 年 3 月 31 日法
律第 25 号だったが、平成 18 年に全部改正が行われ、平成 18 年 12 月 22 日法
律第 120 号となった。法律名だけを見れば、一見同じ法律だが、法律番号を含
む正式な法律名として見れば、新しい法律になったということがわかるであろ
う。一方、例えば文化芸術基本法の場合は、平成 29 年に国会に提出されたの
は「文化芸術振興基本法の一部を改正する法律案」であり、その冒頭で「題名
を次のように改める。文化芸術基本法」としている。全部改正ではないため、
法律名が変わっても法律番号はもとの平成 13 年 12 月 7 日法律第 148 号のまま
となっている。

　改正法の場合は、関連する複数の法律を一本で改正することができ、博物館法の平成20年改正の際には、社会教育法及び図書館法を含む三本の法律を改正するものであったため、一番制定が早かった社会教育法を筆頭に、「社会教育法等の一部を改正する法律案」として国会に提出された。また、規制緩和や地方分権の観点から各府省にまたがる法律を、例えば「地域の自主性及び自立性を高めるための改革の推進を図るための関係法律の整備に関する法律」というような名称で一括して改正する場合は「一括法」と呼ばれ、その場合は仮に博物館法が含まれていても、文部科学委員会や文教科学委員会ではなく、行政改革や地方創生等の名前を冠した特別委員会に付託され、一括して質疑が行われることが多い。

　また、提出法案のうち、予算要求とセットになっている場合、来年度予算案が認められても、法案が通らなければその予算を執行することができない。通常国会（常会）は、毎年1月に召集され、会期は150日間と決まっているため、例年3月は予算案と予算関連法案の扱いが日程調整を含め国会運営上の課題となることが多い。予算以外にも、現行法の失効期限や税の軽減措置等の適用期限が年度末までとなっている場合は、これを延長するため、3月末までに法案を成立させる必要がある。これらを通称「日切れ法案」と呼んでおり、国民生活等への混乱を回避する観点から、優先して国会審議を行うことが多い。

　なお、衆議院及び参議院の委員会が法律案を可決する際に、当該委員会の意思を表明するものとして「附帯決議」が行われることがある。法的拘束力は有しないが、議決された法案の施行についての意見や希望などを表明するものである。その後の運用に国会として注文を付けるといった態様のものもみられ、野党が提案する場合も多い。最近では、当該法案の施行後の評価や見直し等を求めるものも多い。平成20年の博物館法改正に際しては、参・文教科学員委員会で「登録制度の見直しに向けた検討を進めるとともに、広域かつ多岐にわたる連携協力を図り、国際的に遜色のない博物館活動を展開できるような環境の醸成に努めること」との附帯決議が付けられた。

5. 法令の読み方

（1）法令の条文構造

　法令の本体の規定を「本則」という。本則は「条」を基本単位として構成されるが、民法など条数が多い法令では、本則を内容ごとに整理するため、「編」「章」「節」「款」「目」などに分けられる。ただし、必ずしもこのすべてが使われるわけではなく、例えば博物館法は短いので、章のみの構成となっている。

　本則の後ろに置かれるものを「附則」という。法令集などでは省略されることが多いが、当該法令の施行期日（法令が効力を持つ日）や、この法令を定めることにより必要となる関係法令の改正、経過措置などが記載されており、実は法律の重要な構成要素の一つとなっている。

　「見出し」はその条文の内容を簡潔にまとめたもので、いわば目次のようなものである。ここに目を通すことで、条文の内容を大まかに把握することができる。何条かにわたって共通した事項についての規定が続く場合には、「共通見出し」として、はじめの条文にのみ見出しがつけられることもある。

　条文では、「第○条第△項第□号」というように、文章を「条」「項」「号」のように分けている。法令の最も基本的な単位は「条」であり、これをさらに細かく分けるときは、原則として「項」を使い、さらに細分化して列記するときは「号」を使う。条の数字は、正式には漢字表記だが、一般に引用する場合は、アラビア数字表記でも差し支えない。本書の表記でも同様である。項は基本的に第1項以外はアラビア数字で「項番号」がつけられており、号は漢数字で「号番号」がつけられている。号の項目がさらに細分化されているときは、「イ」「ロ」「ハ」が用いられ、これらがさらに細分化されている場合は「(1)」「(2)」「(3)」が用いられる。ただし、法令の中には、見出しや項番号が付されていないものもある。

　条文の中で文章が「。」で二つに区切られている場合は、最初の文を「前段」、後の文を「後段」といい、三つに区切られている場合は「前段」、「中段」、「後段」という。後の文が「ただし」で始まる場合には、最初の文を「本

文」、あとの文を「ただし書き」という。

（2）公布・施行

「公布」とは法令を一般に周知する目的で、国民に知らしめることをいい、具体的には、官報に法令が掲載されることで「公布」が行われる。

「施行」とは、制定された法令の効力が現実的に発動し、作用することをいう。普通の日本語表現としては「しこう」と読むのが正しいが、行政機関では、「試行」と誤解しないように、「せこう」と読むのが一般的である。

公布された法令がいつ施行されるかは、通常その法令の附則の冒頭に置かれる施行期日に関する規定を見ればわかる。一般的には、「公布の日」に施行されるものと、公布の日以降に施行されるものとに分かれ、後者については「令和○年○月○日から施行する」というように具体的な日にちが定められているものや、「公布の日から起算して○日を経過した日から施行」というように、公布の日から一定期間後に施行するもの、あるいは「公布の日から起算して○月を超えない範囲内において政令で定める日」などと政令に委任する場合もある。

博物館法は、1951（昭和26）年12月1日に公布されたが、施行日は附則で「この法律は、公布の日から起算して3月を経過した日から施行する」と規定された。また、現行の学芸員養成課程は、2009（平成21）年4月30日に改正省令が公布されたが、移行措置期間を3年設けることとしたことから、附則で「この省令は平成24年4月1日から試行する」と規定された。

なお、改正によって条文を新たに追加または削除した場合、必然的に「条項ずれ」という条項の番号の変更が生じることになる。短い条文であればいいが、長い法令の場合には、改正のたびにすべての番号を変更するのは煩雑で、後述の「8条機関」のように通称で条文の番号が使われている場合もあり、法令の運用上混乱を生じるおそれもある。そのため、追加した場合には「○条の2」、削除した場合には「削除」とし、その前後の条文の番号に影響が及ばないようにしている。博物館法では、2008（平成20）年の法改正で「第9条の2」を新設している。また、第17条、第22条第2項、第25条が削除されている。

6.　審議会

　報道等で、「文部科学大臣が中央教育審議会に諮問」「文化審議会が答申」というような記事を見かけることがあると思うが、審議会とは何だろうか。「諮問」や「答申」はどのような効果を持つのだろうか。

（1）審議会とは
　審議会は、その機能に着目して参与機関と諮問機関に分類することができる。参与機関は法の適用の公正を図る等の目的で行政機関の意思決定に参与するもので、行政機関はその答申に拘束される(5)。これに対し諮問機関は、重要政策、基本的施策等に関する行政機関の意思決定に当たって意見を述べるもので、答申に法的拘束力はない。答申の尊重義務が法文上明示されている場合もあるが(6)、その場合も同様である。それらの区別は、審議会に関する個々の法令の規定の文言や、その諮問に関する規定全体の趣旨から判断することになる。
　諮問機関としての審議会は、国の行政機関に附属し、その長の諮問に応じて特別の事項を調査、審議する合議制の機関で、国家行政組織法第 8 条の「法律又は政令の定めるところにより、重要事項に関する調査審議、不服審査その他学識経験を有する者等の合議により処理することが適当な事務をつかさどらせるための合議制の機関を置くことができる」との規定を根拠に行政機関に設置される。このため、「8 条機関」と通称されることもあり、「審議会」だけでなく「協議会」「審査会」「調査会」等の名称を持つものもある。例えば、中央教育審議会は、国家行政組織法第 8 条及び文部科学省組織令第 75 条の規定に基づき、「中央教育審議会令」が定められている。
　また、地方公共団体においては、法律または条令の定めるところにより、その執行機関の附属機関として諮問機関が置かれる（地方自治法第 138 条の 4 第 3 項）。

（2）委員の任命

　審議会の委員の任命については、設置の根拠となる法令に規定がなされる。一定の資格要件を有する者の中から、行政機関の長が任命するものがほとんどだが、任命に際し国会の同意が必要な、いわゆる国会同意人事となっているものもある。任命される者の資格要件は、審議会の目的・機能によって様々であるが、大所高所から政策について意見を述べてもらうことを目的に、学識経験者の中から任命する場合が多くみられる。ただし、関係当事者間の利害調整を目的とする審議会などにおいては、対立する利益集団の代表委員と公益委員からなるいわゆる三者構成が採られることもある。

　このような審議会の制度の目的としては、行政への国民参加、専門知識の導入、公正の確保、利害の調整等が挙げられる。

　ところで、審議会が諮問機関である場合、その答申に法的拘束力がない以上、それに係る施策等を最終的に決定するのは諮問した行政機関自身であり、その施策等に関する責任はその行政機関が負うべきものである。しかし、審議会の制度に対しては、このような責任の所在をあいまいにする、いわゆる“隠れ蓑”であるとの批判がなされることも多い。そのため、2001（平成13）年1月6日に行われた中央省庁再編に際し、1998（平成10）年6月に制定された中央省庁等改革基本法に基づき、政策の企画立案または政策の実施の基準の作成に関する審議を行うものは原則として廃止する等の方針を掲げ、これを受けて各省設置法や整備法などで政策審議機能を有する審議会などが大幅に削減された。また、答申の尊重義務の規定も、政策の決定の責任は行政機関の長にあることをより明確にする趣旨で、原則として削除されている。しかしながら、前述のとおり、審議会の委員の任命権は行政機関の長が有しているため、いわゆる“御用学者”だけで固めてしまったら公平中立な議論が期待できない。そのため、審議会では原則として議事録を公開することにより、透明性を確保している。

（3）文部科学省の審議会

　文部科学省では、中央省庁再編前は、文部大臣の諮問機関として中央教育審議会はじめいくつかの審議会が置かれていたが、前述の中央省庁等改革基本法

及び「審議会等の整理合理化に関する基本計画」（平成 11 年 4 月 27 日閣議決定）に基づき、審議会等の数及び審議事項について大幅な整理が行われた。すなわち、教育関係の審議会は 2001（平成 13）年 1 月 6 日付けで中央教育審議会に一本化され、各分野ごとに分科会が設置された。スポーツ・青少年分科会は、2015（平成 27）年 10 月のスポーツ庁設置に伴い、「スポーツ審議会」が新たに設置された。また、学術審議会は、科学技術庁との統合に伴い、他の審議会と機能を整理・統合し、新たに「科学技術・学術審議会」が設置された。文化関係に関しては、中央省庁再編前は国語審議会、著作権審議会、文化財保護審議会、文化功労者選考審査会が置かれていたが、これらを整理・統合して「文化審議会」が設置された。従来、文化庁には文化政策全般について議論する審議会がなく、長官の私的懇談会として「文化政策推進会議」が置かれるのみであったが、これを機に旧審議会を引き継ぐ 4 つの分科会のほかに文化政策部会が設置され、同年 12 月に制定された文化芸術振興基本法（現文化芸術基本法）に基づく「文化芸術推進基本計画」を審議する機関となっている（文化芸術基本法第 7 条）。博物館法に関しては、社会教育審議会、生涯学習審議会、中央教育審議会生涯学習分科会で議論が行われてきたが、2018（平成 30）年 10 月の文化庁移管に伴い、2019（令和元）年 11 月 1 日に文化審議会に博物館部会が設置された。

（4）諮問・答申

　これまで特に注釈をつけずに述べてきたが、「諮問」とは、一般に、ある事案に関して、有識者で構成された審議会等のような機関に問い、見解を求めることをいう。諮問を受けた機関が、審議した上で回答を提出することを「答申」という。一般的には、行政機関の長である大臣が諮問し、審議会の会長が答申するのが基本だが、前述の中央省庁再編に伴い、審議会の所掌が拡大したことから、分科会や部会での議決をもって審議会の決定とみなす専決規定を設けているところが多い。また、情勢の変化等により、中間報告等で審議未了のまま議論を終了する場合もある。

　前述のとおり、審議会の答申には法的拘束力がないが、例えば文化芸術基本法に基づく「文化芸術推進基本計画」は、審議会答申がそのまま数日後に閣議

決定されている。同様に、国宝・重要文化財等の指定に関しても、答申が大きく新聞等で報道されるが、正式に文化財保護法等に基づき国宝・重要文化財等に指定されるのは、文化庁内で決裁が終わり、官報に告示された時で（文化財保護法第28条第2項）、その間半年近いタイムラグがあることが多い。答申自体は、行政行為としては最終決定ではない。

（5）有識者会議等

　審議会と同様の趣旨で、行政機関の各部局が特定の課題に関して学識経験者の意見を聴く会議を任意に設けることが多い。それらは「有識者会議」「調査研究協力者会議」「検討会議」「懇談会」等、名称は様々だが、審議会のように法令に基づいて置かれるものではなく、行政機関の長の"私的諮問会議"のような性格のものである。もちろん、行政行為として行う以上、「設置要綱」を設け、委員の委嘱を行うが、必要に応じて非公開で開催したり、議事録を公表しないこともある。逆に、まだ公式に議論する前の段階において、専門家から自由闊達な意見を聴取するために設けられることもある。

　例えば、2008（平成20）年の博物館法改正に際しては、まず2006（平成18）年に中川志郎氏を座長とする「これからの博物館の在り方に関する検討協力者会議」を発足させ、同年9月に文部科学省生涯学習政策局長決定による設置要綱が定められた。会議の実施期間は単年度限りだが、最終的に2010（平成22）年3月31日まで3回延長され、2007年6月（法改正）、2009年2月（省令改正）、2010年3月（告示改正）の3回にわたって報告書を提出した。

　一方で、実際の法改正及び省令改正に際しては、報告書を踏まえて中央教育審議会生涯学習分科会において議論を行っており、2005（平成17）年6月の中央教育審議会への文部科学大臣の諮問「新しい時代を切り拓く生涯学習の振興方策について」を受けるかたちで、2008（平成20）年2月に答申を提出した。同年2月29日、国会に法案を提出している。前述のとおり、法案を国会に提出するためには、内閣法制局の審査や各省協議、与党との調整が必要とされることから、事務的には、検討協力者会議の報告書を踏まえて、立法作業が進められたことがわかる。ただし、実際には、報告に盛り込まれた事項の一部しか法案に反映されていない。これは、第3章（113〜114ページ）で後述す

るが、文部科学省内部や関係団体との協議、内閣法制局の審査等の結果、反映されなかったものだが、ある意味それらの調整を行う前に報告書を公表してしまったことを意味する。通常、審議会答申ではそのようなことはあまりなく、局長決定による検討協力者会議であるがゆえのことと言えるだろう。

第2章　予算と税制

　政策は、その目的を達成するための予算や税制、必要な組織の設置、計画の制度化、規制強化あるいは緩和等について検討することが必要であり、そのための根拠として法制化が検討される。もちろん、そのすべてが法令に基づいて行われるわけではなく、毎年度の予算要求、定員要求、税制改正要望等によって、政策目的の実現を図ることも重要である。

　本章では、法令に密接に関連する予算と税制の基礎について述べることとする。

1.　補助金

　博物館の展覧会やシンポジウム等のチラシを見ていると、よく「○○補助金による支援事業」、「○○委託事業」というようなことが書いてあるが、これらは何を意味しているのだろうか。どうすれば補助金をもらうことができるのだろうか。

（1）補助金とは

　一般に「補助金」とは、国や地方公共団体が事業者に対して、原則返済不要な金銭を支給する制度である。もちろん誰でももらえるというわけではなく、公益性が求められるため、一定の条件や申請、審査が必要になる。博物館法の場合、その条件が登録博物館であることとされていた。逆に言えば、補助金が必要であったからこそ、博物館法制定の意義があり、登録博物館制度を設けたとも言えるだろう。また補助金を給付目的以外に使用した場合には、「補助金等に係る予算の執行の適正化に関する法律（いわゆる「補助金適正化法」）」に

基づき、罰則が科される。

　ただし、補助金には、いわゆる「法律補助」と「予算補助」とがあり、補助金の根拠となる法律がある場合は法律補助、直接の根拠はないけれども、政策実現のために毎年度の予算編成の過程において計上されるものが予算補助だと考えていい。博物館法には、「国は、博物館を設置する地方公共団体に対し、予算の範囲内において、博物館の施設、設備に要する経費その他必要な経費の一部を補助することができる」（第24条）という規定があるが、この条文は事実上空文となっており、実際には法律補助は1997（平成9）年度限りで廃止されている。一方で予算補助は、例えば2021（令和3）年度は文化庁予算に「地域と共働した博物館創造活動支援事業」として3億8千万円が計上されており、登録博物館及び博物館相当施設が対象となっている。なお、「負担金」は、国に一定の義務や責任のある事務・事業について、国が義務的に負担する給付金のことで、法律で国の負担であることが定められている。

（2）助成金、交付金、委託事業

　補助金と似ているものに「助成金」というものもある。助成金も補助金と同じく国や地方公共団体から給付される返済の義務がない金銭だが、助成金は事業というよりも人を雇ったり研究開発をしたりするなどの目的に対して給付されるもので、審査の必要がなく、一定の条件を満たした場合に必ず支給されるのが補助金とは異なる点である。最近の例では、新型コロナウイルスの感染拡大の影響で売上が減少した事業者が、休業手当を支給して従業員を休ませた場合、政府がその費用の一部を助成した特例措置の「雇用調整助成金」は、基本的に書類さえ整っていれば、審査なしで助成金が交付された。ただし、補助金として支給されるものの中に助成金があったり、その逆のケースもあったりするなど、実質的には同様の意味合いで取り扱われている場合も多い。例えば、いわゆる「科研費」は、年度毎の計画にしたがって交付される「科学研究費補助金」と、年度をまたいで交付される「学術研究助成基金助成金」の二本立てで構成されており、後者は日本学術振興会に設けられた基金であるため「助成金」としているが、採択されなければ助成金はもらえない。日本芸術文化振興会の芸術文化振興基金も同じである。

　次に、「交付金」とは、国などが特定の目的のもとに交付する金銭のことである。広い意味で補助金も交付金に含まれるという考え方もあるが、実務上は、交付金といえば国から地方公共団体に義務的に交付される金銭のことを指す。地方公共団体はその金銭を、目的に沿った団体や組合などに対して報償として一方的に交付することになる。例えば、「電源三法交付金」は、電源開発[8]が行われる地域に対して補助金を交付し、これによって電源の開発（発電所建設等）の建設を促進し、運転を円滑にしようとするものである。

　このように補助金は、“全額補助”でない限り、例えば2分の1、3分の1など補助率が決められており、自己負担分がある。これに対して、「委託事業」は、本来国が行うべき事業を、地方公共団体や事業者に対して委託することになるため、事実上“全額補助”となる。ただし、補助金に比べて、委託業者の裁量が少ないことが多く、様々な点で国の指示に従う必要がある。

2.　税制の基礎

　登録博物館のメリットの一つに税制優遇措置があり、私立博物館にとっては極めて大きい意義を有している。詳細は第4章で述べるが、学生諸子にとってはあまりなじみがないと思うので、ここで基礎的な内容をおさえておきたい。

（1）国税と地方税
　言うまでもなく、納税は国民の三大義務であり、憲法にも「国民は、法律の定めるところにより、納税の義務を負ふ」（第30条）と明記してある。したがって、その納税義務を免除する際も法律に基づかなければならず、それらは博物館法本体ではなく、税制関係の法令で規定がなされている。

　税金には、国に納める「国税」と地方に納める「地方税」がある。地方税とは、京都府や京都市などの地方公共団体に納める税金のことで、都道府県税と市町村税とがある。国税には、所得税、法人税、相続税、消費税や酒税などがあり、地方税には、地方消費税や住民税、固定資産税などがある。

　以下、博物館に関係する税を見ていこう。

（2）所得税

　所得税とは、1年間の所得にかけられる税金である。日本国内に居住している者は、すべての所得に対して所得税が課せられるが、当然所得がなければ所得税はかけられない。税金の計算に当たっては、「所得」と「収入」を区別して考え、勤務先からもらった給与やアルバイト等で得た賃金が「収入」となり、「収入」から「必要経費」を引いて残った額が「所得」となる。「必要経費」とは、勤務先が支出しない通勤費、転勤に伴う転居費、研修費、資格取得費等だが、一般に公務員や会社に勤めている場合は、「必要経費」を個別に計算せずに、一定の計算式にあてはめて、収入から所得を計算する。この「必要経費」に該当するものを「所得控除」という。

　所得の種類は全部で10種類ある。また、所得控除には14種類あり、社会保険料控除や医療費控除、配偶者控除など、個人的事情を考慮して所得税から計算上差し引くことができる。公務員や一般的な企業等に務めている給与所得者の場合は、「源泉徴収」という方法で毎月の給料から税金分が「天引き」されることになる。源泉徴収というのは、予想される年間の所得から、役所や会社の給与計算担当者があらかじめ税金を差し引いて本人の代わりにまとめて国に納める方法であると考えればいい。

　所得税は、上記の所得に適用される税率をかけて計算する。所得税の税率は、所得に応じて5％から45％までの7段階となっており、日本は、課税される所得金額が大きくなるにつれて税率も高くなる累進税率となっている。

　例えば総所得金額を100万円、所得控除を50万円、税率を5％とすると、所得税は

　　（総所得額－所得控除）× 税率

　　（100万円－50万円）×5％ ＝25,000円

となる。

　自営業者や一定以上の副業所得がある場合には、原則毎年2月16日〜3月15日までに「確定申告」をする必要がある。ただし、公務員やサラリーマンなどの給与所得者は、給与の支払者が「年末調整」をすることにより、納税額が確定するケースが多い。ほとんどの人は、所得税関係は年末調整で終わり、確定申告をする必要はないが、年末調整ではできない控除や年末調整後に家族

の状況が変わった場合などには、確定申告が必要となる。学芸員や研究者の場合は、原稿料を書いたり、講演料等の収入、すなわち「給与所得」以外の「雑所得」がある場合が多いので、年間20万円以上の所得があった場合には確定申告が必要となる。原稿や講演を行うために書籍購入や交通費等の取材費がかかれば、その金額は必要経費として申告の際に引くことができるが、それを証明するための領収書が必要となる。仮に副収入が20万円以下で確定申告の義務がないとしても、既に差し引かれた源泉徴収税額のほうが確定申告時に計算した所得税よりも多ければ、申告をすることによって税金が還付される。いずれにせよ、この確定申告によって、所得税が最終的に決まるということになる。

　会計上の用語で言い換えれば、財務会計上の「利益」が、税務会計上の「所得」になる。そして、財務会計上の利益は、収益−費用（経費を含む）で計算されるのに対し、税務会計上の所得は、益金−損金で計算される。「益」とは、税法における収益・売上のことで、「損」とは、税法における費用のことを指す。

　公益社団・財団法人の博物館の場合は、個人が寄附した際に、その個人が寄附金控除または寄附金損金算入の特例の適用を受けられることになる。ただし、私立博物館へ美術品を寄贈する場合は、例えば10万円で購入した美術品が寄贈時に時価100万円になっていた場合、90万円は「みなし譲渡所得」とされ、寄附者に所得税が課せられることがある（所得税法第59条第1項）。この場合、登録博物館であれば租税特別措置法施行令第25条の17（公益法人等に対して財産を寄附した場合の譲渡所得等の非課税）[11]に基づき、非課税となっているが、そのための申請書類は膨大なものであり、かつては承認申請から国税庁長官の承認までに2年くらいかかることもあったという（林 2020）。その後、2017（平成29）年の税制改正によって、条件付きではあるが「申請後1ヶ月以内に国税庁長官の不承認の連絡が無ければ承認されたものとして扱う」[12]ことになったものの、なお関係者の心理的な負担は大きい。2008年の公益法人制度改革によって、公益法人は無条件に特定公益増進法人とされたものの、「みなし譲渡所得」に対する非課税措置のみは国税庁長官の承認が必要となっており、国や地方公共団体への寄贈との区別が残っており、税制上の見直しが

求められる。

（3）法人税

　個人が利益を得たときにかかる税金が所得税であるのに対し、法人が得た利益に対してかかるのが法人税である。「法人」と一口に言ってもその種類は様々で、特性や目的によって「課税される法人」と「課税されない法人」に大別される。課税対象になるのが「普通法人」で、株式会社や有限会社、合資会社などが含まれる。また、農業協同組合や生活協同組合等の「協同組合等」も課税対象となるが、税率は普通法人より軽減されている。

　一方、「公益法人」は、学術、技芸、祭祀、宗教、慈善等公益のみを目的とし、営利を目的とする法人ではないため、原則として法人税は非課税となる。具体的には、社団法人、財団法人、宗教法人、学校法人、社会福祉法人等がこれに当たる。博物館の場合、社団法人または財団法人であることが多く、寺社にある宝物館等は宗教法人、大学博物館等は学校法人ということになる。

　ただし、収益事業を行って収益から生じた場合は、課税対象となる。収益事業とは、法人税法で34の事業が規定されており、物品販売業、不動産販売業、金銭貸付業、物品貸付業、不動産貸付業、製造業等が該当する。博物館の場合、直営のミュージアム・ショップやレストランの収益が課税対象となる場合がある。

　個人コレクターが開設する博物館は、法人格を有していない場合が多い。これを「人格なき社団」といい、学校のPTAやマンション等の管理組合、研究会、学会、同窓会、実行委員会等は、営利を目的としないので、原則的に法人税は非課税であり、収益事業を行って収益から生じた場合のみ課税対象となる。また、国や地方公共団体が運営する「公共法人」に対しても、法人税は課税されない。

　法人税は、所得税同様に、「利益」ではなく、「所得」に対して課税され、前述のとおり所得は、「益金－損金」の計算式で求めることができる。益金・損金は、会計上の収益・費用をベースにして、法人税法に則った細かい調整をして算出することになる。計算した課税対象となる所得（課税所得）に対して、所定の税率を掛けて、そこから控除額など差し引いたものが、納付する法人税

額となる。法人税の税率は、法人の種類と規模によって決められている。

　法人の課税所得は、「益金－損金」で計算されるため、損金に算入される金額が増えればその分所得が減り、税額も減ることになるわけである。一般に、法人税の優遇措置を受けるということは、損金に算入できる額、すなわち特別控除を活用することが、節税につながることになると考えればいい。

　公益社団・財団法人の博物館の場合は、法人が寄附した際に、その法人が寄附金控除または寄附金損金算入の特例の適用を受けられることになる。

（4）相続税

　亡くなった人が所有していたすべての財産は、一定の身分関係のある人に引き継がれる。この財産の引き継ぎを「相続」といい、亡くなった人のことを「被相続人」、財産を引き継ぐ一定の身分関係のある人を「相続人」という。

　相続税とは、亡くなった人の財産を受け継いだときに受け継いだ人にかかる税金で、相続や遺言によって遺産（財産）を取得した場合に、その取得した遺産（財産）に課税される。一般に、相続税がかかるケースは次の3パターンが多い。

　　相続：生前に自分の財産を誰に渡すか決めていないケース

　　遺贈：生前に遺言書で自分の財産を誰に渡すか決めているケース

　　死因贈与：生前に契約書で自分の財産を誰に渡すか決めているケース

　相続税は、相続、遺贈、死因贈与のいずれであっても、財産をもらった人（個人）に課税される。相続が起きて被相続人が生前に遺産を誰に渡すかが明らかになっていない場合（遺言、死因贈与がないケース）は、被相続人の遺産を誰が相続することができるかを民法で定めている。民法で定められた相続人のことを「法定相続人」という。

　相続人は「配偶者と血縁関係にある親族」が原則で、血縁関係によって相続順位が決まっている。具体的には、第1順位：子供や孫（直系卑属という）、第2順位：父母や祖父母（直系尊属という）、第3順位：兄弟姉妹となっている。

　相続税は亡くなった人の遺産の総額に基づいて税金が計算されるが、一定の範囲の財産には相続税がかからない。この基準の金額を相続税の「基礎控除」

という。基礎控除は、

基礎控除＝3000万円＋（法定相続人の数×600万円）

の計算式で計算し、「法定相続人」の人数によって控除額が変わってくる。遺産の金額が基礎控除を下回った場合には相続税がかからない。

相続税の対象となるのは、土地、借地権、建物、現金、預金、株式等がメインとなる。また、銀行や他人からの借入金や未払い金などの債務が残っていた場合にも、相続人が債務を相続することになる。債務はマイナスの財産になるため、プラスの相続財産から差し引きができる。

非課税財産となるのは、①日常礼拝をしているもの（生前から所有している墓地・墓石や仏壇、仏具など）、②寄附財産（相続税の申告期限までに国または地方公共団体や公益を目的とする事業を行う特定法人に寄付したもの）、③公益事業用の財産（寺社の境内地など、公益目的の事業に使用されることが明確なもの）などがある。博物館には、②の寄附財産としてコレクションが寄贈される場合が多く、租税特別措置法第70条に基づき、相続・遺贈により取得した財産を公益社団・財団法人に贈与した場合、贈与者に相続税は課税されない。法人設立時に個人から所有権を移した美術品などの基本財産は、相続税の課税対象とはならないため、高額と査定される作品を所有する作家やその遺族は法人を設立し、美術館として公開することが多い。

ただし、博物館で問題となってくるのは、上述した法人格を持っていない個人博物館のようなコレクションや、画家自らが亡くなった際に生じる相続税の場合である。こうしたコレクションが散逸しないように、1998（平成10）年に「美術品の美術館における公開の促進に関する法律」が制定された。同法は重要文化財や国宝、その他、世界的に優れた美術品を国が登録し、登録した美術品を美術館において公開するもので、「登録美術品」は、相続が発生した場合、他の美術品とは異なり、国債や不動産などと同じ順位で物納することが可能となった。(13) また、2019（令和元）年度から特定の美術品に係る相続税の納税猶予制度が設けられ、2021（令和3）年度には、登録有形文化財登録基準の改正を前提に、制作後50年を経過していない美術品についても、その対象とする税制改正が認められた。さらに、2020（令和2）年度には「登録美術品」の範囲を、制作者が生存中である美術品についても対象とする税制改正が認めら

れ、翌年同法施行規則の改正と登録美術品登録基準（告示）の改正が行われる
など、主に現代美術を中心とする美術品市場の活性化を目的とする税制改正が
文化政策として進められている。

　日本の相続税に関しては、税率が高いため、何も対策をしなければ 3 代で財
産がなくなるといわれるなど、批判が多い。例えば現存する最古の公家住宅で
ある冷泉家住宅（京都市）は、現在は公益法人冷泉家時雨亭文庫となっている
が、法人化以前は、相続税や固定資産税が厳しく、税務署の職員が土足で家に
上がりこみ「税金が払えないなら、家を売れ」と言われるほどであったとい
う。文化勲章を受章している日本画家・奥村土牛氏の没後、作品に課せられた
巨額の相続税に悩んだ子息がスケッチを焼却処分するという事件もあった。フ
ランスでは、ピカソの死後、4 人の子息が相続税を払うためにピカソの作品を
売却することで作品が海外に流出することを懸念して、フランス政府が物納制
度を活用して重要な作品を引き取り、1985 年にパリにピカソ美術館（Musée
Picasso）が誕生している。彼我の差は、まさに文化税制の違いに他ならな
い。最近も、東京・五反田にある上皇后の実家である旧正田邸の土地建物が、
相続税のために物納されることになり、建物は取り壊された。その後品川区が
購入・一部借地して、2004（平成 16）年より「ねむの木の庭」として一般公
開されている。物納とは、文字どおり税金を「モノ」で納める制度である。延
納しても金銭納付が困難であり、その金額の範囲内であることなどの要件を満
たして初めて適用でき、その優先順位は、1 位が国債や地方債、不動産、船舶
など、2 位が社債や株式、証券投資信託と貸付信託の受益証券、3 位が動産の
順になっている。前述の「美術品の美術館における公開の促進に関する法律」
は、一定の要件を満たせば、美術品の優先順位を上げることができるようにな
っている。

（5）住民税

　住民税とは、都道府県や市区町村が行う行政サービスを維持するために必要
な経費を分担して支払う税金である。住民税は収入によって額が異なり、住ん
でいる地域によっても異なる。基本的には住民税の計算方法はどの自治体も同
じだが、地方公共団体の規定によって課税される所得額が違ったり、独自の税

金が上乗せされたりすることもある。例えば環境保護のための活動財源として課される森林環境税等がその一つとして挙げられる。

　住民税は道府県民税と市町村民税の2つを合わせたもので、その年の1月1日現在の居住地に納税される（東京都の場合、市町村民税は23区では特別区民税となり、道府県民税は都民税となっている）。公務員や会社員の場合は、所得税同様、会社等が給与から天引きした住民税を本人に代わって納税している。

　個人の住民税は、税金を負担する能力のある人すべてが均等の税額を納める「均等割」と、その人の所得に応じて納める「所得割」の合計額からなる。均等割は、全国の市町村で3,000円（平成26（2014）年度から令和5（2023）年度までの間は3,500円）に統一されている。所得割は、前年の所得金額をもとに計算する。

　法人の住民税は、所得から算出された法人税額に住民税率を乗じた税額となる「法人税割」（法人税額×住民税率）と、法人の資本金別等で定額の「均等割」から構成されている。公益社団・財団法人または宗教法人が設置する博物館の場合は、地方税法に基づき、都道府県民税と市町村民税は非課税となる。[16]

（6）固定資産税

　固定資産税とは、土地・家屋等を所有している者に対し、市町村が課税する地方税で、「不動産税」とも呼ばれる。土地は田、畑、山林、牧場等、建物は店舗、工場、倉庫等が該当する。課税対象となるのは、毎年1月1日時点で固定資産課税台帳に登録されている固定資産で、固定資産の価格をもとに税額が算出される。このほか、償却資産（事業用資産）も対象となる。「償却資産」とは、会社で使用しているパソコンやコピー機、備品など、時間の経過とともにその価値が減少していくものをいう。各種製造設備や医療機器、航空機、船舶なども該当するが、自動車税の対象となる自動車、特許権など無形固定資産は対象外となっている。

　固定資産税は、所有する固定資産の評価額に標準税率（1.4%）を掛け合わせて求められる。

　　　固定資産税＝固定資産税評価額×標準税率（1.4%）

　固定資産の評価額は、固定資産税の基準となる価格であり、土地の公的価格や、家屋の時価額をもとに各市町村（東京 23 区は各区）が算定している。一般的には、地価が安い時期や安い地域は固定資産税も安く、地価が高騰している時期や地域では固定資産税も高くなる。

　言うまでもなく私立博物館の土地、建物も一般には課税対象だが、公益社団・財団法人または宗教法人が設置する博物館の場合は、税制優遇措置の対象となっており、特に都心部の博物館にとっては大きなメリットとなっている。

　なお、2014（平成 26）年 12 月 19 日に国税の基本通達等の一部改正が行われ、2015（平成 27）年 1 月 1 日以後に取得した 100 万円未満の美術品等が減価償却資産として取り扱われることになった。新たに固定資産税の課税客体となるのは、①取得価額が 1 点 100 万円未満のもの（時の経過によりその価値が減少しないことが明らかなものを除く）、②取得価額が 1 点 100 万円以上であっても、時の経過によりその価値の減少することが明らかなものとなっている。「時の経過によりその価値が減少しないことが明らかなもの」とは、歴史的価値を有し、代替性のないもの（古美術品、古文書、出土品、遺物等）であり、「時の経過により価値の減少することが明らかなもの」とは、会館のロビーや葬祭場のホールのような不特定多数の者が利用する場所の装飾用や展示用（有料で公開するものを除く）として取得されるものや、移設することが困難で当該用途にのみ使用されることが明らかなもの、他の用途に転用すると仮定した場合に、その設置状況や使用状況から見て美術品等としての市場価値が見込まれないものであることとされている。

（7）寄附税制

　寄附税制とは、一定の要件を満たした法人に寄附をした人に、税制上の優遇を与える制度と考えればいい。こうした制度が設けられているのは、寄附をすることで社会貢献したいと考えている人の活動を後押しするためである。既にこれまで述べているが、改めて基本的なことだけを整理すると、税制上の優遇措置は、具体的には以下の三つからなっている。

　1）個人が寄附をした場合の税制上の優遇措置
　2）法人が寄附をした場合の税制上の優遇措置

3）相続人が相続により取得した財産を寄附した場合の優遇措置

以下、順番に見ていこう。

1）個人が寄附をした場合の税制上の優遇措置

　個人が、国や地方公共団体、特定公益増進法人や認定NPO法人等に寄附を
した場合には、寄附金控除を受けることができる。また、特定公益増進法人等
でなくても、公益を目的とする事業を行う法人または団体に対する寄附金で、
広く一般に募集され、かつ公益性及び緊急性が高いものとして、財務大臣が指
定したものは、「指定寄附金」として寄附金控除を受けることができる。

　寄附金控除の対象となる金額は、「寄附をした金額−2,000円」となっている
（ただし、総所得金額等の40%が限度）。この「寄附金控除」は、従来は「所
得控除」の方式しか認められなかったが、2011（平成23）年度の税制改正
で、「税額控除」による方式も認められることになり、いずれか有利な方法を
選択することができるようになった（ただし、税額控除が受けられるのは、認
定NPO法人、一定の証明を受けた特定公益増進法人に限られる）。

　「所得控除」による方式は、寄附金額が所得金額から控除される。前述のとお
り、所得税はこれに税率をかけて計算するので、所得控除方式の寄付金控除
は高額所得者であればあるほど効果が高くなる。

　「税額控除」による方式は、寄附金控除の対象となる金額が、税率に関係な
くその人の支払う所得税から直接控除されるため、既存の「所得控除」と比較
して、ほとんどの人は寄附に対して減税額が大きくなる。ただし、全額控除が
できるわけではなく、「寄附をした金額−2,000円」の40%、あるいは、所得
税額の25%に限られている。

　優遇措置は年末調整では処理されないため、自ら確定申告を行うことで所得
税が還付される。その際、税制上の優遇を受ける法人等に寄附したことを証明
できる領収証等の書類が必要となる。

　ちなみに、「ふるさと納税」は、実際には都道府県または市区町村への「寄
附」である。居住地に関係なく、応援したい好きな地方自治体へ寄附をするこ
とができ、地域の特産物が寄附の返礼品としてもらえ、博物館の観覧券や年間
パス、ミュージアムグッズがもらえるところもある。また、寄附金の使途をあ

らかじめ選ぶこともでき、博物館の建設や施設整備、文化財購入・修理等を対象としている自治体もある。「ふるさと納税」も、確定申告を行うことでその寄附金額の一部が所得税及び住民税から税額控除されるが、前述のとおり、原則として自己負担額の 2,000 円を除いた全額が控除の対象となる。

2）法人が寄附をした場合の税制上の優遇措置

寄附金については、支払った寄附金のうち一部の金額しか損金にすることは認められておらず、損金に算入できる金額の限度額を「損金算入限度額」という。文化税制については、毎年関係団体から損金算入限度額の拡充について税制改正要望がなされており、少しずつ拡充がなされてきている。

法人が、特定公益増進法人や認定 NPO 法人など税制上の優遇を受ける法人に寄附をした場合には、一般寄附金の損金算入限度額とは別枠で損金に算入することができる限度額（これを「特別損金算入限度額」という）が設定されている。寄附をする法人側から考えた場合には、一般社団法人または一般財団法人に寄附をした場合には損金算入できないが、公益社団法人または公益財団法人へ寄附をした場合には損金算入できることになる。

3）相続人が相続により取得した財産を寄附した場合の税制上の優遇措置

相続や遺贈により財産を取得した相続人が、その財産を特定公益増進法人や認定 NPO 法人など税制上の優遇を受ける法人に寄附する場合、その寄附をした財産が相続税の課税の対象から除外される。相続財産は 1 件あたりの金額も大きいことが多いため、この優遇措置を受けるメリットは大きい。

4）叙勲

国や地方公共団体、公益団体のために私財（個人方は 500 万円以上、法人・団体は 1,000 万円以上）を寄附した者には、紺綬褒章が授与されることになっている。しかしながら、現状では公益団体として認定されている博物館関連法人は独立行政法人等のみであり、公益財団法人の博物館は 1 件も認定されていない。私立美術館の発展のためにも、より柔軟な税制が求められよう。

3. 地方交付税

　公務員でない限り、一般にはあまりなじみがないと思われるが、「地方交付税」という国（総務省）から地方公共団体に交付される資金がある。原資が国民や企業から集めた国税なので「税」という名称になっているが、一般国民に課される税金ではない。国税のおよそ3分の1が、全国の地方公共団体に、その財政状況に応じて「交付」される。

　地方交付税とは、地方公共団体間の財源の不均衡を調整し、どの地域に住む国民にも一定の行政サービスを提供できるよう財源を保証するため、国から地方公共団体に交付される資金であり、その使途は制限されていない。この点で、地方交付税は、地方税と並んで、憲法で保障された地方自治法の理念を実現していくための重要な「一般財源」（地方の自主的な判断で使用できる財源）である。

　地方交付税には、全国一律の基準により算定された財源不足額に対して交付される「普通交付税」と災害等の特別の財政需要に対して交付される「特別交付税」、そして「震災復興特別交付税」がある。普通交付税は地方交付税総額の94％で、特別交付税は6％に過ぎないが、東京都を除くすべてあるいはほとんど（年度による）の市町村が交付されている。

　なお、2021（令和3）年度は東京都及び86市町村が地方交付税不交付団体となっている。傾向としては原子力・火力発電所、大規模工業地域、大企業本社、空港、高級別荘地等が立地する市町村が多く、必ずしも大都市というわけではない。

　普通交付税の額の決定方法は、

　　（基準財政需要額 − 基準財政収入額）＝財源不足額

となっている。

　「基準財政需要額」は、

　　単位費用（法定）×測定単位（国調人口等）×補正係数

という数式によって計算される。「単位費用」は総務省が定めており、地方交

付税法第2条第6号において、「標準的条件を備えた地方団体が合理的、かつ妥当な水準において地方行政を行う場合又は標準的な施設を維持する場合に要する経費を基準とし」と規定している。単位費用は、法令、全国水準などを基に客観的に毎年度法定されており、すべての都道府県・市町村に、費目ごとに同一の単位費用が用いられている。

　しかしながら、実際の行政経費は、人口規模・密度、都市化の程度、気象条件等の違いなど、自然的・社会的条件の違いによって大きな差があるため、その差の生ずる理由ごとに測定単位の数値を割増しまたは割落ししている。これが測定単位の数値の補正で、補正に用いる乗率を「補正係数」と呼んでいる。例えば、大都市であればあるほど道路の損傷が激しくなり、同じ道路面積に要する維持補修費が高額になるため、乗率が大きくなる。

　「基準財政収入額」とは、各地方団体の財政力を合理的に測定するために、標準的な状態において徴収が見込まれる税収入を一定の方法によって算定した額である（地方交付税法第2条第4号）。具体的には、地方公共団体の標準的な税収入の一定割合により算定された額で、

　　　標準的税収入見込額×基準税率（75％）

という数式によって計算される。

4.　地方債

　地方債とは、地方公共団体が財政上必要とする資金を国や金融機関など外部から調達することによって、一会計年度を超えて行う借入れのことで、要は借金だと考えればいい。債権を発行することを「起債」という。

　地方財政法第5条では、地方公共団体の歳出は、原則として地方債以外の歳入をもってその財源としなければならないとしているが、財政支出と財政収入の年度間調整、住民負担の世代間の公平のための調整、一般財源の補完、国の経済対策との調整といった観点から、地方財政法第5条各号の規定に基づき公共施設の建設事業費等に限って、例外的に地方債の発行が認められている。

　例年、総務省が地方債の協議及び許可に関する手続を円滑に進めるため、

「地方債同意等基準」を告示しており、地方債を財源とするものとして、「公共施設等適正管理推進事業」、「地域活性化事業」、「防災対策事業」、「一般単独事業」等の事業区分が設定されている。

　例えば、地方公共団体において「公共施設等適正管理推進事業債」（2017（平成 29）年度創設）を活用し、「個別施設計画」を作成すれば、公立博物館の「長寿命化事業」（法定耐用年数を超えて延伸させる事業）が地方債の起債対象となりうる。起債充当率は 90％、交付税措置は財政力に応じて 30～50％ となっている。

　「個別施設計画」は、例年下水道、港湾、空港、鉄道等は 100％ 策定されているが、2019（令和元）年 3 月時点で社会教育施設は 15％、スポーツ施設 15％、文化会館等 19％ となっており、起債する事例が少ないことがわかる。これは、通常であれば補助対象とならない自己負担部分を、地方公共団体が起債し、一定割合を交付税措置することが多いが、そもそも社会教育施設を建設するための補助金（公立社会教育施設整備事業費補助金）が 1997（平成 9）年度限りで「一般財源化」、すなわち廃止されていることから、事業自体が少ないためである。しかしながら、一方で施設の老朽化により改修時期を迎えている博物館も多く、その場合は前述の「公共施設等適正管理推進事業債」を使って、「長寿命化事業」、「集約化・複合化事業」、「ユニバーサルデザイン化事業」等の起債を行うことが可能となっている。これらの地方債は、年々更新・拡充されているため、所管の官庁の交付税担当部署とよく相談して最新情報を収集することが求められる。

5.　公益信託

　公益信託とは、個人や法人が、金銭等の財産を学術、技芸、慈善、祭祀等の公益目的のために信託銀行等に預け、信託銀行等は、定められた目的に従ってその財産を管理・運用し、公益的な活動を行う制度である（公益信託ニ関スル法律第 1 条）。

　学生の奨学金や自然科学分野の研究助成金が、代表例として挙げられること

が多い。公益信託は、機能的には公益法人、とりわけ公益財団法人と同様だが、公益法人と比較して、次のような利点がある。

- 信託銀行等が主務官庁へ許可申請等を行うため、法人の設立行為・手続の必要がない。
- 信託銀行等がその運営を行うため、専用の事務所や職員を置く必要がない。すなわち、運営のための財産を必要としない（運用益等は非課税となり、相続税の対象から除外される）。
- 信託した財産を取り崩して公益目的のために短期間での助成等を行うことができる。
- 公益活動中の助成金の交付や主務官庁等への報告、公益活動終了時の手続も、すべて信託銀行等が行う。

　信託銀行は、一般に信託業務を主に営む銀行をいい、日本では銀行法に基づく免許を受けた銀行のうち、「金融機関の信託業務の兼営等に関する法律」（兼営法）によって信託業務の兼営の認可を受けて、信託業務を主として行い、金融庁の「免許・登録業者一覧」において「業態／信託銀行」とされたものを指す。信託銀行等は、法律に基づき、善管注意義務、忠実義務、分別管理義務など、様々な義務を負い、主務官庁の監督も受けるため、出捐者は安心して信託を設定することができるのである。

註
（1）閣議は、通常毎週2回（火曜及び金曜）に開催される。
（2）文部科学省には、文化庁とスポーツ庁の二つの外局があるが、いずれも長官は閣僚ではないため、文化及びスポーツの担当大臣は文部科学大臣になる。
（3）国会法第74条の規定に基づき、国会議員が内閣に対し質問する際の文書。通常は国会閉会中に行われ、内閣は回答義務と答弁に対して閣議決定する義務を負う。国会答弁が口頭で行われるものであるのに対し、文書で行うことが原則となる。
（4）党派的利害を超えて関係者が一致協力することで、要は野党も賛成する法案であるということ。
（5）例えば、電波監理審議会や検察官適格審査会など。
（6）例えば、土地収用法第25条の2に「国土交通大臣は、事業の認定に関する処分を行おうとするときは、あらかじめ社会資本整備審議会の意見を聴き、その意見を尊重しなければならない」という規定がある。

（7）例えば、地方財政審議会（総務省設置法第 12 条）、運輸審議会（国土交通省設置法第 18 条）など。

（8）電源開発促進税法、特別会計に関する法律（旧 電源開発促進対策特別会計法）、発電用施設周辺地域整備法の三法をいう。この交付金によって建てられた博物館もある。

（9）利子所得、配当所得、不動産所得、事業所得、給与所得、退職所得、山林所得、譲渡所得、一時所得、雑所得。

（10）雑損控除、医療費控除、社会保険料控除、小規模企業共済等掛金控除、生命保険料控除、地震保険料控除、寄附金控除、障害者控除、寡婦・寡夫控除、勤労学生控除、配偶者控除、配偶者特別控除、扶養控除、基礎控除。

（11）具体的には、国税庁租税特別措置法法令解釈通達〔措令第 25 条の 17 第 5 項第 1 号関係〕において、「公益の増進に著しく寄与するかどうかの判定」として、12（1）ホに「博物館法（昭和 26 年法律第 285 号）第 2 条第 1 項（（定義））に規定する博物館を設置運営する事業」の項目があり、（注）として「上記の博物館は、博物館法第 10 条（（登録））の規定による博物館としての登録を受けたものに限られているのであるから留意する」との記述がある。

（12）「自動承認特例」といい、2020（令和 2）年の税制改正によって、特定の業務を行う独立行政法人及び地方独立行政法人についても手続きの簡素化が認められた（登録終了を含む）。

（13）2021（令和 3）年 10 月現在、87 件（9,241 点）の美術品が登録されている。

（14）第 25 代当主・冷泉為人氏談。

（15）詳細は、奥村勝之『相続税が払えない　父・奥村土牛の素描を燃やしたわけ』（ネスコ、1995 年）参照。

（16）東京 23 区にのみ事業所のある法人は、例外的に都民税として一括となるが、それ以外は「道府県民税」と「市町村民税」と自治体別に分かれている。

（17）教育や科学の振興、文化の向上、社会福祉への貢献、その他公益の増進に寄与するものとして、所得税法第 78 条及び所得税法施行令第 217 条、法人税法第 37 条及び法人税法施行令第 77 条で定められている特定の法人。独立行政法人、地方独立行政法人のうち一定の業務を主たる目的するもの、自動車安全運転センター、日本司法支援センター、日本私立学校振興・共済事業団体、日本赤十字社、公益財団法人、公益社団法人、社会福祉法人、厚生保護法人などが特定公益増進法人の対象法人。

第3章　博物館法令逐条解説

　本章で述べる逐条解説は、博物館法成立当時の関係資料を整理・保存した日本社会教育学会社会教育法制研究会による『社会教育法制研究資料XIV』(1972年)に掲載されている1951年4月当時文部専門員及び文部省が作成した「答辯資料」等をベースとしつつ、文部科学省及び文化庁に引き継がれてきた資料や先達の話をもとに、国家公務員としての守秘義務に反しない範囲で作成したものである。もとより、筆者の私的見解であって、文部科学省または文化庁の公的な解釈ではないことは改めて申し述べておく。

　(逐条解説の条文欄外は、改正時の法律番号等の略。例えば「昭二七法三〇五」は、昭和27年法律第305号(日本赤十字社法)によって同条の改正が行われたことを意味する。なお、本章では混乱を避けるため、条番号を漢数字で表記する)。

1．博物館法逐条解説

第一章　総則

(この法律の目的)
　第一条　この法律は、社会教育法(昭和二十四年法律第二百七号)の精神に基き、博物館の設置及び運営に関して必要な事項を定め、その健全な発達を図り、もつて国民の教育、学術及び文化の発展に寄与することを目的とする。

　博物館法は、1949(昭和24)年に制定された社会教育法の特別法として、

1950（昭和25）年の図書館法に次いで1951（昭和26）年12月に公布、翌年3月に施行された。図書館法及び博物館法が社会教育法の特別法であるとする根拠は、社会教育法第九条で「図育館及び博物館は、社会教育のための機関とする」と規定し、同条第2項で「図書館及び博物館に関し必要な事項は、別に法律をもつて定める」と規定していることからも明らかであり、それゆえ図書館法及び博物館法では、いずれも第一条において「社会教育法の精神に基き、」と明記している。

　社会教育法制定時における同法第九条の立法理由は、「図書館及び博物館は社会教育の機関として社会教育法に詳細な規定を置くべきであるが、図書館に関しては図書館の職員の養成施設、任免資格、その他図書館設置基準等の詳細な規定を必要とし、図書館義務設置の是非、図書館に関する財政的援助の限度等についてなお研究すべき根本問題を残しており、博物館についても同様の理由があったことから、別に単行法律を制定することとした」とされている。社会教育法第九条にいう「博物館」は、制定当時、未だ博物館法が制定されていないことから、特段の定義もなく、一般的な博物館を想定したものと思われる。しかし、博物館法が制定されたことによって、社会教育法第九条の「博物館」の解釈がどうなったかということについての詳細な資料は残っておらず、文部省においてどのような解釈がなされていたかは不明である。1959（昭和34）年の社会教育法一部改正の際の逐条解説では、「本条にいう図書館、博物館とは、それぞれ図書館法、博物館法によって定義づけられた図書館、博物館より広く、いわゆる図書館同種施設、博物館相当施設をも含めて解して差し支えなかろう」と述べている。

　なお、文部省が作成した「博物館法案」（1951年2月9日成案）及び「博物館法案」（1951年4月3日成案）では、「もつて教育、学術及び文化の発展に寄与するとともにあわせて産業の振興に資することを目的とする」とあり、4月3日成案では第二条の定義にも「産業等への応用に資し、」という文言が規定されていたが、最終案では削除されている。産業振興は文部省の所管外であることや、社会教育施設としての博物館にそぐわない目的であることがその理由と推測されるが、詳細は不明である。いずれにせよ、時代が変わり、所管が変わっても、博物館法は「国民の教育、学術及び文化の発展に寄与することを

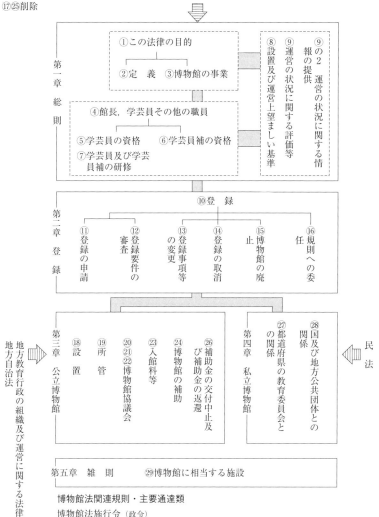

※○印内の数字は博物
館法の各条

⑰㉕削除

日本国憲法　第23条　第26条
教育基本法　第12条　第16条
社会教育法　第 3 条　第 9 条

第一章　総則

①この法律の目的
②定　義　③博物館の事業
④館長，学芸員その他の職員
⑤学芸員の資格　⑥学芸員補の資格
⑦学芸員及び学芸員補の研修

⑧設置及び運営上望ましい基準
⑨運営の状況に関する評価等
⑨の2　運営の状況に関する情報の提供

第二章　登録

⑩登　録
⑪登録の申請
⑫登録要件の審査
⑬登録事項等の変更
⑭登録の取消
⑮博物館の廃止
⑯規則への委任

地方自治法
地方教育行政の組織及び運営に関する法律

第三章　公立博物館
⑱設　置
⑲所　管
⑳㉑㉒博物館協議会
㉓入館料等
㉔博物館の補助
㉖補助金の交付中止及び補助金の返還

第四章　私立博物館
㉗都道府県の教育委員会との関係
㉘国及び地方公共団体との関係

民法

第五章　雑　則　㉙博物館に相当する施設

博物館法関連規則・主要通達類
博物館法施行令（政令）
博物館法施行規則（文部科学省令）
博物館の設置及び運営に関する基準（文部科学省告示）
学芸員補の職に相当する職等の指定（文部科学省告示）
博物館の登録審査基準要項について（社会教育局長通達）
博物館法第16条の規定に基づく都道府県教育委員会規則制定事項について（社会教育局長通達）
博物館に相当する施設の指定について（社会教育局長通知）
その他

図1　博物館法の構造（伊藤 1990より一部加筆・修正）

目的とする」ものであることを、博物館関係者は改めて認識する必要があるだろう。

なお、本条は、法制定以来改正は行われていない。

（定義）

第二条　この法律において「博物館」とは、歴史、芸術、民俗、産業、自然科学等
　に関する資料を収集し、保管（育成を含む。以下同じ。）し、展示して教育的配
　慮の下に一般公衆の利用に供し、その教養、調査研究、レクリエーション等に資
　するために必要な事業を行い、あわせてこれらの資料に関する調査研究をするこ
　とを目的とする機関（社会教育法による公民館及び図書館法（昭和二十五年法律
　第百十八号）による図書館を除く。）のうち、地方公共団体、一般社団法人若し
　くは一般財団法人、宗教法人又は政令で定めるその他の法人（独立行政法人（独
　立行政法人通則法（平成十一年法律第百三号）第二条第一項に規定する独立行政
　法人をいう。第二十九条において同じ。）を除く。）が設置するもので次章の規定
　による登録を受けたものをいう。

2　この法律において、「公立博物館」とは、地方公共団体の設置する博物館をい
　い、「私立博物館」とは、一般社団法人若しくは一般財団法人、宗教法人又は前
　項の政令で定める法人の設置する博物館をいう。

3　この法律において「博物館資料」とは、博物館が収集し、保管し、又は展示す
　る資料（電磁的記録（電子的方式、磁気的方式その他人の知覚によつては認識す
　ることができない方式で作られた記録をいう。）を含む。）をいう。

（昭二七法三〇五、昭三〇法八一、平一一法二二〇、平一八法五〇、平二〇法五九
一部改正）

本条では、博物館法における「博物館」、「公立博物館」、「私立博物館」及び
「博物館資料」の定義について規定している。

まず、第1項（第1章（9ページ）で述べたとおり、条文では「第○条第△
項第□号」のように構成されるが、第1項には項番号がつかない）では、本法
の対象となる博物館を、以下の目的を有する機関であると定義している。

- 歴史、芸術、民俗、産業、自然科学等に関する資料を収集し、保管（育
　成）し、

- 資料を展示して教育的配慮の下に一般公衆の利用に供し、その教養、調査研究、レクリエーション等に資するために必要な事業を行い、
- あわせてこれらの資料に関する調査研究をする。

　ICOM（国際博物館会議）規約やユネスコ勧告など、国際的な博物館の定義や欧米においても、動物園や科学館の扱い等について若干異なるものの、概ね同様の定義を行っており、博物館は、これら三つの機能を、不可分一体に有していなければならない。すなわち、「資料収集・保管（育成）」だけでは単なる収蔵施設あるいは保管庫であり、「展示」していても「調査研究」機能を欠いていれば、それは「資料」に対する理解及び教育が単に表層的なものにとどまって深みや奥行きを失い、ひいては人々が新しい発見を求めて博物館に何度も足を運ぶことにはならないからである。なお、「（育成）」とあるのは、資料の中には生きた生物も含まれ、動物園、水族館、植物園も本法の対象であることから、明記したものだが、これらの生物多様性や種の保存に果たしている役割を考えれば、より適切な表現はないものだろうか。

　「一般公衆」については、一般にはあまり使わないやや古くさい言葉だが、不特定多数の者を意味する文言として社会教育法や図書館法をはじめ、法令ではよく使われている。

　「調査研究」については、研究機能なくして博物館が運営されるはずもないことは言うまでもない。ただし、新井重三が「Curatorial Museum」と「Non-Curatorial Museum」の分類概念を提唱したように（新井 1973）、現在においても研究活動を行っていない、あるいは軽視している類似施設は多数存在し、博物館法に基づく博物館が必要とする主要機能を改めて認識する必要がある。

　「レクリエーション」は、recreation を語源とし、今では和製英語になっていると言っていいが、一般には自発的・創造的な余暇活動を意味する。こうした外来語をそのまま用いたのは、この語でなければ適切な意味を表すことができなかったためと思われ、従来日本にそういった習慣や認識が欠けていたとも考えられる。しかしながら、博物館でもたらされる「レクリエーション」は、博物館という場所に来館者を誘い、知的な好奇心を刺激し、結果として教育や学習を促進させるために必要な要素であり、単なる「楽しみ」や「娯楽」を意味するわけではない。いわゆるテーマパークや遊園地との違いは、資料の有無

のみならず、知的好奇心や探究心、向学心を喚起するか否かという点にある。

　「事業」については、第三条において具体的な内容を列挙しているが、東京科学博物館官制（勅令第752号、1940年11月9日改正）第一条中「併セテ之ニ関聯スル研究及事業ヲ行フ所トス」や、博物館令案（1941年4月1日施行予定）第一条中「併セテ之ニ関聯セル研究及事業ヲ行ヒ」と規定した前例がある（下線筆者）。また、犬塚康博は、東京博物館時代（1921〜1931）に設置されていた「附帯事業課」は主に教育活動を行っていたことから、博物館法は、東京科学博物館官制と博物館令案の水準を継承しながら、研究と教育を博物館に内在する機能として定義したと述べている（犬塚 2015）。

　同条で定義する博物館の範囲は、いわゆる美術館、郷土資料館、科学館、動物園、水族館、植物園、文学館、記念館等、その名称だけ考えても極めて広範多岐にわたる。博物館は、その資料の多様性から画一的にその範囲を限定することは極めて困難である。すなわち、一定の資料が建築物の中に収蔵・展示される博物館もあれば、自然景観を利用して各種の資料を展示する野外博物館もあり、史跡や記念碑的施設を含む場合もある。また、その取り扱う資料についても、文化財、美術作品、学術標本、生きた動植物など多様であり、その範囲を限定することはかえって博物館の発展を阻害する危険がある。したがって、ここに定義する博物館は、設置者を限定していることを除けば、形式にとらわれずに実質の面から博物館を幅広く捉えており、支援の対象となる登録博物館については、審査の際にその内容を厳しく吟味することとしたのであろう。

　「機関」については、社会教育法第九条の「図書館及び博物館は、社会教育のための機関とする」という規定を敷衍しているが、図書館法では、「図書、記録その他必要な資料を収集し、整理し、保存して、一般公衆の利用に供し、その教養、調査研究、レクリエーション等に資することを目的とする施設」（第二条、下線筆者）と規定している。一般に、「施設」は主体が外部利用者であるのに対し、「機関」は専門性を活かした独自の研究活動を行うものであり、博物館はまさに「調査研究」を目的とする点において図書館と異なることになる。教育基本法では、当初は「図書館、博物館、公民館等の施設の設置」（旧第七条第2項）とあり、改正後は「図書館、博物館、公民館その他の社会教育施設の設置」（第十二条第2項）となったが、もともと社会教育法第五条

において、市町村教育委員会の事務として「所管に属する図書館、博物館、青年の家その他の社会教育施設の設置及び管理に関すること」という文言があり、教育管理行政の対象としての「施設」と、機能としての「機関」を法令上使い分けていることがわかる。

　設置者については、制定当初は、「地方公共団体、民法第三十四条の法人、宗教法人」であったが、1952（昭和 27）年に日本赤十字社法が制定され、同社が赤十字博物館を設置していた関係で、同法附則によって特殊法人である日本赤十字社が博物館の設置主体として追加された。さらに、その後 1955（昭和 30）年の法改正では、特殊法人日本放送協会も博物館を設置する予定であったことから、日本赤十字社のほかの特殊法人等においても博物館の設置を奨励するため、法令技術上の便をも考慮して政令で一括規定することとしたものである。特殊法人を一律博物館法、すなわち登録博物館の対象としなかったのは、特殊法人には多種多様なものが混在し、当時は博物館の管理運営の実態が確立していなかったことから、この両館のみを政令で規定したとされている。

　また、「民法第三十四条の法人」については、公益法人改革に伴う 2006（平成 18）年の法改正で、「一般社団法人若しくは一般財団法人」に改められた。

　さらに、1999（平成 11）年に独立行政法人通則法が公布され、それまで国の機関であった国立博物館等が独立行政法人になったことに伴い、「その他の法人」の下に「（独立行政法人（独立行政法人通則法（平成十一年法律第百三号）第二条第一項に規定する独立行政法人をいう。第二十九条において同じ。）を除く。）」が追加された。国立博物館等の独立行政法人化は、法制定当時からの課題であった国立博物館を博物館法の対象とする好機だったが、この時期文部省でも日本博物館協会でもそうした議論はほとんど行われていない[(2)]。

　国や独立行政法人を登録博物館の設置主体とするためには、新たな設置主体として章を立てなければ法としての整合性は取れないと思われる。この当時、国立博物館を独立行政法人化することの是非が大きく議論されていながら博物館法の観点から十分な議論が行われなかったのが悔やまれるところではある。

　博物館法では「博物館」について名称制限を設けておらず[(3)]、実態として誰でも「博物館」等の名称を名乗れることになっている。登録制度によってその差

別化が図られてはいるものの、利用者にとっては必ずしも明確ではないことから、博物館法に基づく博物館であることを証明するロゴマーク等の表示⁽⁴⁾についても検討が必要であろう。また、俗説として、文部省系は「博物館」、文化庁は「資料館」であると言われることもあるが、これは文部省が公立社会教育施設整備費補助金（1997（平成 9）年度かぎりで廃止）、文化庁が歴史民俗資料館建設費補助金⁽⁵⁾（1993（平成 5）年度かぎりで廃止）を行っていたためで、いずれも補助金交付に際して名称限定はかけていない。しかし、例えば現在文化庁の史跡等総合活用整備事業費国庫補助において、ガイダンス施設もその補助対象となっているが、やはり名称限定はかけていないにもかかわらず、そのまま「ガイダンス施設」という名称を付けている例が多いことを考えれば、俗説もその傾向を裏付ける根拠はあると言えよう⁽⁶⁾。ただし、加藤有次は、博物館法第二条の定義からすれば、「その機能からみて博物館と呼ぶことができる」のであって、教育普及活動が欠如し、形式的な収蔵施設となっているような「資料館」や「記念館」は、積極的な大衆への働きかけがなく設置者の一方的な目的によって運営管理されている例が多いことから、「博物館と資料館との相違は、資料の活用の仕方が異なると同時にそれを必要とする基盤が異なる点にも存する」ため、「法にのっとった「博物館」という名称が、真の意味で活かされることが是非とも必要なのである」と述べている（加藤 1996）。

　ちなみに、博物館の英訳が「Museum」であることは論を俟たないが、美術館は「Museum of Art」であったり「Art Museum」であったり様々で、特に決まっていない。設置条例や定款では英訳まで規定していないことが多いので、愛称的な扱いになるが、英語名称が日本語名称よりも実態を表している場合もある⁽⁷⁾。最近は「ミュージアム」という日本語名称も増加傾向にある。小規模館では英語名称が決まっていない館もあるが、国際化時代において、英訳名称はある程度の統一性がほしいところではある。なお、欧米ではロンドンやワシントン D.C. のナショナル・ギャラリーのように、特に美術品等のコレクションを展示する施設や空間をギャラリー（Gallery）と呼ぶ場合があるが、日本では作品の売買を行う画廊や貸しスペース等の店舗を指す傾向がある。いずれも特に法的な定義づけはない⁽⁸⁾。

　第 2 項では、「公立博物館」及び「私立博物館」の定義づけを行っており、

第 1 項で規定した設置者の限定を改めて規定している。すなわち、地方公共団体、一般社団法人もしくは一般財団法人、宗教法人または政令で定めるその他の法人のみとしているのである。

　なお、公立博物館については、当初は教育委員会が所管するものに限定されていた。法制定当初は教育委員会法（昭和 23 年法律第 170 号）により教育委員は公選制とされており、より独立的、民主的性格が強く、社会教育施設である博物館は、政治的宗教的な中立性を担保することが求められていたからである。1956（昭和 31）年に同法に代わって制定された地方教育行政の組織及び運営に関する法律（昭和 31 年法律第 162 号）においても、博物館は教育委員会所管であることが明記された。しかしながら、2019（令和元）年 6 月の第 9 次地方分権一括法により、地教行法、社会教育法、図書館法とともに改正され、地方公共団体の長の所管することができるようになったことから、博物館法の制定から 68 年ぶりに公立博物館の対象が拡大された。

　国立博物館等の国の施設については、当初は法の総合的な整備を図るという観点から、国公私立の博物館を対象とした体系を検討していたが、学芸員の配置に伴う職制上の問題や所管上の手続き等の課題があり、国立の施設については、博物館法上の「博物館」の対象から除外された。具体的には、制定当時の資料によれば以下のような理由が挙げられている。

　① 国立の博物館については、それぞれ各省設置法により定められていること。

　② 国立の博物館については、国際交換調査研究等その他の機能において、公私立の博物館とは相当の懸隔があること。

　③ 文化財保護委員会の附属機関たる国立博物館の管理、他省所管の博物館との関係等今後研究すべき多くの問題があること。

　なお、当時社会教育施設課の担当官であった川崎繁氏によれば、これらに加え、博物館法制定の前年に制定された図書館法より早く国立国会図書館法が成立しており、図書館法が国立を対象としなかった前例ができてしまったことも影響したという。

　また、①については、現在主要な国立博物館は独立行政法人となっているが、同様に個別の独立行政法人法によって定められていることから、国立のも

のと同様に博物館の登録対象外とされている。

　学校法人を対象としなかったことに関しては、1951（昭和26）年11月21日の衆・文部委員会での審議において、石井昶・衆議院専門委員が次のような答弁をしており、登録制度が国庫補助金の交付の対象となるという前提で作られたものであることがわかる。

　　学校法人の持っておりますところの、いわゆる博物館に匹敵するものは、すでに現存しておるものもございますし、確かにこれについての重要性も、起草のときには十分考慮をいたしました。けれども、これにつきましては、私立学校法というものも、すでにできておりまして、私立学校としての一本の線で国庫で相当な援助をいたしておりますし、それをなるべく一本の法で行った方がよかろう、学校の中でそれを区分することはかえって混雑を来すであろうという考え方から、この問題を切り離したのであります。宗教法人の方につきましては、積極的に学校法人ほどに国庫からいたしておりません。税金などについての消極的の保護は与えておると思いますけれども、そこに若干学校と宗教法人との相違がありまして、かように使いわけを考えた次第であります。

　第3項では、博物館が収集・保管または展示する「博物館資料」について規定している。博物館資料は、標本、模型、文献等が中心だが、情報技術の進展により、デジタル写真・映像や、ハイビジョン映像等、資料の記録媒体が多様化していることから、2008（平成20）年の法改正に際し、電磁的記録、すなわち音楽、映像等をCDやDVD等の媒体で記録した資料が含まれることを明文化した。改正前もこれらの資料の収集・展示等を排除していなかったが、明示的には読み取ることが困難である一方、今後こうした資料の収集・展示等が重要さを増すと考えられることにかんがみ、規定したものである。

（博物館の事業）

第三条　博物館は、前条第一項に規定する目的を達成するため、おおむね次に掲げる事業を行う。

一　実物、標本、模写、模型、文献、図表、写真、フィルム、レコード等の博物館資料を豊富に収集し、保管し、及び展示すること。

> 　二　分館を設置し、又は博物館資料を当該博物館外で展示すること。
> 　三　一般公衆に対して、博物館資料の利用に関し必要な説明、助言、指導等を行い、又は研究室、実験室、工作室、図書室等を設置してこれを利用させること。
> 　四　博物館資料に関する専門的、技術的な調査研究を行うこと。
> 　五　博物館資料の保管及び展示等に関する技術的研究を行うこと。
> 　六　博物館資料に関する案内書、解説書、目録、図録、年報、調査研究の報告書等を作成し、及び頒布すること。
> 　七　博物館資料に関する講演会、講習会、映写会、研究会等を主催し、及びその開催を援助すること。
> 　八　当該博物館の所在地又はその周辺にある文化財保護法（昭和二十五年法律第二百十四号）の適用を受ける文化財について、解説書又は目録を作成する等一般公衆の当該文化財の利用の便を図ること。
> 　九　社会教育における学習の機会を利用して行つた学習の成果を活用して行う教育活動その他の活動の機会を提供し、及びその提供を奨励すること。
> 　十　他の博物館、博物館と同一の目的を有する国の施設等と緊密に連絡し、協力し、刊行物及び情報の交換、博物館資料の相互貸借等を行うこと。
> 　十一　学校、図書館、研究所、公民館等の教育、学術又は文化に関する諸施設と協力し、その活動を援助すること。
> 2　博物館は、その事業を行うに当つては、土地の事情を考慮し、国民の実生活の向上に資し、更に学校教育を援助し得るようにも留意しなければならない。

（昭五八法七八・平二〇法五九・一部改正）

　本条は、博物館が、第二条第1項に規定した「歴史、芸術、民俗、産業、自然科学等に関する資料を収集し、保管（育成を含む。）し、展示して教育的配慮の下に一般公衆の利用に供し、その教養、調査研究、レクリエーション等に資するために必要な事業を行い、あわせてこれらの資料に関する調査研究をする」という目的を達成するために行うべき事業を例示している。「おおむね」という文言の意味するところは、これらが限定列挙ではないということで、ここで掲げた11の事業のすべてを行わなければいけないわけではなく、また、これ以外の事業を行ってはいけないわけでもない。各博物館は、それぞれ自ずからその規模や性格が異なるため、その任務も必ずしも一様ではない。そのた

め、いわば望ましい博物館の準則を示すために「おおむね」としている。

　第二条で掲げた博物館の基本的要件がそれぞれ基礎とする「資料」については、博物館資料を「実物、標本、模写、模型、文献、図表、写真、フィルム、レコード等」と例示し、また、博物館で行われるべき活動についても、資料は、展示のみならず、講演会、講習会など、多彩な形で提供され、研究活動も資料そのものに対するものだけではなく、保管や展示等に関する研究も含んでいるなど、制定当初から博物館の多様性に配慮した規定がなされている。「文献、図表、写真、フィルム、レコード等」に関しては、USB、CD、DVD、PDF等の電子データ（法律用語でいう「電磁的記録」）も含まれることは言うまでもない。

　一方で、博物館資料については、これまで、その「実物」性が重視されており、「公立博物館の設置及び運営上の望ましい基準」（平成15年6月6日告示）では、「博物館は、実物又は現象に関する資料（以下「一次資料」という。）」を収集保管し、展示すると規定し（第三条）、実物資料の収集保管が困難な場合に、模型、模造等の資料を収集、製作する旨定めるなど、実物以外の資料は一次資料に関する図書、文献、調査資料等とともに「二次資料」として例外的な扱いとしてきた。しかしながら、博物館一般にとって資料の実物性は今後とも重視されるべきではあるが、美術館、科学館、動物園等、博物館が対象とすべき資料は館種や設置目的によって多種多様であることから、各館の持つ使命に沿った展示や学習支援等の博物館活動という点からどのような資料を博物館として持つべきか、という視点で判断する必要がある。この点を踏まえると、古美術を中心とする美術館等においては、実物の資料を保有していることが強く要請される一方、科学館その他の科学技術理解増進を図る施設では、科学の法則や最新の科学技術事情を理解するための資料を入れ替えつつ展示しており、このような活動の基礎となる製作物等をもって、この種類の博物館では、博物館として必要な資料を有していると考えるべきであろう。また、天体の動きなど収集・保管が困難な現象を対象とする館では、その現象に関する館の調査研究の蓄積が、当該館にとって教育・学習支援等の活動の中心となっているのであれば、そのような現象を記録した館固有の資料の蓄積をもって、博物館として必要な資料を有していると考えるべきである。

　ところが、旧「望ましい基準」では、第三条第 1 項で一次資料を「実物または現象に関する資料」としながら、「実物資料」や「現象に関する資料」についての定義づけをしておらず、同条第 2 項で「実物資料について、その収集若しくは保管が困難な場合には、必要に応じて、実物資料に係る模型、模造、模写又は複製の資料を収集又は製作する」としながら、その総称がなく、同条第 3 項で「一次資料に関する図書、文献、調査資料その他必要な資料」を「二次資料」としてしまったため、博物館学者の間では様々な解釈がなされ、混乱が生じていた。このため、改正された「博物館の設置及び運営上の望ましい基準」（平成 23 年 12 月 20 日告示第 165 号）第五条では、一次資料と二次資料の区別を廃止し、新たに「資料」について

　① 実物、標本、文献、図表、フィルム、レコード等の資料

　② ①を複製、模造若しくは模写した資料又は実物等資料に係る模型

　③ ①②に関する図書、文献、調査資料その他必要な資料

と再整理し、①②を「博物館資料」、③を「博物館資料」に関する図書等と規定した。

　この結果、少なくとも法令用語としての「一次資料」「二次資料」という文言はなくなったものの、現在においても一般的には①を一次資料、②及び③を二次資料と呼ぶケースが多いと思われ、そこには多分に利用者の価値判断が入ってくるのであろう。法令上の資料分類について、佐々木秀彦は、博物館資料を「固有資料」と「関連資料」とし、博物館たることの基礎的な要件とすることを提案している（佐々木 2011）が、将来的に法改正等を行う際には、改めて検討が必要であろう。なお、加藤有次が「博物館には、保存と活用という相反する矛盾した行為を、互いに機能化しなければならないという、大きな問題が起きるのであるが、それを相互に機能化するところに、博物館の博物館たるゆえんが存するのである。そのためには、資料の製作（模造・模型・その他）等の方法を駆使して機能化することも考えられなければならない。博物館は、「もの」を媒体として、教育活動をおこなうところにこそ、その目的があるのである」（加藤 1996）と述べていることは、現代においても普遍であると考える。

　次に、第 2 号の「分館」及び「博物館外で展示すること」は、博物館の外部

の内部化と内部の外部化という二つの在り方を定義している。特に公立博物館においては、新たな博物館を設置するよりも、既存の博物館を中核とする「分館」と位置付けたほうが予算や人員を効率的に配分・配置することが可能であり、設置条例を新たに制定する必要がない。記憶の継承等の観点から特定の場所に博物館を設置することに意味があったり、歴史的建造物や地元の偉人等の邸宅等の寄贈を受けて、そのまま記念館等として公開する場合は、個々の館を独立して設置するよりも、分館の扱いにした方が運営しやすい場合もあるであろう。また、市町村合併に伴い、従来独立していた館が行政組織上「分館」となる場合もある。地方公共団体直営の博物館は、行政組織上、館が課相当組織であるか否かによって常勤館長や学芸員の配置が決まることも多く、予算や定員の関係で本館もしくは分館の扱いが決まる場合もある。

　ただし、登録に際しては、分館が本館との緊密な連繋の下に博物館機能を発揮できるものかどうかを留意して審査する必要があり、場合によっては本館は登録されても、分館は登録の対象としないという判断もありうる。また、分館が本館と同一の都道府県または指定都市の区域内に設置されていない場合は、当該分館が設置されている都道府県または指定都市の教育委員会の登録審査を受けなければならない。

　第3号の「研究室、実験室、工作室、図書室」については、必ずしもこのとおりの名称である必要はなく、現代風に言えば、研修室、多目的室、ワークショップルーム、イベントホール等であろう。これらには、主に①職員専用のもの（非公開）、②利用者専用のもの、③職員専用のものを利用者に開放するものがある。近年公開型の収蔵庫や実験室を設ける博物館が増加傾向にあり、いわゆるバックヤード・ツアーも行われるようになってきており、②は当然のこととして、③が拡充傾向にあることは博物館に対するリテラシーを高める上でも望ましいことであろう。ただし、資料の安全かつ安定した保存環境を確保することを最優先するべきであり、セキュリティの確保も重要である。宮城県美術館の「創作室」や相模原市立博物館の「市民研究室」等のように学芸員が常駐している場を設けることも重要であろう。

　図書室については、展覧会カタログや美術雑誌等を収集保存し、広く一般に公開している博物館は多く、オンライン蔵書目録であるOPAC（Online Public Access Catalog）で収蔵図書を公開し、複数の博物館の所蔵情報を横断的に検索できるサービスを提供している館も増加傾向にあり、技術の進歩は博物館法が想定していたものをはるかに凌駕している。

　第4号の「調査研究」とは、館の使命、計画に基づき行われるものであり、そのような一貫した方針による調査研究が行われていない施設は、登録博物館の基準を満たさないものと考えるべきであろう。博物館にとってまず求められるのは、自らの館の資料とその専門分野に対する調査研究であるが、調査研究の範囲は、資料管理、保存科学及び展示や教育普及的な視点から見た資料の活用方法等に関することも含まれる。

　なお、今後は複数の博物館が緊密なネットワークのもとで資料の保管や資料に関する調査研究等について分担して進めることも想定され、その中で、資料を豊富に有する館と、展示に関する調査研究を専ら行う館が相補的な関係にあるのであれば、一体として登録博物館として捉えることも考えられ、今後新たな登録基準を考えるに当たっては、このような博物館の扱いも検討すべきであろう。

　第5号については、「博物館資料の保管及び展示に関する技術的研究」を規定し、第4号の「博物館資料に関する専門的、技術的な調査研究」と差別化を図っている。これは、法制定当時は現在のように保存及び展示に関する専門性が発達しておらず、各館に保存や展示を専門とする学芸員がほとんどいなかったため、「保管及び展示」については「技術的研究」と規定したものと思われるが、現状においてはこれらの専門的な調査研究も多くの館で行われており、特に差別化する意味はないことから、将来的に法改正を行う際には第4号と第5号を統合してもよいと考える。

　第6号の「案内書、解説書、目録、図録、年報、調査研究の報告書等」については、特に説明不要と思われるが、近年それらの多言語化（特に英語）が求められていることを指摘しておく。図録については、従来展覧会場でしか入手できないことが多かったが、近年はISBN（International Standard Book Number；国際標準図書番号）がある図録も増加傾向にあり、一般の書店等でも入手しやすくなった。なかには、書店で流通する出版物をそのまま「展覧会公式図録（カタログ）」として販売している例もあり、学芸員の研究成果や実

績を広く一般に周知する意味でも好ましいことであろう。なお、博物館のなかにはいわゆる紀要を作成・頒布しているところも多い。紀要は、大学等の教育機関や各種の研究所等が定期的に発行する論文や研究ノート等が掲載されている学術誌であり、一般的には市販されない学芸員の研究成果である。その学術的水準に関しては様々であり、紀要での研究発表を研究上の業績として認めない組織もあるが、登録博物館においては、査読論文を掲載する紀要を発行することが期待される。

　第7号の「講演会、講習会、映写会、研究会等」についても、特に説明不要と思われるが、体験型のワークショップや参加型のイベント等も含まれることは言うまでもない。2020年初頭以降、新型コロナウイルス感染症の感染拡大によってオンラインによる配信とせざるを得ない例が増加したのは残念なことだが、デジタル技術の進展により、博物館活動が施設内にとどまらずより広域的に海外への発信も促進されたという意味では画期的なことであろう。

　第8号は、博物館法と文化財保護法の連携に関する唯一の規定となっている。「当該博物館の所在地又はその周辺にある文化財保護法の適用を受ける文化財」という規定から、公立博物館を念頭に置いていることがわかるが、その解釈は不分明なものとなっている。デジタル化の時代において、文化財の活用に関して地域を限定する必要はないだろう。また、「文化財保護法の適用を受ける文化財」とは、すなわち指定または登録等がなされた文化財に限定されるが、博物館は未指定文化財に対しても調査研究等の対象とすべきであることは言うまでもない。したがって、今後法改正を行う際には、これを見直してより幅広く柔軟な規定とし、文化財保護法との連携に関する規定を設けることについても検討すべきであろう。

　2008（平成20）年の改正に際しては、改正教育基本法第三条に明示された「生涯学習の理念」を踏まえ、新たに第9号を追加した。図書館法第三条においても、同様の規定を追加している。近年、博物館においては、博物館資料の収集・保管・展示のみならず、社会教育関係団体や地域の人材等による展示資料の解説や収集・制作に関する協力等、社会教育における学習の成果を活用した教育活動その他の活動の機会の提供が、重要かつ活発になってきており、これらの活動は学習の成果を発揮する良い機会である。このため、博物館が実施

すべき事項として、このような学習成果を活用して行う活動の機会を提供する事業の実施及びその奨励について、新たに規定したものである。

1999（平成11）年の生涯学習審議会答申「学習の成果を幅広く生かす」では、「学歴偏重社会のイメージ」を是正するためには、「学習の成果の活用」を促進することが求められるとし、活用の方向性として①個人のキャリア開発、②ボランティア活動、③地域社会の発展の3分野を示しているが、これらの中には、当然のことながら、政治的活動や営利活動は含まれていない。なぜならば、それらは行政による直接的な支援になじまないものであり、評価する対象たり得ないからである。第9号を追加したことによって、例えば博物館が行った講習・講座等に参加した利用者が、自らの「学習の成果の活用」として、自ら制作した作品を展示したり収蔵することへの要求を拒めなくなるのではないかという懸念も寄せられたが、同号ではそこまで求めてはいない。博物館で何を収集、展示するかについては館長または設置者が判断することであり、同号を根拠として利用者に新たな権利が付与されるわけではなく、不当な圧力によって利用者に対する評価を行うことまでは法は求めていないのである。あくまで博物館は、単に利用者の来館を促すだけではなく、利用者が博物館を拠点に学び、交流し、さらに自らの学びを社会に還元できる場となることが期待されていることに留意する必要がある。

第10号は、博物館間の連携・協力に関する規定だが、「博物館と同一の目的を有する国の施設等」とまわりくどい文言になっているのは、まさに国立博物館・美術館が博物館法の対象ではないことと、登録・相当施設以外の博物館も含ませるためである。さらに、第11号は、学校や博物館以外の社会教育施設、学術研究施設、文化施設等との連携・協力に関する規定であり、もとよりそれら以外の施設との連携・協力を排除するものではない。同様の条文は図書館法にもあるが、法制定当時は博物館が整備されておらず、図書館や公民館で文化財や美術品を保管・展示することもあり、現在でもそうした例は見られる[11]。

第2項は、博物館の事業を行うに当たっての留意事項として、土地の事情を考慮し、国民の実生活の向上に資することとともに、地域の教育機関としての役割を担い、学校との連携も期待している。学校教育における博物館の利用

は、1989（平成元）年の学習指導要領改訂以降、段階的に記されてきているが、2002（平成 14）年度の完全学校週 5 日制の実施以降、地域の教育力を支える機関としての期待が高まり、2008（平成 20）年の改訂ではより明確に位置付けられ、2017（平成 29）年の改訂では博物館の資料から情報を収集する学習活動に重点が置かれた。2018（平成 30）年 10 月からは、文部科学省設置法の改正により、博物館に関する事務のみならず芸術に関する教育も文部科学省から文化庁に移管されたことから、より一層その連携が強化されることが期待される。博物館が学校教育を援助するためには、学芸員は教職員を指導することもできる高度な学識経験と指導力を有する必要があるのである。

（館長、学芸員その他の職員）

第四条　博物館に、館長を置く。

2　館長は、館務を掌理し、所属職員を監督して、博物館の任務の達成に努める。

3　博物館に、専門的職員として学芸員を置く。

4　学芸員は、博物館資料の収集、保管、展示及び調査研究その他これと関連する事業についての専門的事項をつかさどる。

5　博物館に、館長及び学芸員のほか、学芸員補その他の職員を置くことができる。

6　学芸員補は、学芸員の職務を助ける。

（昭三〇法八一・一部改正）

博物館が、その本来の機能を発揮し、第三条に規定する任務を遂行してゆくためには、当然、博物館に関する専門的な知識技術を修得した有能な職員の活動をまたなければ、所期の目的を達成することはできない。本条は、博物館の健全な発達を図るために専門的職員を置くことを規定したものである。博物館法制定以前は、それぞれの博物館の所管に応じて任免形式も異なり、博物館の職員として身分の取扱いも確立されていなかったため、まず博物館に置かれる専門的職員を「学芸員」及び「学芸員補」と称することとし、その職務内容を定めたのである。

学芸員の職務は、博物館資料その他に関する専門的事項を、独自の判断で処理し、実施していくものであり、学芸員補は、学芸員の具体的な指導と助言の

もとに、学芸員の職務を補佐する。この両者の協力によって、博物館の中核的機能の基礎が獲得されることが期待されたわけである。ただし、第4項に掲げる専門的事項は、第二条で規定している博物館の定義と比較すると、研究面が優先されており、教育面での職責が明記されていない。これは、博物館法が社会教育法の特別法であるという構造的な問題とも考えられるが、そのために我が国の博物館では教育普及を専門とするエデュケーターの位置づけを低下せしめたともいえる。新井重三は、法制定後の早い段階で、「調査研究能力のない学芸員は栄養分の吸収能力を失つた根に等しく、もはやその義務が履行出来ない無資格者であると断定せざるを得ないのである」（新井 1952a）と述べる一方で、以下のように警鐘を鳴らしている（新井 1952b）。

> 博物館法によれば、「学芸員は、博物館資料の収集、保管、展示及び調査研究その他これと関連する事業についての専門的事項をつかさどる。」とあり、一方博物館事業の項には教育的な事業があげられている。この矛盾を現在身をもって体験しているのである。学芸員が、博物館法に規定された職務についてだけ行うことが許されるならば問題は生じないのであろうけれども、恐らくそのようにしたら、社会教育施設としての博物館の発展は望めないのではないだろうか。

　犬塚康博も、博物館法は「学芸員にとっては内在的に研究機能が主題であり、教育機能が副題であり続けたという構造である」（犬塚 2015）と述べている。ただし、千地万造が「日本の学芸員の特徴は、Curator系列のスタッフとEducator系列のスタッフの持つ職責の両方を合わせ持ったものである」（千地 1968）と述べているように、教育普及を職責としない学芸員はあり得ないであろう。次回法改正の際には、教育面についても学芸員の職責として明記することについて検討することが必要であろう。なお、公立博物館については、教育普及担当を学校教員の出向または派遣等によるポストとしているケースが多い。これは、当初は博物館教育を専門とする人材が不足していたためと推測されるが、現在では教育委員会内部における定員管理や人件費の効率化等の観点から行われているのが実態であろう。中にはそのまま博物館に転籍する場合もあるが、出向等に際して学芸員資格は必須ではなく、3～5年で異動が繰り返

されることが多い。近年は博物館教育を専門的に学んだ人材が増加傾向にあることから、専属のエデュケーターの配置が求められる。

　制定当初は、第5項として「学芸員は、そのつかさどる専門的事項の区分に従い、人文科学学芸員又は自然科学学芸員と称する」という条文があり、学芸員制度は二つに分かれていた。しかし、特に小規模館において人文科学及び自然科学の複数の学芸員を配置することや、自然科学学芸員の不足、さらに二つの大まかな資格では専門性を分けるのに十分ではないなどの理由で、1955（昭和30）年の法改正で削除され、「学芸員」として一本化された。この改正は、当時、柔軟な資格確保や人事の流動性を促進する観点から歓迎される一方で、学芸員の資格を取得すれば、人文系であれ自然系であれ博物館の資料とは無関係な専攻であっても博物館の学芸員になることができるため、学芸員必置の趣旨や博物館活動の充実を期する観点から問題であるとの反対意見や、逆に資格の専門性をさらに細分化するべきとの意見もあった。しかし、現在では、学芸員の養成については、むしろ博物館の職員として採用後に実務を経験する中で養成していった方が現実的であるという観点から、資格を細分化するべきとの意見は多くは見られない。むしろ、学部レベルで資格を細分化するよりは、大学院レベルの上級学芸員制度を設けるべきであるとの意見が強いと言えよう。これからの博物館の在り方に関する検討協力者会議報告書「新しい時代の博物館制度の在り方について」（2007（平成19）年6月）では、学芸員の高度な専門性を評価する上位資格を「上級学芸員」（仮称）とし、その専門分野が明確となるよう、館種に関する分野（例：「美術」「歴史」「自然史」「理工」「動物」「水族」等）あるいはまた、博物館機能に関する分野（例：「教育普及」「情報」「保存・修復」「経営」等）の名称を付記する旨の提言をしていることは注目に値する。

　ところで、「専門的職員」という文言について違和感を唱える博物館関係者は多い。即ち、「専門職員」ではなく「的」がつくことによって、専門性の要請が一段低められているのではないか、という主張である。図書館法第四条に定める司書の規定についても同様の意見が聞かれる。用例上、「専門的職員」という文言を用いているのは、博物館法及び図書館法のみであり、これは1949（昭和24）年に制定された教育公務員特例法において定義されている

「専門的教育職員」の記載にならったものであろう。棚橋源太郎は、博物館法で学芸員を「専門的職員」と規定した理由について、「curator と同じものとして学芸員を位置付けるのではなく、curator にはやや距離のあるものとして考えたために『的』という用語を選択したもの」と推測している（倉田・矢島 1997）。

　ちなみに、博物館法制定当時の文部省の資料には、「専門的職員の身分を更に明確にするために、教育公務員特例法の適用を受けるよう配慮することが妥当であると思われるので、近き将来解決すべき課題である」との記述がある。一般法としての国家公務員法及び地方公務員法の特別法である教育公務員特例法によって、その任免、給与、分限、懲戒、服務及び研修等についての特例を定めているが、「専門的教育職員」は、指導主事及び社会教育主事のみであり（第二条第 5 項）、学芸員及び司書については、現在も対象外となっている。[13]実態として学芸員の給与待遇は、設置者の人事政策や労務管理の事情等により行政（一般）職としての扱いになっている場合が圧倒的に多く、現在においても大きく変わっていない。国立博物館・美術館では「研究員」としての職階（俸給表）が設けられているものの、地方公務員については、1952（昭和 27）年に地方自治庁がまとめた地方公務員職階制第二次試案における学芸員の扱いに対して、文部省社会教育課長が地方自治庁公務員課長宛てに学芸員を研究職に含め、職級を格付けるべきとの意見書を提出し、日本博物館協会も地方自治庁及び文部省に同様に陳情書を提出したが、実現はしなかった。戦後いち早く学芸員資格を取得した嶋崎丞[14]は、昭和 30 年代に 30 歳前後の学芸員が集まって「学芸員制度研究会」を発足させ、研究職給料表の適用を受けるべく自治省に陳情に行き、その後各自治体の人事当局に陳情した結果、昭和 40 年代からいくつかの県で学芸員を研究職として認定するようになったと回顧している（嶋崎 1998）。その後、1957（昭和 32）年 8 月に文部省が各都道府県教育委員会、人事委員会に地方公務員の「学芸員は博物館法の規定による教育機関の専門職員であるので、給与の格付けにあたってはとくに格別の御配慮をお願い」する旨の通知を出したりもしているが、学芸員としての地位向上に向けた運動は継続的、組織的には行われていない。逆に、一般職採用であるがゆえに、人事異動で学芸員以外の職務に配置替えとなるケースも見られる。1978～1981

（昭和53〜56）年に船橋市で学芸員の配置転換の不当性が公平委員会において
3年にわたって争われ、現職復帰となった実例や、2003（平成15）年6月24
日に日本学術会議動物科学研究連絡委員会・植物科学研究連絡委員会による報
告「自然史系・生物系博物館における教育・研究の高度化について」で、学芸
員の俸給表に「行政職の適用を速やかに撤廃する」ことを提言している例はあ
るものの、こうした運動が継続しないのは、学芸員の地位や待遇の改善・向上
支援するような圧力団体が存在しないことがその一因と思われる。

　いずれにせよ、博物館や図書館に置かれる「専門的職員」とは、高度な専門
的知識・技能を有するスペシャリスト（professional personnel）であることを
意味しており、「専門職員」と同旨で、「的」に意味はない。ちなみに、「専門
職員」の用例は、公文書館法のみとなっている。言うまでもなく、公文書館の
職員には何ら資格要件は課されておらず、結果的に「専門的職員」である学芸
員及び司書の方が明確な専門性に基づく質の保障が図られていると言ってい
い。このことを考えると、立法技術的には「専門的職員」であるがゆえに不利
益を被っているなどの具体的な実例がない限りは、今後も「専門職員」に改正
することは難しいと思われる。

　なお、このことについては、2008（平成20）年の法改正の際に図書館法に
関して以下のような国会答弁が行われている。

【平成20年5月21日　衆・文部科学委員会】
○加茂川政府参考人（文部科学省生涯学習政策局長）
　（略）図書館法の四条には専門的職員、的という言葉を使った職の規定がある
　わけでございます。ここで規定されております専門的職員とは、私どもの理解と
　いたしましては、高度な専門的知識、技能を有する図書館のスペシャリストとい
　うことを指しておると理解をしておりまして、専門的、すなわち高度な専門的知
　識、技能を有するという意味でございますので、言葉としては、的がなくてもい
　いではないかと委員からお話がございました、その専門職員と同じ意味であると
　理解をしております。
　　ただ、法律の条文としてこの専門的職員という用語が使われました経緯を調べ
　てみましたら、類似に、博物館法にも見られるわけでございますが、この図書館
　法よりも先に制定されてございます教育公務員特例法、これは昭和二十四年にで

きた法律でございますが、ここでも専門的教育職員という用語が用いられており
まして、法の整備としては、恐らくこの例に倣ったのではないかと思っておりま
す。

　的が入っておりますために、その専門性でありますとか専門職員として違った
ものという意味ではなくて、中身としては同じもの、同じ専門性を持った職員を
指しておるものと理解をいたしておるところでございます。

　第4項の「専門的事項をつかさどる」とは、専門的事項を掌握して処理する
という意味である。「つかさどる」という文言は、明治憲法下では「掌る」と
表記され、各省設置法等組織に関する法令においてよく使われるが、そこでは
官職として担当するという意味になる。英語では「govern」または「adminis-
ter」に相当すると考えていいだろう。学校教育法では校長や教諭等の職務と
して「つかさどる」が使われているが[16]、社会教育主事及び司書についてはその
ような文言はない。法文上、それだけ、大きな役割が期待されているとも考え
られる。

　文部科学省・文化庁では学芸員を便宜的に「curator」と訳しており[17]、正式
な職名として学芸系職員を「キュレーター」と称している館もあるが[18]、博物館
法上の「学芸員」とは異なる館独自の職階制による呼称であろう。このことに
ついては、第4章2.（202ページ）で詳述する。

　次に、館長については、第1項で「博物館に、館長を置く」とし、登録博物
館は館長を置くことを義務付けているが、常勤であることまでは求めていな
い。また、館長が学芸員を兼ねることができるが、学芸員資格を有する館長1
人のみの配置は望ましくない。実態として、日本の博物館は、館長職が行政事
務職のローテーション人事の一環であったり、いわゆる天下りであったり、有
名人であるなど名誉職的な非常勤である場合が多いが、例えば動物園や水族館
のように生き物を有している園館では、有事の際の対応がとれないため、基本
的に非常勤はあり得ない。また、動物園や水族館の園館長の多くが専門家だ
が、それ以外の博物館の場合は、まったくの門外漢である場合も多い。博物館
関係者からは、病院で院長が医師免許を持っていないことはあり得ないよう
に、博物館も館長は学芸員資格を必須とするべきではないか[19]、という主張も聞
かれるが、第2項で「館長は、館務を掌理し、所属職員を監督して、博物館の

任務の達成に努める」と規定しているように、館務のマネージメントを行う立場として、館長には学芸員の専門性までは求めておらず、実態として欧米でも、館長は資金集めに長けたビジネスマンが務めている例も散見される。現実的な対応としては、行政職や非専門家が館長に就いた場合には、学芸員のトップが副館長として補佐しているケースが多い。ただし、個人的には、行政職や非専門家の館長であっても、現状では通信教育課程等によって学芸員資格を取得することも可能であり、最低限の博物館学に関する知識を修得する努力は必要だと考えている。また、日本の博物館長は、その高齢化とジェンダーについても課題は多い。いずれにせよ、館長に求められる社会的役割は、当該博物館の掲げる使命や目標に沿って具体的な博物館活動を推進するための方針を確定し、その推進に努めることにあり、学芸部門と事務・施設管理部門等を統括する指揮監督者として、博物館学に関する基礎的な理解や一定以上の経験が必要であることは言うまでもない。

　なお、図書館法においては、当初公立図書館の施設整備補助金の申請資格として司書資格を有する館長の配置を求めていた[20]が、博物館と同様に1997（平成9）年度限りで社会教育施設整備補助金が一般財源化され、同規定は削除されている。ただし、「図書館の設置及び運営上の望ましい基準（平成24年文部科学省告示第172号）」では、「市町村教育委員会は、市町村立図書館の館長として、その職責にかんがみ、図書館サービスその他の図書館の運営及び行政に必要な知識・経験とともに、司書となる資格を有する者を任命することが望ましい」（第二、一、4（1）、1）と規定しており、「博物館の設置及び運営上の望ましい基準（平成23年12月20日文部科学省告示第165号）」で「博物館に、館長を置く」（第13条）としか規定していないのと大きく異なる。

　第5項の学芸員補に関しては、第6項で「学芸員補は、学芸員の職務を助ける」と規定しているとおり、学芸員の補佐を行う職だが、それ以上の定めはなく、その職責は必ずしも明確ではない。

　「その他の職員」は、館長、専門的職員としての学芸員及び一般職としての事務職員以外の職務に従事する者で、必ずしも学芸員資格を必要としない広報、出版、写真、情報、衛視、警備、清掃等に従事する技能・労務職員や、動植物園や水族館の場合は飼育員やトレーナー、獣医師等の職員を想定してい

る。「博物館の設置及び運営上の望ましい基準」第十三条第2項では、「博物館に、前項に規定する職員のほか、事務及び技能的業務に従事する職員を置くものとする」と規定している。

　ただし、近年はこうした技能職員にも高い専門性が求められるようになっており、大規模館では広報や資金調達、国際交流、情報等の専門職員を配置する例も増加傾向にある。独立行政法人国立文化財機構は、学芸員に相当する研究員と一般職員以外の"第三の職"として、新たな俸給表による「専門職」制度を導入し、国際交流や列品管理、広報等を専門とする職員の採用を行うようになっている。また、清掃、検札（もぎり）、監視等については、日本ではほぼ外部委託（アウトソーシング）となっているが、岐阜県美術館で監視業務を行っていた宇佐江みつこ氏によるマンガ『ミュージアムの女』（KADOKAWA、2017年）のような作品が人気を博すなど、博物館で働く多様な職種への関心が高まっていることは、好ましい傾向である。

　なお、美術品の資料の取り扱い、特に梱包や輸送については、指導的な立場にあった経験豊かな作業員や学芸員が定年等により退職し、必要な知識や技能の継承が困難になりつつあったことや、国公立博物館において競争入札の導入に伴い、知識や経験のない梱包・輸送業者が落札し、貴重な美術品が毀損されるような事態になることが懸念されたことから、2012（平成24）年度から日本博物館協会が「美術品梱包輸送技能取得士[(21)]」の認定を行っており、毎年1〜3級の試験を実施している。2021（令和3）年3月現在、3級386人、2級166人、1級29人が合格しており、その所属会社は日本通運株式会社やヤマトグローバルロジスティクスジャパン（株）をはじめ25社に及んでいる。

（学芸員の資格）
第五条　次の各号のいずれかに該当する者は、学芸員となる資格を有する。
　一　学士の学位（学校教育法（昭和二十二年法律第二十六号）第百四条第二項に規定する文部科学大臣の定める学位（専門職大学を卒業した者に対して授与されるものに限る。）を含む。）を有する者で、大学において文部科学省令で定める博物館に関する科目の単位を修得したもの
　二　大学に二年以上在学し、前号の博物館に関する科目の単位を含めて六十二単

　位以上を修得した者で、三年以上学芸員補の職にあつたもの

三　文部科学大臣が、文部科学省令で定めるところにより、前二号に掲げる者と
　同等以上の学力及び経験を有する者と認めた者

2　前項第二号の学芸員補の職には、官公署、学校又は社会教育施設（博物館の事
　業に類する事業を行う施設を含む。）における職で、社会教育主事、司書その他
　の学芸員補の職と同等以上の職として文部科学大臣が指定するものを含むものと
　する。

（昭三〇法八一・全改、平三法二三・平一一法一六〇・平成二〇法五九・平二九法四
一・一部改正）

　本条は、第四条で規定した学芸員の資格要件について規定したもので、学芸
員の資格を取得するためには、

① 学士の学位を有し、大学で「博物館に関する科目」の単位を修得したも
　の

② 大学に2年以上在学し、大学で「博物館に関する科目」の単位を含む62
　単位以上を修得し、3年以上学芸員補の職にあったもの

③ 文部科学大臣が②と同等以上の学力及び経験を有すると認められる者
　（試験認定又は審査認定の合格者）

のいずれかを満たす必要があることを規定しており、「博物館に関する科目」
の単位数や「同等以上の学力及び経験を有する者」については、省令に委任し
た。具体的には、博物館法施行規則第一章（第一条及び第二条）において博物
館に関する科目の単位及び博物館実習について規定し、同規則第二章（第三条
〜第十七条）において学芸員の資格認定について規定している。

　当初、1952（昭和27）年に制定された博物館法施行規則では、博物館に関
する科目は5科目10単位（博物館学4、教育原理1、社会教育概論1、視聴覚
教育1、博物館実習3）だったが、法制定時の文部省の答弁資料では、8科目
10単位（博物館概論1、博物館経営法論1、博物館通史1、資料の保存展示技
術と方法2、視聴覚教育2、博物館と成人教育1、博物館統計1、社会学心理学
等1）となっている。未だ専門教員の確保や教科書の準備等ができていない状
況を踏まえ、現実的な科目に修正されたものと推測されるが、この時点で博物
館経営や資料の保存展示に科目を想定していたことは注目に値する。これが実

現するには、58 年後の 2009（平成 21）年を待たなければならない。

　また、第 2 項では、「学芸員補の職」について、官公署、学校または社会教育施設（いわゆる博物館類似施設を含む）における職で、文部科学大臣が指定した社会教育主事、司書その他の学芸員補の職と同等以上の職も含むこととしている。「学芸員補の職と同等以上の職」については、「学芸員補の職と同等以上の職を指定する件（平成 8 年 8 月 28 日文部省告示第 151 号）」で指定しており、2008（平成 20）年の法改正にあわせて、第 3 号（文部科学省（文化庁及び国立教育政策研究所を含む）、大学共同利用機関法人、独立行政法人国立科学博物館及び独立行政法人国立美術館において博物館資料に相当する資料の収集、保管、展示及び調査研究に関する職務に従事する職員の職）及び第 6 号（社会教育施設において博物館資料に相当する資料の収集、保管、展示及び調査研究に関する職務に従事する職員の職）を追加し、ある意味対象の“緩和”を図った。

　実務経験の年数を 3 年としたのは、厳密な算定によるものではないが、博物館の特質上、経験年数平均を重視し、高等学校卒業を基本として考えた場合、大学卒業者は、4 年の在学で学芸員となれるわけだが、大学に 2 年以上在学した者は経験年数 3 年を加えて 5 年とし、1 年の経験年数の差をつけることによって、大学卒業者に相当する程度としたものである。

　学士に関する法令は、学校教育法第百四条第一項及び学位規則第二条により定められており、学士の学位授与権は大学及び独立行政法人大学改革支援・学位授与機構とされ、大学を卒業した者、ないし独立行政法人大学改革支援・学位授与機構に学位授与申請を行い審査に合格した者に授与されることとなっている。2017（平成 29）年の法改正により、専門職大学の卒業生も含まれることが追加された。

　なお、学芸員資格そのものは任用資格であって、実際に博物館で採用されてはじめて学芸員と名乗ることができる“職名”である。また、博物館法上、登録博物館の専門的職員を指す語であることから、厳密な意味では博物館相当施設や類似施設には学芸員はいないという整理になっている。しかし、現実には多くの博物館相当施設や類似施設でも学芸員という職名をあてているし、博物館以外の社会教育施設や文化センター、さらには教育委員会事務局等において

も学芸員という職名の発令を行っている例もある。⁽²²⁾いくつかの地方自治体では、教育委員会の埋蔵文化財担当職員を学芸員として発令しており、特段行政運営上の支障はないものの、法的には好ましいことではなく、学芸員の地位向上のためにも将来的には是正されなければならないだろう。

「科目」と「単位」については、大学設置基準（昭和31年文部省令第28号）により、1単位の履修時間を教室内（授業時間）及び教室外（自習時間）を合わせて45時間とし、授業の方法に応じて、次のように規定されている。なお、大学の授業時間1時限（90分）は、2時間の授業として計算される。

　　　［種　　別］　　　　　　［1単位の計算方法］
　　　講義・演習　　　　　15〜30時間の授業をもって1単位とする。
　　　実習・実験・実技　　30〜45時間の授業をもって1単位とする。

　例えば講義科目は、原則として、毎週1時間15週の授業で1単位とし、授業に対して2時間の授業時間外の学修が必要である。授業を受けただけでは、単位は取得できない。

　「62単位以上」とした根拠は、短期大学を想定し、その卒業資格の最低要求を定めた短期大学設置基準（昭和50年文部省令第21号；博物館法制定当時は短期大学設置基準委員会の申し合わせ事項）により、その所得単位数を明記したものである。

（学芸員補の資格）
第六条　学校教育法第九十条第一項の規定により大学に入学することのできる者は、学芸員補となる資格を有する。

（昭三〇法八一・全改、平三法二五・平一三法一〇五・平一九法九六・平二九法四一・一部改正）

　第六条は、第四条で規定した学芸員補の資格要件について規定したもので、学芸員補の資格を取得するためには、学校教育法第九十条第1項の規定により大学に入学することのできる者、すなわち、「高等学校若しくは中等教育学校を卒業した者若しくは通常の課程による12年の学校教育を修了した者（通常

の課程以外の課程によりこれに相当する学校教育を修了した者を含む）または
文部科学大臣の定めるところにより、これと同等以上の学力があると認められ
た者」であることを規定している。

　学芸員補は、学芸員資格を取得するための実務経験としての存在意義はある
が、実態として学校教育法に定める学修以外の要件はなく、図書館法に定める
司書補のような研修も義務付けていない。それは、学芸員がその職務を遂行す
るに当たり、ある一定の機械的原則というものがなく、図書館において一定の
分類法、目録法等規制の原則に基づく場合と異なるためとされている。学芸員
は、常に実物資料について深く研究し経験することが、その知識技術を高める
唯一のみなもとであり、大学において専門科目の基礎理論を学び、実物研究を
通じて経験知を養い、その知識技術を確保するという前提である。博物館法制
定時に文部省が作成した資料には、「この学芸員を助ける役目である学芸員補
は、大学に入学し得る知識と技術を基礎として、実物についての実際的な研究
経験を積むことは、単なる理論的な講習、短期間の講習を設けるより寧ろ、最
も本質的な要諦であるとともに、各種の博物館資料に応じた科目の補助的科目
を設定することが、技術的にも極めて困難であり、実情に沿わないので、講習
を設けることは妥当ではないと考える」旨の説明がなされている。座学よりも
実務経験を重視した考え方と言えるが、法制定から 70 年を経た現在において
は、我が国の博物館学も飛躍的発展を遂げ、300 以上の大学において学芸員養
成課程が設けられ、博物館に関する専門書も数多く存在する。また 4 年制大学
への進学率も、戦後の学校基本調査で最初に確認できる 1954（昭和 29）年は
7.9% であったのが、2020（令和 2）年には 54.4% になっている。このことを
考えれば、今もなおこの制度のままでよいかどうかは、改めて議論が必要であ
ろう。

（学芸員及び学芸員補の研修）
　第七条　文部科学大臣及び都道府県の教育委員会は、学芸員及び学芸員補に対し、
　　その資質の向上のために必要な研修を行うよう努めるものとする。

　（昭三一法一六三・削除、平二〇法五九・全改）

　学芸員及び学芸員補は、資料に関する最新の知識・情報を常に把握し、多様な博物館資料に対する知識やその取り扱い技術に通じている必要があるため、不断の研究と修養に基づいた豊富な経験と高い専門性が求められる。

　公務員である都道府県・市町村立博物館の学芸員及び学芸員補に関しては、地方公務員法第三十九条が適用され、任命権者により職員として研修の機会が与えられなければならないこととされている。また、文部科学省設置法第四条や地方教育行政の組織及び運営に関する法律第四十八条において、国及び都道府県教育委員会についても教育関係職員に対して研修を行うことが規定されている。

　しかしながら、2004〜06（平成16〜18）年度間において、学芸員等を対象とする研修を行った都道府県は、23にとどまっていた（文部科学省調べ）。学芸員が専門的職員であり続けるためには、現職研修は欠かすことができず、これを怠れば、国際競争力の低下を招き、他の国と対等にわたりあっていくことができなくなる。職員の資質能力の向上のための研修機会を十分に確保するため、2008（平成20）年の法改正において、社会教育主事及び公民館主事の研修と同様の規定(23)を学芸員及び司書等についても設け、任命権者は当然のこと、これに加えて、文部科学大臣及び都道府県教育委員会についても学芸員・学芸員補の研修を設けるよう促す規定を新設した。

　なお、社会教育法第九条の6（第二十八条の二で準用）では、研修を文部科学大臣及び都道府県が「行う」という規定になっているが、社会教育主事は、そのすべてが公務員である（公民館主事についてもそのほとんどが公務員）という点で学芸員や司書等とは異なることから、博物館法及び図書館法においては文部科学大臣及び都道府県が研修を行うことを義務付ける規定とはなっていない。

　文部科学省が行う研修としては、例えば、文化財の保存科学に関する専門家等、先進的な知見を有する者の少ない分野や地方公共団体にとって必ずしも情報が十分でない先進的な知見等が求められる分野等について、専門家等を招聘し、地域においてリーダーとなりうる者や館長等を対象に政策的な観点から行うものなどを想定している。一方、都道府県教育委員会は、域内の博物館の連携の促進等、広域行政の推進の観点から研修を行うことを想定している。これ

らは既に、国立教育政策研究所社会教育実践研究センターや各独立行政法人等において実施されているが、今後さらなる充実が必要であろう。

　また、本条文は、私立博物館についても適用がある。私立博物館の職員については、地方公務員法第三十九条の適用はないが、文部科学省設置法第四条において、現在でも国は教育関係職員に対する研修を行うことを事務としている。また、資料を収集し、保管（育成）、展示等を行う博物館としての意味では公立・私立の別はなく、我が国全体の博物館の振興を図るためには、すべからく学芸員及び学芸員補の研修を行い、その専門性の向上を図る必要がある。このため、文部科学大臣または都道府県教育委員会の開催する研修について、私立博物館の職員も対象として含めている。

　都道府県立博物館の所管が首長部局に移管している場合でも、当該教育委員会が研修に関する努力義務を課せられていることは言うまでもないが、当該首長部局においても、法令上の要請はないとはいえ、都道府県立博物館を所管している限りにおいて市町村立博物館を対象とした研修を行うことが期待される。もちろん、その場合は教育委員会が当該首長部局及び博物館と連携・協力をしながら実施することが求められよう。

　今後の課題としては、現在国や独立行政法人、国立大学法人、都道府県、市町村、あるいは関係団体で行われている研修を整理・体系化し、マッピングすることであろう。その結果、研修内容に重複がある場合は調整を行い、逆に行われていない分野については国が率先して行うなどの方策が考えられる。さらに、何よりも重要なのは、これらの情報をインターネット等を通じて、関係者にわかりやすく提供することであろう。もちろん、将来的には、専門職大学院大学等における恒常的な現職研修の場が設けられることも期待したい。

　なお、第七条は、法制定当初は、文部大臣の都道府県教育委員会、都道府県教育委員会の市町村教育委員会及び私立博物館に対する博物館の設置及び運営に関する指導、助言に関する規定が設けられていたが、1956（昭和31）年の「地方教育行政の組織及び運営に関する法律の施行に伴う関係法律の整理に関する法律」による改正によって削除され、2008（平成20）年の改正に際して新たな条文を追加したものである。

> （設置及び運営上望ましい基準）
> 第八条　文部科学大臣は、博物館の健全な発達を図るために、博物館の設置及び運営上望ましい基準を定め、これを公表するものとする。

（平一一法一六〇・平二〇法五九・一部改正）

　博物館が、常に現状を改善し、任務の達成を期するため、その内容の充実を図る方向を見失うことなく諸計画を立案できるように理想的な博物館の設置運営に関する目標を定めておくことは、博物館自体にとっても、また利用者にとっても極めて大事なことである。このため本条は、文部科学大臣が博物館の設置及び運営上望ましい基準を定めることを規定している。法案制定に携わった文部省社会教育施設課長（当時）の近藤春文は、法制定10周年記念回顧座談会で、この条文を設けた理由は、当時公立博物館の機能はまったく低下しており、これを一定の水準にまで引き上げるための方法として、ある種の基準を定めようとすることにあった、と述べている（日本博物館協会 1961）。

　本条は、制定当初は「文部大臣は、博物館の健全な発達を図るために、博物館の設置及び運営上望ましい基準を定め、これを教育委員会に提示するとともに一般公衆に対して示すものとする」という規定であったが、1999（平成11）年の中央省庁等改革関係法によって「文部大臣」が「文部科学大臣」に改められた。また、2008（平成20）年の改正に際して望ましい基準の適用対象は、公立博物館のみに限定されるものではないが、「教育委員会に提示する」との規定があたかも公立博物館に限定しているかのような誤解を生じるおそれがあることから、「教育委員会に提示するとともに一般公衆に対して示す」を「これを公表する」に改めた。

　第八条に基づく現在の望ましい基準は、長期にわたり規定されていない状態が続いたが、1973（昭和48）年に「公立博物館の設置及び運営に関する基準（昭和48年11月30日文部省告示第164号）」が指定され、通称「ヨンパチ基準」と呼ばれていた。長らく基準が規定されなかったのは、文部科学省が1952（昭和27）年に通知した「博物館の登録審査基準要綱（昭和27年5月23日・文社施第191号各都道府県教育委員会あて社会教育局長通知）」及び第二

十四条に基づく補助金（公立社会教育施設整備費補助金）の交付要綱が、事実上基準の役割を果たしていたためといわれている。

　その後、1998（平成 10）年に一部改正、2003（平成 15）年に全部改正を行い、さらに 2011（平成 23）年に私立博物館も新たに対象として再び全部改正し、「博物館の設置及び運営上の望ましい基準（平成 23 年 12 月 20 日文部科学省告示第 165 号）」が定められた。従来、私立博物館については、その自主性、独自性に配慮して特段の基準を定めず、施行通知において、私立博物館に関する指導または助言に当たって、必要に応じて参考とするよう求めることにとどめていた。(25) しかしながら、私立博物館は税制上の優遇措置を受けており、博物館の運営状況を見直し、これに基づき必要な改善措置を講ずることにより、その質を高めることの必要性・重要性は、私立博物館についても同様であることから、公立私立を通じた基準を定めることが求められ、「これからの博物館の在り方に関する検討協力者会議」において検討を行った結果、2010（平成 22）年 3 月に「博物館の設置及び運営上の望ましい基準の見直しについて」報告書がまとめられ、これを受けて新たな基準が告示されたのである。

　「望ましい基準」は、地方分権の趣旨のもと、二回にわたって大綱化が図られ、博物館の現場にとっては必ずしも望ましくない改正が行われてきた。そのはじまりが地方分権推進委員会の第二次勧告（1997（平成 9）年 7 月）で、国の必置規制の見直しの観点から、博物館法に関しては、「告示に規定する学芸員・学芸員補の定数規定は廃止し、実情を踏まえて配置人数を決定できるようにする」ことが勧告され、このことが「地方分権推進計画」（1998 年 5 月 29 日閣議決定）に盛り込まれた。これを受けて、文部省では地方教育行政の在り方について検討を行い、同年 9 月に出された生涯学習審議会答申「社会の変化に対応した今後の社会教育行政の在り方について」では、「社会教育行政制度における規制の廃止、基準の緩和、指導の見直しなど地方分権、規制緩和の観点からの改革を積極的に進めることが必要である」と述べ、ヨンパチ基準について「現行のような定量的かつ詳細な基準を画一的に示すことは、現状に合致しない部分が現れている。このため、現在の博物館の望ましい基準を大綱化・弾力化の方向で見直すことを検討する必要がある」、「少なくとも現行の同基準第 12 条第 1 項の学芸員又は学芸員補の定数規定は廃止することが適当である」

（下線部筆者）と提言した。

　また、同年9月に出された中央教育審議会答申「今後の地方教育行政の在り方について」でも、地域の教育機能の向上、地域コミュニティの育成、地域振興の観点から、社会教育施設に対して配慮を求め、公民館、図書館及び博物館の各種の規制や基準等を廃止、緩和することを提言した。

　これらを受けて文部省では、まず地方分権推進委員会第二次勧告で具体的に指摘されていた事項についての改正を行うこととし、同年12月に「公立博物館の設置及び運営に関する基準」の告示を改正し、第十二条に規定していた一館に最低限必要な人数が削除された。実態としては施設設備等に比べて、学芸員の配置は現実にはほとんど守られなかったが、"higher standard" として各自治体が定員要求を行うための数値根拠として重要な役割を果たしてきており、この削除によってそのための根拠が失われた。嶋崎丞は、この改正について「組織的にも財政的にも基盤の弱い地方公共団体にあって、少なくとも現状の設置基準は、現状以上の望ましい基準、ある意味では地方にあっては博物館の理想像が掲げられていた筈であり、それに向けて職員の資質の向上や、施設や資料の充実に努力してきている博物館が多かったのではなかろうか。それが地域にふさわしい内容でよしとされるようになると、地方財政逼迫の折から博物館の所轄する当局は、充実よりも削減の方向に施策が向けられるのは一般的な趨勢であることは論をまたない事実であり、慎重に対応して欲しいと思っている」と述べている（嶋崎 1998）。

　さらに、2002（平成14）年10月に地方分権改革推進会議より「公立博物館や公民館の設置及び運営に関する基準については、基準を定量的に示したものとなっているが、平成14年度中を目途に大綱化・弾力化を図り、国の関与の限定化と地域の自由度の向上に努める」との意見（「事務・事業の在り方に関する意見」）が出され、「公立博物館の設置及び運営に関する基準」は、生涯学習審議会答申に沿ったかたちで施設設備や面積、資料数等の定量的な規定も削除され、"大綱化・弾力化" された新たな「公立博物館の設置及び運営上の望ましい基準」（平成15年文部科学省告示第113号）が定められたのである。青木豊は、これらの "大綱化・弾力化" された基準は、「なんの意味ももたない」ものであり、「着実に充実してきたわが国の博物館の現状に致命的な後退を招

く結果となった」と述べている（青木 2012）。

　2011 年の見直しに際しても、関係者から数値基準の復活を望む声は大きかったものの、「これからの博物館の在り方に関する検討協力者会議」報告書では、「具体的にどのような博物館を設置するかは設置者である地方公共団体等が決定すべきであり、今回の基準の改定に当たっても、新しい時代における博物館にとって何が必要かという大局的な観点で見直しを行うべきであり、再び数値基準を設けることは必ずしも適当ではない」としつつ、「一方で、各博物館が設置及び運営に当たって参考にできるような客観的な目安を求める意見もあることから、本報告書において参考的な数値を示すこととする」と述べ、報告書の別添資料として 48 基準に盛り込まれていた項目をベースに、2008 年度社会教育調査を基にそれぞれの項目の上位 30% の登録・相当・類似施設の数値を平均して算出した数値を「参考数値」として掲載した。ただし、これは告示や審議会答申のような法的性格を有するものではないため、あまり周知されていないのが実態であろう。

　ところで、同じく第八条の規定に基づき、「私立博物館における青少年に対する学習機会の充実に関する基準（平成 9 年 3 月 31 日文部省告示第 54 号）」という告示がある（平成 14 年 8 月 29 日一部改正）。少々わかりにくいが、これは上述の「公立博物館の設置及び運営に関する基準」の私立博物館版ではない。1997（平成 9）年度税制改正において、「博物館法第八条の規定に基づき文部大臣が定める私立博物館における青少年に対する学習機会の充実に関する基準」に合致する博物館法に規定する登録博物館の設置運営に関する業務を行うことを主たる目的とする民法法人が、特定公益増進法人として税制優遇措置の対象として新たに追加されたことを受けて、制定されたものであり、事実上税制優遇措置のための基準と考えればいいだろう。同告示は、2002 年 4 月から完全学校週五日制が実施されたことを踏まえ、同年 8 月に週に一日以上は児童生徒の入場を無料にするなど、青少年、親子等の利用に対する優遇措置を講じることを追加する改正を行っている。

（運営の状況に関する評価等）

第九条　博物館は、当該博物館の運営の状況について評価を行うとともに、その結
　　果に基づき博物館の運営の改善を図るため必要な措置を講ずるよう努めなければ
　　ならない。

（昭六一法九三・削除、平二〇法五九・全改）

本条文は、2008（平成20）年の法改正で追加された条文である。

　近年、行政の透明化やPDCAサイクルによる評価及びこれに基づく改善の
考え方の一般化のため、公的な機関の自己評価はかなり発達してきており、例
えば、公立学校における自己評価の実施状況はほぼ100％に近く、社会の中で
の位置付けや職員数の違いはあるものの、学校と同様に公の資金で運営されて
いる博物館についても、評価とそれによる改善を進めることが必要とされた。

　博物館については、既に「公立博物館の設置及び運営上の望ましい基準」第
十二条に自己点検・評価についての規定があったが、2004（平成16）年度に
自己評価を行った博物館は、調査対象2,030館中31.5％にとどまっていた（日
本博物館協会調査）。

　このため、博物館における評価システムの更なる充実とともに、これに基づ
く改善のための取組を一層促すため、新たに博物館における評価とともにその
結果に基づく改善に関する努力義務規定を設けたものである。2008（平成20）
年の法改正に際しては、公民館及び図書館についても、同様に社会教育法及び
図書館法の改正によって同様の規定を新設している。

　具体的な評価の内容については、第一義的には評価の実施主体である博物館
が定めるものである。一般的には、単に入館者数や資料数だけではなく、例え
ば、博物館の設置理念や目的、使命、方針、経営、施設・設備の整備及び施設
利用、所蔵資料、調査研究、展示内容、教育普及・学習支援活動、広報、市民
参画・連携等についてそれぞれ点検項目を設定し、定量的または定性的に評価
を行うとともに、住民の満足度について調査を行うなど、多面的かつ多角的に
評価を行うことが重要である。その際、利用者である地域住民の意向が適切に
反映されるよう、博物館協議会を十分に活用することや外部評価を導入するこ

とが望ましい。

　また、博物館がその運営状況を見直し、これに基づき必要な改善措置を講ずることによりその質を高めることの必要性・重要性には、公立・私立の別はない。このため、本条に基づく評価及び改善に関する努力義務は、私立博物館についても対象となる。

　なお、制定当初の第九条は、博物館資料の国鉄輸送に関する運賃割引を規定していたが、1986（昭和61）年に国鉄民営化と同時に条文が削除された。

（運営の状況に関する情報の提供）

第九条の二　博物館は、当該博物館の事業に関する地域住民その他の関係者の理解を深めるとともに、これらの者との連携及び協力の推進に資するため、当該博物館の運営の状況に関する情報を積極的に提供するよう努めなければならない。

（平二〇法五九・追加）

　本条は、2008（平成20）年の法改正で追加された条文である。

　博物館は、その説明責任を果たすとともに、地域住民等との連携及び協力を推進するため、それぞれの博物館や地域の状況等に応じて、博物館の運営の状況について、地域住民等に対して積極的に情報を提供することが重要である。改正教育基本法では、学校、家庭及び地域住民その他の関係者について、教育におけるそれぞれの役割と責任の自覚とともに、相互の連携・協力に努める旨が新たに規定されており、社会教育の中核的機関としての博物館には、このような連携・協力を果たす上でも、情報の積極的な提供が求められる。このため、博物館の運営に関する情報の積極的提供について努力義務を新たに規定したものであり、2008年の改正に際しては、公民館及び図書館についても、同様に社会教育法及び図書館法の改正によって同様の規定を新設している。

　なお、本条は、博物館からの情報提供の必要性・重要性を理念的に規定したものであり、具体的な情報提供の内容は、それぞれの博物館や地域の状況等に応じて、各博物館が判断すべきものである。このため、博物館からの情報提供の方法は、各博物館において、例えば、博物館便りや市町村公報等の活用、インターネットやSNSの活用など、多くの地域住民等に提供することができる

ような適切な方法を工夫することを想定している。

　私立の博物館については、その活動が必ずしもその設置地域に限定されるものではないが、一方で、地方税である固定資産税等の減免措置が講じられていることから、単なる私的な存在にとどまらない。また、当該設置地域の住民にとっては身近な施設でもあり、一般的な地域貢献や協力が求められることから、私立の博物館も地域住民に対し情報提供を行うことが求められよう。

　　第二章　登録
　（登録）
　第十条　博物館を設置しようとする者は、当該博物館について、当該博物館の所在
　　する都道府県の教育委員会（当該博物館（都道府県が設置するものを除く。）が
　　指定都市（地方自治法（昭和二十二年法律第六十七号）第二百五十二条の十九第
　　一項の指定都市をいう。以下この条及び第二十九条において同じ。）の区域内に
　　所在する場合にあつては、当該指定都市の教育委員会。同条を除き、以下同じ。）
　　に備える博物館登録原簿に登録を受けるものとする。

（昭二七法三〇五・昭三〇法八一・平二六法五一・一部改正）

　一般に、日本国憲法八十九条に基づき、公の支配に属さない「宗教上の組織若しくは団体」、「慈善、教育若しくは博愛の事業に対して」は、公金その他の公の財産を支出したり、利用に供したりしてはならないとされており、私立博物館に対する税法上の優遇措置を講ずるためには、法律によって「公の支配」に属させる必要があり、博物館法に登録博物館制度を設ける必要があった。したがって、登録制度を設けた理由は、一言で言えば、公立博物館も含め選別のためであろう。博物館の機能は各種各様の資料によって基礎づけられるものであり、その各種類にわたる資料が常に公共的に活用されることが重要であって、博物館の基本的・公共的な機能を確保することが第一の要件となる。また、かかる博物館を期待する場合は、第二条で規定したような設置主体を限定することだけでは十分ではなく、博物館の設置について、単なる報告や届出のみによってこの法律が規定する機能を有する博物館であると判断することは困難であり、ここに法が求める博物館の公共的活動の基本的要件を備えているか

どうかを審査する必要が生じてくるわけである。これらの要件を具備している
ものが、登録博物館として保護助成の対象となる。ただし、現状において登録
制度が形骸化しているという課題があり、まさにそれが博物館法改正が求めら
れている所以であるが、このことについては第 4 章で詳述する。

　本条は、博物館を設置しようとするときは、当該博物館の所在する都道府県
の教育委員会に備える博物館登録原簿に登録するものとした規定であり、2014
（平成 26）年の地方分権改革第 4 次一括法により、政令指定都市の場合は当該
業務が政令指定都市に移管された。以下、第二十九条を除き、「都道府県の教
育委員会」とある条文は、区域内に政令指定都市がある場合には、当該「指定
都市の教育委員会」と読み替える規定となっている。

　制定当初、都道府県教育委員会に登録することとした理由は、博物館の登録
の審査に当たっては、専門的、技術的な識見を必要とするとともに、客観的に
申請事項その他の事項を審査することが不可欠だからである。教育委員会は、
地方教育行政の組織及び運営に関する法律第四十八条に基づき、都道府県教育
委員会は市町村に対し、教育に関する事務の適正な処理を図るため、必要な指
導、助言または援助を行うことができる旨の規定もある（その前身である教育
委員会法第五十条にも、市町村教育委員会に対し、技術的、専門的な助言と指
導を与える規定があった）ことから、博物館の登録の審査を都道府県教育委員
会の事務として規定したものである。

　なお、博物館の登録事務は機関委任事務（法律または政令により国から地方
自治体に委任された国の事務）であったが、1999（平成 11）年の地方分権の
推進を図るための関係法律の整理等に関する法律により、自治事務とされた。

　2014 年の地方分権改革第 4 次一括法によって、登録及び博物館相当施設の
指定業務は、政令指定都市へ移譲されたが、都道府県内の博物館ネットワーク
や都道府県が行っている研修等の重要性を考えると、都道府県教育委員会の役
割は減じていないと考えるべきであろう。

　（登録の申請）
第十一条　前条の規定による登録を受けようとする者は、設置しようとする博物館
　について、左に掲げる事項を記載した登録申請書を都道府県の教育委員会に提出

しなければならない。
　一　設置者の名称及び私立博物館にあつては設置者の住所
　二　名称
　三　所在地
2　前項の登録申請書には、次に掲げる書類を添付しなければならない。
　一　公立博物館にあつては、設置条例の写し、館則の写し、直接博物館の用に供
　　する建物及び土地の面積を記載した書面及びその図面、当該年度における事業
　　計画書及び予算の歳出の見積りに関する書類、博物館資料の目録並びに館長及
　　び学芸員の氏名を記載した書面
　二　私立博物館にあつては、当該法人の定款の写し又は当該宗教法人の規則の写
　　し、館則の写し、直接博物館の用に供する建物及び土地の面積を記載した書面
　　及びその図面、当該年度における事業計画書及び収支の見積りに関する書類、
　　博物館資料の目録並びに館長及び学芸員の氏名を記載した書面

（昭二七法三〇五・昭三〇法八一・平一八法五〇・一部改正）

　申請事項を①設置者、②名称、③所在地及び添付資料としたのは、登録申請
の施設が果たして博物館の機能を備えて規定する博物館の任務を遂行すること
ができるのか否かを検討する基礎的資料として必要な事項であるからである。
　添付資料を提出させるのは、登録審査に際して、基礎的要件としての上記①
②③だけでは十分な審査が行えないため、審査の適正を期すために必要なとす
る書類を提出させることとしたものである。
　法制定時の旧民法三十四条法人では、その内容を規定した規則を社団法人は
定款、財団法人は寄附行為と称したが、公益法人改革によっていずれも「定
款」と称することになったため、2006（平成 18）年の一括法により「定款」
と改めた。宗教法人の場合は、これを単に「規則」と称している。

　（登録要件の審査）
　第十二条　都道府県の教育委員会は、前条の規定による登録の申請があつた場合に
　　おいては、当該申請に係る博物館が左に掲げる要件を備えているかどうかを審査
　　し、備えていると認めたときは、同条第一項各号に掲げる事項及び登録の年月日
　　を博物館登録原簿に登録するとともに登録した旨を当該登録申請者に通知し、備

えていないと認めたときは、登録しない旨をその理由を附記した書面で当該登録
申請者に通知しなければならない。

　一　第二条第一項に規定する目的を達成するために必要な博物館資料があるこ
　　　と。
　二　第二条第一項に規定する目的を達成するために必要な学芸員その他の職員を
　　　有すること。
　三　第二条第一項に規定する目的を達成するために必要な建物及び土地があるこ
　　　と。
　四　一年を通じて百五十日以上開館すること。

（改正なし）

　登録審査の要件において、①博物館資料があること、②必要な学芸員その他
の職員を有していること、③必要な建物及び土地があること、④一年を通じて
150 日以上開館することが求められることを明記したものであり、その詳細に
ついては第十六条において「この章に定めるものを除くほか、博物館の登録に
関し必要な事項は、都道府県の教育委員会の規則で定める」と規定した。

　第十一条第 1 項各号に掲げた事項及び登録の年月日は、各都道府県または政
令指定都市の教育委員会の博物館登録原簿に登録するとともに登録した旨を当
該登録申請者に通知し、備えていないと認めたときは、登録しない旨をその理
由を附記した書面で当該登録申請者に通知しなければならないとした。

　これらの審査に際しては、書類審査のみで行っている場合が多いが、実地調
査を行うことを妨げるものではない。2021（令和 3）年 9 月に文化庁が都道府
県及び政令指定都市教育委員会を対象に調査した結果（67 自治体中 60 自治体
が回答）では、33 自治体（約 55％）が担当部署（主に一般行政職員）内での
審査であり、外部有識者による審査を行っているのは 3 自治体（約 5％）、外
部有識者との合同審査を行っているのは 10 自治体（約 17％）にとどまってい
る。審査の適正を期するためには、書類審査のみならず実地調査をはじめ学識
経験者や専門機関の意見を聴取するなど、万全の審査を行うべきであろう。

　第十二条第 2 号の「学芸員」の解釈については、1965（昭和 40）年 3 月 12
日付けで、山口県教育委員会社会教育課からの照会に対し、文部省社会教育局

社会教育課長が公文書（40 委社社第 1 号）で以下のとおり回答している。

　　博物館法第 12 条第 1 項第 2 号の規定により博物館に置かれる学芸員は、当然
　に専任の職員でなければならないと解さなくとも差支えない。
　　しかし、同法第 2 条に掲げる博物館の目的を達成するためには、実際上、兼任
　の学芸員では十分でない場合が多いと考えられるので、登録要件の審査にあたつ
　ては、極力専任学芸員設置の方向で指導されるよう、お願いします。

　日本博物館協会が 2019（令和元）年に実施した博物館総合調査の結果によ
れば、日本の博物館の典型的な姿(26)（中央値、平均値から）は、常勤職員数は 3
人であり、うち学芸員資格保有者数は 1 人であった。さらに驚くべきことに、
2018（平成 30）年度社会教育調査の結果では、登録博物館 914 館のうち、256
館（約 28％）で学芸員が配置されていないという事実は、まさに登録制度の
更新制度がないために生じていることであり、早急に改善が必要であろう。
　「150 日以上」とした理由は、制定当時の現状の公開日数を参考として、博
物館としての公開機能の最低日数を規定したものである。現在においても、極
寒地の博物館では冬季休館としているところが多く、当時は保存の観点から雨
天休館(27)とする博物館もあったことなども考慮して、およそ年間の半分近く（週
一回を休館日とした場合、月 25 日×6 か月＝150 日）としたものであろう。
　ところで、特に私立の博物館の中には、予約制の博物館もあるが、これにつ
いては法令及び行政実例に何も規定がない。利用者が多過ぎたり、昨今のコロ
ナ禍のように安全・安心な鑑賞環境を確保するため、来館者数をコントロール
する手段としての予約制であれば問題はないが、職員が常駐していないがゆえ
の予約制である場合は、そもそも第 2 号を満たしていないことから、結果とし
て年間 150 日以上開館していたとしても登録博物館の要件を満たしていないと
判断すべきと考える。予約制であることは、利用者にとっては一つのハードル
であることには相違なく、開かれた博物館としては必ずしも好ましくないから
である。また、分館が設けられている場合は、本館の開館日数を指すが、特別
の事情のある場合は本館外における館外活動の日数を含めてもよい。
　なお、2007（平成 19）年に内閣府に設置された地方分権改革推進委員会

は、その審議結果を 2010（平成 22）年 3 月までに 4 次にわたる勧告を出しているが、2009（平成 21）年 10 月の第三次勧告では博物館法も見直しの対象となり、以下の二点の見直し案が出された。

　① 第十二条の博物館登録の要件を廃止又は条例委任とする。

　② 第二十一条の博物館協議会の委員の資格を廃止又は条例委任とする。

　これに対し、博物館に関わる多数の学術団体から、博物館登録の要件をなくすことは地方自治体間に博物館の質の不均衡が生じ、結果として博物館の質の低下につながることを危惧する反対意見や声明が出され、日本博物館協会が主催する第 58 回全国博物館大会決議（2010（平成 22）年 11 月 25 日）でも強い反対意見が表明された。日本学術会議でも、いち早く 2008（平成 20）年 1 月に基礎生物学委員会・応用生物学委員会・地球惑星科学委員会合同自然史・古生物学分科会が「文化の核となる自然史系博物館の確立を目指して（対外報告）」で、「博物館法の改正に際し、［……］標本・資料をもたない施設を登録博物館に認定しようとする動きは、［……］博物館の意義と理念を鑑みれば到底容認することはできない」と警鐘を鳴らし、2011（平成 23）年 8 月には史学委員会博物館・美術館等の組織運営に関する分科会からも「地域主権改革と博物館—成熟社会における貢献をめざして（提言）」を出し、①博物館の存立に一定の質を担保しうる普遍性のある基準が必要である、②博物館があるべき質を保ちながら進化・発展するために、登録制度は必要である、③地方分権委員会のめざす「地方が主役の国づくり」において、博物館の役割は極めて重要である、とする意思を表明した。

　結果的に、後述するとおり第二十一条及び第二十二条の改正のみで決着がついたものの、博物館のもつ普遍的使命の実現のためには、その存立に一定の質を担保しうる基準を設けることは必要不可欠であり、第十二条の博物館登録の要件の廃止または条例委任することは地方分権や規制緩和とは次元を異にするものであろう。これを許せば、博物館資料をもたず、学芸員が不在で、博物館のための土地・建物のないバーチャル施設でも、開館期間さえ満たせば法制上の博物館となりうることから、登録博物館制度の有名無実化、ひいては博物館法の存在理由を失わせる結果にもなりかねなかったのである。前述の 2011 年の日本学術会議の提言では、「勧告において博物館の基本的存在意義が顧みら

れることなく、博物館の質の確保に重要な意味をもつ博物館登録制度が、地方
公共団体に属する事務事業として機械的に処理されたのはまことに遺憾であ
る」と述べている。

（登録事項等の変更）

第十三条　博物館の設置者は、第十一条第一項各号に掲げる事項について変更があ
　　つたとき、又は同条第二項に規定する添付書類の記載事項について重要な変更が
　　あつたときは、その旨を都道府県の教育委員会に届け出なければならない。

　2　都道府県の教育委員会は、第十一条第一項各号に掲げる事項に変更があつたこ
　　とを知つたときは、当該博物館に係る登録事項の変更登録をしなければならな
　　い。

（昭三〇法八一・一部改正）

　本条は、登録後、登録事項に変更があった場合の届け出について規定したもの
ので、第2項については登録博物館の基本的要件に関する変更を都道府県また
は政令指定都市教育委員会が常に把握し、確かめることが必要であるため規定
したものである。

　なお、博物館の廃止については、第十五条で「すみやかに」届け出るよう規
定しているが、本条にはその記述がない。第十五条では、廃止の場合は当該館
に対する優遇措置の適用にも関わるものであることから特に明記したもので、
本条においても速やかに届け出る必要があることは言うまでもない。

（登録の取消）

第十四条　都道府県の教育委員会は、博物館が第十二条各号に掲げる要件を欠くに
　　至つたものと認めたとき、又は虚偽の申請に基いて登録した事実を発見したとき
　　は、当該博物館に係る登録を取り消さなければならない。但し、博物館が天災そ
　　の他やむを得ない事由により要件を欠くに至つた場合においては、その要件を欠
　　くに至つた日から二年間はこの限りでない。

　2　都道府県の教育委員会は、前項の規定により登録の取消しをしたときは、当該

博物館の設置者に対し、速やかにその旨を通知しなければならない。

（平五法八九・一部改正）

　本条は、博物館の基本的機能を常に確保し、公共的利用に供する必要から設けたものである。すなわち、登録後において登録の要件を欠くに至った場合、またはその申請が虚偽の事実によることを発見した場合には、登録を取り消すことを規定した。虚偽の申請に基づいて登録した事実の発見による登録の取り消しは、当初より要件を満たさないものであるため、その取り消しの効力は登録の日までさかのぼることになる。

　ただし、博物館が天災その他やむを得ない事由により要件を欠いた場合においては、その責めを当該博物館に負わせるのは酷であり、復興の妨げともなることから、要件を欠くに至った日から二年間は、猶予期間として認めることとしている。個人的には、例えば東日本大震災のような大規模災害の場合は、特例法の措置等によって、より柔軟に対応すべきと考える。

　第2項は、制定当初は「都道府県の教育委員会は、前項の規定による登録の取消をするに当たつては、あらかじめ、当該博物館の設置者に対し、陳述する機会を与えなければならない」とする規定が設けられていたが、1993（平成5）年の行政手続法の施行に伴う一括法で削除され、第3項が同文のまま第2項に移行した。行政手続法施行前であっても、登録の取消はいわば不利益処分をすることとなるので慎重を期さなければならず、都道府県教育委員会が、当該博物館の設置者や関係者からその事情を聴取せずに一方的に取り消しを行ったとは考えにくいと思われるものの、現第2項は、登録の取り消しを行った場合は、当該博物館の設置者に対して通知しなければならない旨を規定したものである。

　もっとも、実態としては、一度登録されてしまうと、各都道府県または政令指定都市において定期的な確認が行われていない場合も多く、登録博物館制度において定期的な報告または再審査が必要とされている所以である。このことについては、第4章で改めて述べる。

> （博物館の廃止）
> 第十五条　博物館の設置者は、博物館を廃止したときは、すみやかにその旨を都道府県の教育委員会に届け出なければならない。
> 2　都道府県の教育委員会は、博物館の設置者が当該博物館を廃止したときは、当該博物館に係る登録をまつ消しなければならない。

（改正なし）

本条は、博物館廃止の場合の手続きを規定したもので、廃止した場合は、設置者がすみやかに都道府県または政令指定都市の教育委員会に届け出るとともに、教育委員会は登録の抹消をしなければならないことを規定したものである。

法令用語としての「すみ（速）やかに」は、一般に、即時性の度合いの強い順に、「直ちに」＞「速やかに」＞「遅滞なく」とされる。「遅滞なく」と「直ちに」は義務としての性格が強いのに対し、「速やかに」は、「可能な限りはやく」というような意味合いで、訓示的なニュアンスが強い。

「まつ消」は「抹消」と同義だが、本条は制定以来一度も改正されていないことから、制定同時は一般的であった法令用語が残されている。

なお、設置者が変更になった場合は、例えば私立館が他の団体に売却したり、地方公共団体や大学に譲渡するなど、その多くは経済的問題を伴い、その経営に影響を及ぼす場合があるため、いったん廃止の手続きをした上で、継続する場合には改めて登録の申請を行うべきであろう。

> （規則への委任）
> 第十六条　この章に定めるものを除くほか、博物館の登録に関し必要な事項は、都道府県の教育委員会の規則で定める。

（改正なし）

登録事項に関しては、博物館法で定めるほか、細部については都道府県また

は政令指定都市の教育委員会規則で定めることを規定している。規則で定める
べき事項については、博物館法が施行される一か月前に、「博物館法第 16 条の
規定に基く都道府県教育委員会規則制定事項について」(昭和 27 年 2 月 9 日文
社施第 62 号　各教育委員会あて 文部省社会教育局長通達) が出されており、
「貴都道府県教育委員会において種々準備中のことと考えますが，このことに
ついて御参考に供するため別記のとおりお知らせします」として概ね①博物館
登録原簿に関すること、②登録申請に関すること、③登録の審査に関するこ
と、④登録事項等の変更に関すること、⑤登録の取消に関すること、⑥博物館
の公示に関すること、が示されている。

　また、同年 5 月 23 日には、「博物館の登録審査基準要項について」(文社施
第 191 号各都道府県教育委員会あて　文部省社会教育局長通達) が出され、
「貴都道府県教育委員会におかれては、この基準要項を参考とし、博物館の登
録要件を十分に審査されるようお願いします」として博物館資料、学芸員その
他の職員、建物及び土地、開館日数等について定めている。結果として、多く
の都道府県教育委員会は、これらに準ずる規則や基準を定めており、法改正等
に伴い一部必要がなくなった事項もあるものの、文化庁が 2021（令和 3）年 9
月に都道府県及び政令指定都市教育委員会を対象に調査した結果（67 自治体
中 60 自治体が回答）では、31 自治体（52％）が教育委員会規則や内規で登録
審査基準を定めておらず、同要項を参考にしているとのことであった。これら
の通達はその限りにおいて今なお生き続けているのである。

第十七条　削除

（平一一法八七・削除）

　本条は、法制定当初は、文部大臣が博物館の振興計画を立案するにあたって
必要な資料の提供を求め得ることが必要とされたため、都道府県教育委員会の
文部大臣に対する報告義務に関する規定が設けられていたが、1999（平成 11）
年の「地方分権の推進を図るための関係法律の整理等に関する法律」により削
除された。

　　第三章　公立博物館

　（設置）

第十八条　公立博物館の設置に関する事項は、当該博物館を設置する地方公共団体
　の条例で定めなければならない。

（昭三一法一六三・一部改正）

　公立博物館は、当該博物館を設置する地方公共団体の公の施設であるため、
地方自治法第二百四十四条の二の規定によって、その設置及び管理に関する事
項は条例事項とされている。本条は、その旨を規定したものである。

　地方公共団体の条例で定める設置条例では、概ね①博物館を設置する趣旨ま
たは目的、②事業内容、③施設、④休館日、⑤開館時間、⑥観覧料、⑦施設利
用手続、⑧施設使用料、⑨観覧料等の減免、⑩入館及び施設利用の制限、⑪博
物館協議会に関する事項、⑫指定管理者による管理等を規定することが多い。

　（所管）

第十九条　公立博物館は、当該博物館を設置する地方公共団体の教育委員会（地方
　教育行政の組織及び運営に関する法律（昭和三十一年法律第百六十二号）第二十
　三条第一項の条例の定めるところにより地方公共団体の長がその設置、管理及び
　廃止に関する事務を管理し、及び執行することとされた博物館にあつては、当該
　地方公共団体の長。第二十一条において同じ。）の所管に属する。

（令元法二六・一部改正）

　公立博物館の所管は、原則として当該博物館を設置する地方公共団体の教育
委員会にあることを規定したものである。制定当初は、「公立博物館は、当該
博物館を設置する地方公共団体の教育委員会の所管に属する」というシンプル
な規定であり、以下のような行政実例もある。

○　社会教育法の解釈について（博物館等の所管）

　　昭和25年1月10日・委社第324号　京都市教育長あて　文部省社会教育局社

　　会教育施設課長回答

照会　社会教育法第 9 条により博物館は社会教育のための機関とすると明記されて
　　いるが、本京都市では観光都市としての特性から教育委員会の所管に移すことの
　　延期を希望するが、これは社会教育法の違反になるか。

　　次に、美術館，音楽堂等の文化施設の保管運営は市の観光施設として行うより
　　も、教育委員会が行うのが妥当と考えるが如何。

回答　教育委員会法（昭和 23 年法律第 170 号）第 4 条によれば、教育、学術及び
　　文化に関する事務は、大学及び私立学校に関するものを除いては、すべて教育委
　　員会の所管するところとされている。

　　博物館に関しては、社会教育法（昭和 24 年法律第 207 号）第 9 条によつて、
　　社会教育のための機関とすると明記され、博物館に関し必要な事項は別に法律を
　　以て定められることになつている。（博物館法昭和 26 年 12 月 1 日法 285 号）

　　博物館は教育のための機関であるから、その所管が教育委員会に属すべきもの
　　であることは当然である。更に美術館、音楽堂に関しても、これらの施設が文化
　　ないし教育に関する施設であることは、社会通念上も当然であるが社会教育法第
　　5 条第十号にも、音楽、演劇、美術その他芸術に関する事務が教育委員会の事務
　　とされているのであつて、美術館、音楽堂等の文化施設が教育委員会の所管に属
　　すべきは明らかである。

　　京都市が観光都市としての特性上、種々事情が存するとしても博物館、美術
　　館、音楽堂等の施設は早急に教育委員会の所管に移管されるべきである。

　その後、2019（令和元）年のいわゆる第 9 次地方分権一括法で、公立社会教
育施設（博物館、図書館、公民館等）について地方公共団体の判断により、教
育委員会から首長部局へ移管することを可能とする改正が行われた。

　ただ、制定当初から現実には博物館と称する施設を教育委員会以外が所管し
ていることは多く、各種資料によれば、当時の文部省の考えとしては、上述の
行政実例を見てもわかるように、それらもいずれは教育委員会に移管するべき
であって、あくまで「過渡期的事象」と捉えていたことから、あえて明示した
ものであろう。

> （博物館協議会）
> 第二十条　公立博物館に、博物館協議会を置くことができる。
> 2　博物館協議会は、博物館の運営に関し館長の諮問に応ずるとともに、館長に対して意見を述べる機関とする。

（改正なし）

　博物館協議会は、博物館の運営に関し館長の諮問に応ずるとともに、博物館の行う事業につき、館長に対し意見を述べる機関として置かれるものであり、2018（平成30）年度社会教育調査では535館に設置されている（登録及び相当施設の公立博物館のみ）。

　博物館協議会の設置は、博物館法第三条において博物館が土地の事情等に留意した活動を行うこととされていることから、これを具体的に保障するための仕組みの一つとして規定されたものであり、博物館運営が独善的に陥らず、多様な意見を容れて民主的に運営されるようにすることを目的としている。その委員は、例えば、地元の小・中学校の校長やPTA会長、大学教員、青年会議所や文化団体、ボランティア団体等の代表、あるいは地元の商工会や観光業界、マスコミ関係者等から構成され、一般公募枠を設けている場合もある。また、活動内容としては、主に毎年度の活動方針や事業計画、事業報告の審議等を行っているが、2008（平成20）年の法改正で努力義務規定を設けた評価や情報提供の実施に関しても、博物館協議会がその中核的な役割を果たすことが期待された。

　諮問事項については、例えば博物館の任務達成のための具体的な計画、新築・改修等に係る計画、学校や他の社会教育施設等との連携方策、その他博物館の運営に関する具体的事項が想定されている。博物館協議会の設置は、必ずしも各館ごとである必要はなく、設置者である地方公共団体が、複数の博物館・美術館、あるいは他の社会教育施設と一体で協議会を設置する場合もある。生涯学習センターのように、博物館、図書館、ホール等が複合的に設置されている場合には、センター全体で協議会を設けることも考えられる。ただし、図書館法に「図書館協議会」の規定（第十四条）、社会教育法にも「公民

館運営審議会」の規定（第二十九条）があり、法制定時の国会審議において、博物館協議会が図書館協議会等との重複を避けるようにすべきことが議論されていた点には留意する必要があるだろう。

第二十一条　博物館協議会の委員は、当該博物館を設置する地方公共団体の教育委員会が任命する。

（平二〇法五九・平二三法一〇五・一部改正）

　本条は、第二十条の規定により公立博物館に置くことができるとされている博物館協議会の委員の委嘱範囲及び任命権者について規定したものである。
　制定当初は、「博物館協議会の委員は、学校教育及び社会教育の関係者並びに学識経験のある者の中から、当該博物館を設置する地方公共団体の教育委員会が任命する」という条文であり、2008（平成20）年の法改正において、博物館協議会の委員の委嘱の範囲に新たに「家庭教育の向上に資する活動を行う者」が追加された。「社会教育法等の一部を改正する法律等の施行について」（平成20年7月3日20文科生第167号文部科学事務次官通知）には、留意事項として、「図書館協議会及び博物館協議会は、地域住民をはじめとする利用者の声を十分に反映して運営を行うために設置するものであり、地域の実情に応じて多様な人材の参画を得るよう努めること。なお、今回の改正で追加された「家庭教育の向上に資する活動を行う者」とは、子育てに関する保護者からの相談に対応している者や子育てに関する情報提供に携わっている者等が想定される。これらの者を委嘱するか否かは、他の委員の構成や各館の目的・使命や地域の状況等を踏まえ、設置者である各教育委員会が適切に判断することに留意すること」と述べられている。2008年の法改正に際し、図書館法は図書館奉仕の留意事項として家庭教育の支援を追加したが（第三条）、博物館法では同様の改正を行わなかった。これは、家庭教育支援については、博物館は図書館と異なり多様であり、例えば学術研究を主たる目的とする博物館など、子どもの利用等を前提としていない館も存在するためである。
　しかしながら、第十二条でも述べたとおり、地方分権改革推進委員会の第三

次勧告（2009（平成21）年10月）において博物館法も見直しの対象となり、第十二条の博物館登録の要件を廃止または条例委任とすることと、第二十一条の博物館協議会の委員の資格を廃止または条例委任とすることが勧告された。これに対し、博物館に関わる多数の学術団体から反対の意見が出され、第十二条については現状維持となったものの、「地域主権戦略大綱」（2010（平成22）年6月22日閣議決定）では、博物館法第二十一条については「廃止または条例委任」から「参酌すべき基準」と修正され、最終的に博物館施行規則に新たに「第三章　博物館協議会の委員の任命の基準を条例で定めるに当たつて参酌すべき基準」が新設され、第十八条で「法第二十二条の文部科学省令で定める基準は、学校教育及び社会教育の関係者、家庭教育の向上に資する活動を行う者並びに学識経験のある者の中から任命することとする」と規定された。このことによって推進される地方自治の内容と、博物館協議会を置くために条例を制定しなければならない自治体の業務負担を比較した場合、真にこの改正が必要であったかどうか、検証が必要ではないだろうか。

> 第二十二条　博物館協議会の設置、その委員の任命の基準、定数及び任期その他博物館協議会に関し必要な事項は、当該博物館を設置する地方公共団体の条例で定めなければならない。この場合において、委員の任命の基準については、文部科学省令で定める基準を参酌するものとする。

（昭三一法一六三・昭三四法一五八・平一一法八七・平二三法一〇五・一部改正）

　本条は、博物館協議会の設置、委員の定数、任期等について、地方の事情により自主的に定めるよう条例事項として規定したものである。なお文部省は、制定当初、委員はおよそ10名程度で地方の実情に応じて適当にこれを定め、任期は原則二年程度が適当と考えていたようだが、基本的には設置者の判断で決めるべき事柄であろう。
　制定当初は同条第2項で、第十八条第2項の規定を準用し、条例に関する議案の作成及び提出については教育委員会法第六十一条に規定する事件の例によることとされていた。教育委員会法第六十一条とは、地方公共団体の議会及び長との関係を定めたもので、これを準用したのは、協議会委員の委嘱を慎重な

らしめることに留意したものであるが、1956（昭和31）年に教育委員会法が廃止され、地教行法が制定されたことに伴い、第十八条第2項とともに第二十二条第2項も削除された。

　また、同じく制定当初は第3項で、博物館協議会の委員については社会教育法第十五条第3項及び第4項並びに第十九条の規定を準用する旨の規定が置かれていた。これは、第十五条については委員の委嘱をできるだけ民主的ならしめようとする趣旨のものであり、第十九条については委員に報酬及び給料は支給できないものの、実費弁償だけはしなければならないとする趣旨のものであった。1959（昭和34）年の社会教育法の改正により、社会教育委員の実費弁償について規定していた社会教育法第十九条が削除されたことに伴い同項も改正され、さらに1999（平成11）年の「地方分権の推進を図るための関係法律の整理等に関する法律」により、博物館の登録事務を機関委任事務から自治事務へ見直すことに伴い、博物館協議会の委員の委嘱手続きに係る同項も削除された。

　（入館料等）
第二十三条　公立博物館は、入館料その他博物館資料の利用に対する対価を徴収してはならない。但し、博物館の維持運営のためにやむを得ない事情のある場合は、必要な対価を徴収することができる。

（改正なし）

　図書館、博物館のいずれについても、一般公衆の利用に供されることが目的であることから、その公共性が重視されなければならず、公立においてはより一層強調されなければならない。したがって、図書館法第十七条及び博物館法第二十三条のいずれについても、原則として入館料等の対価の徴収をしてはならないことを規定しているが、博物館については、やむを得ない事情にある場合に限りその例外を認めている。

　図書館法については、旧図書館令において「公立図書館ニ於テハ閲覧料又ハ附帯施設ノ使用料ヲ徴収スルコトヲ得」（第十三条）という規定があったが、1946（昭和21）年3月の米国教育施設団の報告書において厳しく批判され、

1950（昭和 25）年に制定された図書館法においては、公立図書館は無料公開を原則とすべきで、公費によってすべて賄わなければならないこととされた（図書館法第十七条「公立図書館は、入館料その他図書館資料の利用に対するいかなる対価をも徴収してはならない」）。

　この「無料の原則」については、CIE（GHQ 民間情報教育局）からの指導もあったものの、図書館界も大きな努力を払っている。実際、文部省や日本図書館協会が当初作成した法案には、閲覧料を徴収する規定が残っており、法案提出後の国会でも次のような答弁をしている。

　○昭和 25 年 3 月 24 日　衆・文部教委員会

　（西崎恵社会教育局長）非常にごもつともな御質問でありますが、第十七條をここで明記いたしましたのは、先般米国の教育使節団等が参りましたときのアドヴァイスにも、この図書館の公共性と公開性を非常に強調いたしまして、いかなる対価をも徴収すべきものではないということが書いてあるのであります。実は私たちが立案に当りました際にも、十七條には但書をつけまして、もしも事情やむを得ないものがあるときには、監督官庁の認可を受けてとつてもいいとして、当分、救つたらどうかという意見もあつたのでありますが、非常にこの線は関係当局の強い線でありますので、ここに原則を明らかにいたしたのであります。

　一方、翌年に制定された博物館法においては、現に入館料が博物館の収入の相当の部分を占めていた現状にかんがみ、これに代わるべき補助をせずに入館料の徴収を禁止することは実情に即しないことから、但し書きをもってこれを緩和し、公立博物館の維持運営のため、やむを得ない事情にある場合は、必要な料金を徴収することができるとした。このことについて、当時文部省の担当官であった川崎繁は、博物館法の場合には、CIE から図書館法のような指導はなく、日本側の関係者で自主的に決めることができ、博物館関係者は入館料を無料にはできないという意見が大勢であったと述べている（川崎 2008）。

　なお、「必要な」とは、公立博物館の公共性や、維持運営の経費を考慮した最少の料金であり、料金には入場料のほか講堂や研修室等の施設使用料等を含み、これらの料金の額は条例で定めるべきものである。

　1955（昭和 30）年の法改正の際にも国会で以下のような質疑が行われてい

るが、同条は今日に至るまで一度も改正されていない。

　〇昭和 30 年 6 月 2 日　参・文教委員会

　（高田なほ子議員）相当諸外国の例を見ても、中央の大きな博物館などでは一々
　　金を取らないでも大変気持よく入っていけるというのが今の諸外国の実情のよ
　　うに思うのです。日本の場合にはなかなかそうまではいかないと思いますが、
　　せめて先ほど竹下さんからも御質問のあった点ですが、学童の修学旅行などの
　　ような場合には団体割引もあると思いますが、これらを無料にして十分に見せ
　　るというようなことについて何かお考えになっておる点がございましょうか。
　　これは寺中さんからでなくて、次官がおられるから次官の方から。

　（寺本広作文部政務次官）諸外国におきまして博物館が、無料の所が非常に多い
　　とおっしゃる事実はその通りであると思います。しかし諸外国におきましては
　　篤志家の寄附に基く豊かな財源を持っておる博物館であるとか、ないしは古い
　　歴史を持って長い間に博物館の整備をしてきた公共的な施設であって、もうす
　　でに博物館として十分内容が充実しておる、そういう所では一般財源で維持運
　　営していくという方法がとられておる所が多いと考えます。我が国では御承知
　　の通り博物館は最近わずかに発達をして参ったとは申しますものの、まだ設備
　　の充実を要する段階にあると考えます。これは公立の博物館についてもそうで
　　ありますが、公立でない、その他のものでもそういう財源をもって無料で公開
　　し得るという段階に達しているものが非常に少いと思います。従いまして究極
　　の理想としては一般租税財源によって維持運営していくということが望ましい
　　姿ではありますが、設備が充実されていくまでには、やはり利用者からある程
　　度の費用を徴収して、財源の一部に充てていくということもやむを得ないので
　　はないかと考えております。

　（高田なほ子議員）やむを得ないとは私は思いますが、子供の修学旅行くらい
　　は、これは無料にできないものなんでしょうか。

　（寺本広作文部政務次官）先ほどから寺中局長から申し上げました通り、利用者
　　の約半数を占めておる、こういうことで、財源とにらみ合せます場合には相当
　　大きな財政的な手当が要ると考えますので、財源とにらみ合せなければ、今こ
　　こでこれを直ちに無料にする方針であるということは申し上げかねる状況でご
　　ざいます。

　　文部省の答弁からは、将来、財政事情が好転するようになれば、完全無料の

規定とすることもあり得るとも読みとれるが、現実には経済成長に伴い博物館の規模が拡充されると、設置者の経費負担も大きくなり、そういう動きにはならなかった。しかしながら、博物館法に規定された入館無料の原則を再確認することを求める博物館学関係者は多い。⁽²⁸⁾

博物館法の入場料の規定に関する経緯は、紆余曲折があり、文部省が 1951（昭和 26）年 1 月に作成した「博物館法案」第二十四条には、

　一　公立博物館は、できる限り無料で公開することが望ましい。但し、当該
　　　博物館の維持運営のため止むを得ない事情のある場合には、必要な入館
　　　料を徴収することができる。
　二　私立博物館には、必要な入館料を徴収することができる。

とあった。その後、2 月の「博物館法草案」では、公立博物館は「無料で公開することを原則とする」と修正し、文部専門員が作成した「博物館法案要綱」の答弁資料でも、無料公開が原則であり、「やむを得ない事情がある場合は必要な料金を徴収することができる」とし、「必要な料金」とは、「公立博物館の公共性を考え、又維持運営の経費を考慮した最小の料金である。料金とは、入館料のほか実験室、工作室等の使用料等を含むものである」と説明している。

棚橋源太郎は、1929（昭和 4）年 5 月、文部省主催の博物館講習会で入館料について次のように述べている。⁽²⁹⁾

　　　成るべく多くの人を入れるには無料入場と云ふことが必要になって来る、それで政府や市あたりで作つて居る博物館は多くは無料入場にして居ります、入場無料は博物館の性質上原則とすべきであります。独逸は貧乏でありますから有料の所が多いやうでありますけれども、亜米利加でも仏蘭西でも英吉利でも国立や市立の大博物館は大概無料で入れて居る、維持に差支ない限りは無料で入れると云ふことを原則としなければならぬ。

　　　併しながら無料入場と云ふことは必ずしも無制限に人を入れると云ふことではないのです。観覧の曜日と時間を制限し観覧の区域を限定する必要がある。美術品には特に其の必要がある。公衆の運んで来る塵埃や日光、湿気、熱、振動等で陳列品に非常な損害を被るからである。（中略）博物館を余り開放すると様々な弊害が起る、悪用される傾がある。博物館には

奇麗な画が陳列されて居り、また珍しい物が沢山列べられて居る、それに
室内が清潔で完全な暖の設備がある。さう云ふ所に無制限に人を入れると
云ふことになりますと、動もすると博物館が貧乏人や労働者の休憩所に悪
用されるやうになる。

　棚橋は、財政的な事情が許す限りは無料を原則にするべきだが、一方で、無
料にして無制限に開放すると資料の保管環境を損なう恐れがあり、何らかの条
件を設けて入場を制限してはどうかと述べている。こうした入館規制について
は、近年多くの博物館で規約を設けていることが多く、また、博物館学者の中
には、たとえ 10 円でも入館料を徴収すれば、こうした迷惑行為の抑制効果は
あると主張する者も多い。ただし、現代では博物館は SDGs の観点から来館者
の憩いの場、あるいは心の安らぎを与える施設であることも求められており、
「貧乏人や労働者の休憩所」となることを一概に「悪用」と決めつけることは
慎重であるべきだろう。

　（博物館の補助）
第二十四条　国は、博物館を設置する地方公共団体に対し、予算の範囲内におい
　　て、博物館の施設、設備に要する経費その他必要な経費の一部を補助することが
　　できる。
2　前項の補助金の交付に関し必要な事項は、政令で定める。

（昭三四法一五八・全改）

　1959（昭和 34）年の「社会教育法等の一部を改正する法律」において、そ
れまで国が行う補助は、各法の規定に関わらず「補助金等の臨時特例等に関す
る法律（昭和 29 年法律第 129 号）」によって施設、設備に要する経費その他必
要な経費の一部に限定されていたが、これを恒常化するために公民館、図書
館、博物館の補助金に関する規定を改めるための改正を行った。博物館法に関
しては、本条を現行のように全改するとともに、第二十五条を削除する改正を
行ったのである。なお、この時あわせて博物館法施行令も改正している。
　実態としては、1951（昭和 26）年度から続いていた「公立社会教育施設整
備費補助金」による公立博物館の施設整備に対する補助金は、1997（平成 9）

年度限りで一般財源化、すなわち廃止されており、本条は事実上空文となっている。

　なお、災害復旧に関しては、激甚災害に対処するための特別の財政援助等に関する法律（昭和37年法律第150号）第十六条に基づき、激甚災害を受けた公立博物館の建物、建物以外の工作物、土地及び設備の災害の復旧に要する本工事費、附帯工事費及び設備費並びに事務費について、予算の範囲内でその3分の2を補助することができ、登録・相当施設以外の博物館も対象となる。

第二十五条　削除

（昭三四法一五八・削除）

　本条も、第二十四条同様、1959（昭和34）年の「社会教育法等の一部を改正する法律」において、博物館の補助金の交付に関して規定していた本条文を改めるための改正が行われ、全文削除された。

　（補助金の交付中止及び補助金の返還）
第二十六条　国は、博物館を設置する地方公共団体に対し第二十四条の規定による補助金の交付をした場合において、左の各号の一に該当するときは、当該年度におけるその後の補助金の交付をやめるとともに、第一号の場合の取消が虚偽の申請に基いて登録した事実の発見に因るものである場合には、既に交付した補助金を、第三号及び第四号に該当する場合には、既に交付した当該年度の補助金を返還させなければならない。
　一　当該博物館について、第十四条の規定による登録の取消があつたとき。
　二　地方公共団体が当該博物館を廃止したとき。
　三　地方公共団体が補助金の交付の条件に違反したとき。
　四　地方公共団体が虚偽の方法で補助金の交付を受けたとき。

（改正なし）

　本条は、登録の取り消しがあったとき、博物館が閉館（廃止）になったと

き、交付の条件に違反したとき、虚偽の方法で補助金の交付を受けたとき、既に交付した補助金または今後の補助金の扱いについて規定したものである。第1号の取り消しが虚偽の申請に基づいて登録した事実の発見によるとき、並びに第3号及び第4号に該当する場合には、当初より交付を受けるべき要件を欠いているため、既に交付した当該年度の補助金を遡及して返還させなければならないよう、厳密に規定している。ただし、第2号については、閉館するまで正当に博物館活動を行っていれば補助金を返還させる理由がないため、他の各号とは異なる。

　本条も、第二十四条同様、公立博物館の施設整備に関する補助金は、1997（平成9）年度限りで廃止されており、事実上空文となっている。

　　　　第四章　私立博物館
　（都道府県の教育委員会との関係）
　第二十七条　都道府県の教育委員会は、博物館に関する指導資料の作成及び調査研
　　究のために、私立博物館に対し必要な報告を求めることができる。
　2　都道府県の教育委員会は、私立博物館に対し、その求めに応じて、私立博物館
　　の設置及び運営に関して、専門的、技術的の指導又は助言を与えることができ
　　る。

（昭三一法一六三・一部改正）

　本条は、第三条に規定する博物館の任務を総合的、組織的に果たし得るよう、都道府県または政令指定都市の教育委員会が私立博物館の実態を把握し、またはその求めに応じて適切な指導助言を与えられるよう、私立博物館に対して必要な報告を求められることを定めたものである。定例的なものとしては、三年に一回実施される社会教育調査への回答もその一つであると考えていい。

　なお、本条は、制定当初の旧第七条に規定していた都道府県教育委員会の私立博物館に対する指導・助言についての規定を、1956（昭和31）年の地教行法制定の際に、第二十七条に新たな条項として規定しなおしたものである。同様の条文が社会教育法第十一条第1項及び図書館法第二十五条でも規定されている。

```
　（国及び地方公共団体との関係）
第二十八条　国及び地方公共団体は、私立博物館に対し、その求めに応じて、必要
　な物資の確保につき援助を与えることができる。
```

（改正なし）

　私立博物館に対しては、公立博物館に対するような国庫補助ができない。それは、社会教育法第十条に「社会教育団体」とは、法人であると否とを問わず、公の支配に属しない団体で、社会教育に関する事業を行うことを主たる目的とするものをいうと規定しており、同法十三条は、当時「国及び地方公共団体は、社会教育関係団体に対し、補助金を与えてはならない」と規定していた。⁽³⁰⁾したがって、公の支配に属しない私立博物館に対しては、補助金を交付できなかったのである。そのため、国及び地方公共団体は、私立博物館に対し、その求めに応じて、必要な物資の確保について援助を与えることができることを規定したものである。同様の条文が、社会教育法第十一条第2項及び図書館法第二十七条でも規定されている。

　ただし、国及び地方公共団体との関係について、社会教育法第十二条では「国及び地方公共団体は、社会教育関係団体に対し、いかなる方法によつても、不当に統制的支配を及ぼし、又はその事業に干渉を加えてはならない」と規定し、図書館法でも第二十六条で「国及び地方公共団体は、私立図書館の事業に干渉を加え、又は図書館を設置する法人に対し、補助金を交付してはならない」と規定されていることに対して、博物館法には同様の条文がない。これは、博物館法では登録博物館制度を別途設けることによって、補助金を申請できる対象が制限されていたためであろう。

　「必要な物資」とは、制定当初は統制物資と斡旋物資の両者を意味し、博物館資料の保存・修理に必要な薬品等がその一例であったが、現在においては事実上空文となっている。

> 　第五章　雑則
> （博物館に相当する施設）
> 第二十九条　博物館の事業に類する事業を行う施設で、国又は独立行政法人が設置
> 　する施設にあつては文部科学大臣が、その他の施設にあつては当該施設の所在す
> 　る都道府県の教育委員会（当該施設（都道府県が設置するものを除く。）が指定
> 　都市の区域内に所在する場合にあつては、当該指定都市の教育委員会）が、文部
> 　科学省令で定めるところにより、博物館に相当する施設として指定したものにつ
> 　いては、第二十七条第二項の規定を準用する。

（昭三〇法八一・追加、昭三一法一六三・昭四六法九六・昭六一法九三・平一一法一
六〇・平一一法二二〇・平二六法五一・一部改正）

　本条は、登録博物館の事業に類する事業を行う施設で、国が設置する博物館
にあっては文部科学大臣が、その他の施設にあっては当該施設の所在する都道
府県または政令指定都市の教育委員会が、登録博物館に相当する施設として指
定することを規定したものである。

　この指定制度は、設置者の制限や規模的な問題などで登録を受けるには至ら
ない施設についても、それらの教育活動を促進し、博物館の総合的な発展を図
るために設けられたものである。この博物館相当施設については、登録博物館
に関する博物館法の規定の一部が準用され、都道府県及び指定都市の教育委員
会は、博物館相当施設の求めに応じて、その設置及び運営に関して、専門的、
技術的な指導または助言を与えることができるとされている。

　本条は、法制定当初は、主として学芸員の暫定資格を広く与えるための措置
として、附則で規定されていた。すなわち、学芸員等の博物館における経験年
数に、文部省令で定める博物館に相当する施設の経験年数をも含めて、既得経
験を生かす範囲を広げることにより、学芸員等の暫定資格を広く与える措置を
とっていたのである。しかし、この指定は、当該施設の教育活動を促進助長す
る上で大きな成果を収めていたことから、1955（昭和30）年の法改正におい
て、指導助言等を与えるなど従来の経過規定を廃止して準博物館としての規定
を明確にし、博物館の総合的な発展に資するよう本則において規定した。

　本条で言う「博物館の事業に類する事業を行う施設」とは、博物館法で定め

る登録博物館以外の施設ではあるが、法第三条に規定する博物館の事業に類似する事業を実施している施設を指しており、その設置主体の如何を問わない。従って、営利法人や私人等の設置経営するものであっても差し支えない。

　本条に基づき、博物館法施行規則第十九条〜第二十四条において、博物館に相当する施設の指定基準について規定している。

　なお、博物館相当施設は、当初はすべて文部大臣が指定を行っていたが、1971（昭和46）年の「許可、認可等の整理に関する法律」によって、規制緩和の観点から国が設置する施設、すなわち国立博物館及び国立大学附属博物館については文部大臣が指定を行うものの、それ以外の施設については当該施設の所在する都道府県教育委員会が指定を行うこととされた。また、1999（平成11）年の法改正（独立行政法人の業務実施の円滑化等のための関係法律の整備等に関する法律）により新たに規定された独立行政法人については、それまで指定されていた国立博物館等の文部省所管の施設については、独立行政法人化後も文部科学省が主務省となっていることから、文部科学省の方が実態を把握しやすく、都道府県教育委員会が指定事務を行うよりも、事務の効率化が図られることが期待されることや、文部科学省所管以外の独立行政法人であっても、各省間においては、独立行政法人に対する監督権限を持たない都道府県と国の関係との比較では、連携を図ることが容易であることなどから、文部科学大臣が指定を行うこととされた。

　また、首長部局が所管する公立博物館についても、1998（平成10）年4月17日文生社第194号・生涯学習局長通知「博物館に相当する施設の指定の取扱いについて」により、博物館相当施設の指定の対象となった。これについては法解釈上問題なしとはいえないところもあると思われるが、詳細については第4章で述べる。

　本条制定当初は、博物館相当施設の恩典として、入場税の免除及び博物館資料の輸送料金の三割引及び土地区画整理についての換地計画における特別の配慮等があったが、いずれも現在は廃止されており、土地区画整理についての換地計画における特別な配慮のみが現在も有効となっている。

　なお、1998（平成10）年に制定された「美術品の美術館における公開の促進に関する法律」においては、「美術館」の定義として登録博物館及び博物館

相当施設のうち、美術品の公開及び保管を行うものがその対象とされている（第二条）。また、2011（平成 23）年に制定された「展覧会における美術品損害の補償に関する法律」では、「展覧会」の定義として、独立行政法人国立美術館及び独立行政法人国立文化財機構が設置する美術館・博物館のほか、登録博物館及び博物館相当施設において行われるものとされている（第二条）。

　このほか、絶滅のおそれのある野生動植物の種の保存に関する法律第十二条に基づく同法施行規則第五条第 2 項第 3 号において、博物館相当施設が希少動植物種の繁殖または展示のために譲渡等をする場合は、例外的に認められる規定を設けている。

2.　博物館法改正経緯

　博物館法は、法制定以降 25 回の法改正を行っている。博物館法単独で改正したのは 1955（昭和 30）年の一回のみだが、社会教育法等の改正とあわせた形では 1959（昭和 34）年と 2008（平成 20）年に改正を行っている。それ以外は、一括法または他の法改正に伴う附則改正である。以下、それぞれの改正経緯について概観することにする。

（1）1952（昭和 27）年 8 月 14 日　日本赤十字社法（1953（昭和 28）年 2 月 13 日施行）

　日本赤十字社法（昭和二十七年法律第三百五号）が制定された際、同社が赤十字博物館を設置していた関係で、日本赤十字社法附則第 19 項により博物館法第二条が改正され、日本赤十字社を博物館の設置主体とした。また、これに伴い、登録について規定している第十条及び第十一条についても「日本赤十字社」を追加する改正を行った。

（2）1953（昭和 28）年 8 月 15 日　地方自治法の一部を改正する法律の施行に伴う関係法令の整理に関する法律（公布日施行）

　1952（昭和 27）年の地方自治法の一部改正によって、地方自治の健全な自

主的運営を図るため、地方公共団体及びその機関に対して事務処理を義務づけるには、必ず法律またはこれに基づく政令によらなければならないこととされた。しかしながら、当時は政令以外の命令によって地方公共団体及びその機関に対して事務処理を義務づけていたものが多かったため、これらについては、地方自治法の一部を改正する法律施行の日から起算して一年以内即ち 1953 （昭和 28）年 8 月 31 日までに改正後の地方自治法の規定に適合するように改正の措置がとられなければならないものとされた。そのため、1953 年 8 月に、74 本の法律が「地方自治法の一部を改正する法律の施行に伴う関係法令の整理に関する法律」によって一括改正され、博物館法についても地方自治法の規定に適合するように、省令の規定事項を政令により規定するための根拠規定となるよう改正を行ったのである。具体的には、この一括法第七条により、博物館法附則第 6 項が改正され、各号列記以外の部分中「文部省令」が「政令」に改められた。

（3）1955（昭和 30）年 7 月 22 日　博物館法の一部を改正する法律（公布日施行）

　1955（昭和 30）年の博物館法改正は、25 回に及ぶ博物館法改正の中で、唯一単独法として改正を行ったものである。1951（昭和 26）年の法制定以来検討課題となっていた事項を整備したものであり、現行の博物館法の骨格をなす大きな改正であった。法改正の最大の必要性は、学芸員の暫定資格が 1955 年 2 月末で消滅してしまうことにあり、法改正に際して、日本博物館協会は専門部会を設置して検討し、1954（昭和 29）年 8 月に改めて国公私立の設置者に関係なく登録博物館とすることや、学芸員資格の階梯を設けること、国立の博物館職員養成所の設置等の提案を行ったが、実現はしなかった。

　改正内容は多岐にわたるが、その概要は以下のとおりである。

1）政令で定める法人を博物館の設置主体として認めたこと。

　法改正前は、博物館の設置主体として地方公共団体、民法第三十四条の法人及び宗教法人が規定され、それ以外の法人としては特殊法人である「日本赤十字社」のみが規定されているに過ぎなかった。これは、（1）で述べたとおり、

日本赤十字社法の制定に際して改正されたものであるが、特殊法人日本放送協会も博物館を設置する予定であったことから、日本赤十字社のほかの特殊法人等においても博物館の設置を奨励するため、法令技術上の便をも考慮して政令で一括規定することとしたのである。

2) 従来の学芸員資格附与講習の制度を文部大臣の資格認定制度に改めたこと。

　法改正前は、学芸員暫定資格者の大多数は資格附与講習を受講して正規の資格を取得していた。講習は、1952（昭和 27）年に東京藝術大学において初めて行われ、翌年には文部省から『学芸員講習講義要綱』が作成・配布されること⁽³¹⁾によって多くの大学で実施されるようになった。しかしながら、一時的長期にわたる講習の受講は、博物館職員の実情に照らして困難と思われたことから、この講習を廃止し、その代わりに学芸員の資格附与の方法を文部大臣の資格認定制度にした。1954 年 5 月時点で大学で学芸員養成講座を設けていたのはわずか 6 校であり、34 名しか資格を取得していない状況であったことから⁽³²⁾、認定制度の創設が求められたと言っていい。この認定の方法等については文部省令で定めることとし、認定試験を実施して学力及び経験を評価し資格認定を行うこととした。

　なお、附則において、従来の講習を受講して学芸員資格を取得した者については改正後も学芸員となる資格を有するものであることや、従来の学芸員暫定資格を有していたものは、この法律施行後一年間は、当該暫定資格を有するものであることが規定され、施行通知において学芸員暫定資格者は今後一年間に正規の学芸員資格を取得することを促したのである。

3) 人文科学学芸員及び自然科学学芸員の種別を廃止し、「学芸員」の職名に一元化したこと。

　地方博物館の多くは、その性格上総合博物館として運営されるものが多かったことや、博物館職員の人事交流の円滑化等を図るためにも学芸員の種別を廃止することが適当であると考えられたことから、「学芸員」の職名を一元化した。これにより、従来の「人文科学学芸員」及び「自然科学学芸員」は、この

法律施行後はすべて「学芸員」と称することとされた。学芸員の専門種別の廃止に関しては博物館界から反対の意見も多く、日本博物館協会から撤廃の陳情がなされたが実現しなかったのは前述のとおりである。最近でも、森田利仁は、理工系学部で学芸員養成課程の設置が少ない現状を踏まえ、専門種別の復活を提言している（森田 2016 ほか）。

 4）従来の登録事項等の変更届出を簡易にしたこと。
 法改正前は、登録申請の際の添附書類の記載事項の変更については、軽微なものについても逐一都道府県の教育委員会に届け出なければならなかった。このため、博物館資料等のわずかな増減についてもその都度届出を必要とし、手続上極めて煩瑣であったことから、これらの添付書類の変更については博物館の内容面に重要な変更を生ずる場合のみに限って届出を要するように改めた。なお、「重要な変更」とは、博物館本来の機能に影響を及ぼす事項であり、例えば建物及び土地の変動、館長及び学芸員の転退職等による異動並びに博物館資料の激増激減等による変更を指す。

 5）文部大臣の指定する博物館に相当する施設に関する規定を明確にし、その教育活動を助長するようにしたこと。
 法改正前の文部大臣の指定する博物館相当施設に関しては附則第4項及び第6項で規定されており、これは主として学芸員の暫定資格を広く与えるためにとられた措置であった。しかし、この指定は、当該施設の教育活動を促進助長する上に大きな成果を収めていたため、指導助言を与えるなど従来の経過規定を廃止して準博物館としての規定を明確にし、博物館の総合的な発展に資するよう本則において規定したものである。なお、この規定に基づく博物館相当施設の新指定については、文部省令で定めることとされた。

（4）1956（昭和31）年6月30日　地方教育行政の組織及び運営に関する法律の施行に伴う関係法律の整理に関する法律（1956 年 10 月 1 日施行）

 1956 年 6 月の「地方教育行政の組織及び運営に関する法律（昭和三十一年法律第百六十二号）」の制定は、教育委員会制度を改善し、新たに地方公共団

体における教育行政の組織及び運営の基本を確立するため、教育委員会法を廃
止し、地方教育行政の組織及び運営に関する法律、同法施行令、同法の施行に
伴う関係法律の整理に関する法律を同時に公布・施行したものである。新法の
主眼とするところは、教育の政治的中立と教育行政の安定を確保し、教育行政
と一般行政との調和を進め、教育行政における国、都道府県及び市町村の連係
を密にすることの三点にあった。このため、都道府県及び市町村に教育委員会
を存置して教育事務の管理執行を行わせるとともに、教育委員の公選制を廃止
して任命制とし、地方公共団体の長と教育委員会との権限の調整を図り、さら
に都道府県が給与を負担する市町村立学校の教職員の人事を市町村の教育委員
会の内申をまって都道府県の教育委員会が行うこととするほか、地方教育行政
における文部大臣並びに都道府県の教育委員会の指導的地位を明らかにしたの
である。

　博物館法に関しては、文部大臣及び都道府県教育委員会の行う指導、助言、
援助に関する規定が新法により整備されたことに伴って規定を整備したもの
で、具体的には、①文部大臣から都道府県教育委員会、都道府県教育委員会か
ら市町村教育委員会に対する博物館の設置及び運営に関する指導・助言につい
ては、新法の制定により不要となったことから第七条を削除し、②旧第七条に
規定していた都道府県教育委員会の私立博物館に対する指導・助言については、
都道府県教育委員会と私立博物館との関係について規定している第二十七
条に新たな項として規定しなおし、③旧第七条を引用していた第二十九条の規
定を整備する改正を行った。また、公立博物館の設置条例の制定に関して教育
委員会法を引用していた第十八条第 2 項を削除するとともに、博物館協議会を
設置する条例について第十八条第 2 項の規定を準用していた第二十二条第 2 項
を削除し、第 3 項を第 2 項に移動した。

　なお、第二十九条の改正に際して、改める文の誤りがあり、1971（昭和 46）
年の法改正まで 15 年間誤ったままの条文となっていた。すなわち、この法律
の第十一条において

　第二十九条中「第七条及び第九条」を「第九条及び第二十七条第二項」に改
　　める。

とでもすべきところを、

第二十九条中「第七条及び」を「第九条及び第二十七条第二項」に改める。
としたため、改正前の「第九条」が残ってしまったのである。

削除された条文は、以下のとおりである。

（指導、助言）

第七条　文部大臣は、都道府県の教育委員会に対し、都道府県の教育委員会は市
　　（特別区を含む。以下同じ。）町村の教育委員会及び私立博物館に対し、その求め
　　に応じて、博物館の設置及び運営に関して、専門的、技術的な指導又は助言を与
　　えることができる。

第十八条

2　前項の条例に関する議案の作成及び提出については、教育委員会法（昭和二十
　　三年法律第百七十号）第六十一条に規定する事件の例による。

第十八条に第2項が設けられていた理由は、設置に関する事項は他の公の施
設（博物館法制定当時、地方自治法では「営造物」と称していた）と共通の一
般事項があるため条例事項とし、その原案については教育委員会で作成して地
方公共団体の長に送付するようにし、博物館が教育委員会の全面的な所管に属
することを明示しようとしたのである。しかし、教育委員会法が廃止され、
「地方教育行政の組織及び運営に関する法律」が制定されるに伴い不要の規定
となったことから、同項を準用していた第二十二条第2項とともに削除され
た。同項において引用していた教育委員会法第61条（廃止）は、次のとおり
である。

第六十一条　教育委員会は、法令により地方公共団体の議会の議決を経るべき事件
　　のうち、左に掲げる事項その他教育事務に関するものの議案の原案を、地方公共
　　団体の長に送付する。
　　一　教育目的のための基本財産及び積立金の設置、管理及び処分に関すること。
　　二　教育事業のための地方債に関すること。
　　三　授業料その他教育に関する使用料及び手数料に関すること。
　　四　第三十一条第三項、第四十五条第三項及び第六十六条第三項に規定する条例

の制定又は改廃に関すること。

（5）1959（昭和34）年4月30日　社会教育法等の一部を改正する法律（公布日施行）

　1959年4月の社会教育法改正は、①社会教育主事を市町村教育委員会に必置とすること、②社会教育関係団体に対する補助金の支出禁止規定の削除、③市町村の社会教育委員は、教育委員会から委嘱を受けた青少年教育に関する特定事項について助言、指導を与えることができること、④文部大臣は、公民館の設置、運営上必要な基準を定めること等を内容とするものであった。博物館関連では、それまで国が行う補助は、各法の規定に関わらず「補助金等の臨時特例等に関する法律」によって施設、設備に要する経費その他必要な経費の一部に限定されていたが、これを恒常化するために公民館、図書館、博物館の補助金に関する規定を改めるための改正を行い、具体的には博物館法第二十四条を全改するとともに第二十五条を削除する改正を行い、あわせて博物館法施行令も改正した。また、社会教育委員の実費弁償について規定していた社会教育法第十九条が削除されたことに伴い、第二十二条第2項も改正された。すなわち、

　　（補助金の交付その他の援助）
　第二十四条　国は、博物館の健全な発達を奨励するため必要があると認めるときは、博物館を設置する地方公共団体に対し、予算の範囲内で、その維持運営に要する経費について補助金を交付し、その他必要な援助を行う。

とあったのを、

　　（博物館の補助）
　第二十四条　国は、博物館を設置する地方公共団体に対し、予算の範囲内において、博物館の施設、設備に要する経費その他必要な経費の一部を補助することができる。
　2　前項の補助金の交付に関し必要な事項は、政令で定める。

と改めた。

　また、

　第二十五条　前条の規定による補助金の交付は、博物館を設置する地方公共団体の
　　各年度における博物館の維持運営に要する経費等の前年度における精算額を勘案
　　して行うものとする。
　2　前項の経費の範囲及び補助金交付の手続に関し必要な事項は、政令で定める。

を全文削除した。
　そして、第二十二条第2項は、「博物館協議会の委員については、社会教育
法第十五条第三項及び第四項並びに第十九条の規定を準用する」とあったの
を、「並びに第十九条」を削除した。

　2008（平成20）年の改正より前に社会教育法、図書館法及び博物館法の三
法を同時に改正したのはこの時だけなのだが、図書館法及び博物館法の改正
は、社会教育法の大改正に比べれば微々たるものであった。この頃、博物館行
政は、博物館整備費補助は低額であり、社会教育審議会社会教育施設分科会の
活動は停滞し、1962（昭和37）年には文部省の社会教育施設主任官制が廃止[33]
されるなど、文部省担当官をして「博物館行政は、わが国行政の忘れものとい
われるほどに不振である」（日本博物館協会『博物館研究』Vol. 33 No. 8
1960年）と言わしめる状況であった。

（6）1971（昭和46）年6月1日　許可、認可等の整理に関する法律（公布日施行）

　1971年6月に制定された「許可、認可等の整理に関する法律（昭和四十六
年法律第九十六号）」は、行政の簡素化及び合理化を図るため関係法律の許
可、認可等の整理を行った一括法であり、行政改革三か年計画に係る許認可等
の整理事項のうち、整理法により一括整理することが適当と認められるものに
ついて整理が行われた。
　博物館法については、一括法第十三条によって第二十九条が改正され、それ

まで博物館相当施設については文部大臣が指定していたが、博物館の登録は当
該博物館の所在する都道府県の教育委員会が行っていたことなどの事情を勘案
し、行政簡素化の意味も含め、国が設置するものを除き都道府県の教育委員会
において指定することとされた。また、本改正に伴い、博物館法施行規則も改
正された。

　当時の資料によれば、それまで博物館相当施設の指定を受けようとする者
は、都道府県教育委員会を経由して申請書を提出しており、文部大臣が指定を
告示するまで約一ヶ月の期間を要していたが、改正後は都道府県において公示
に要する期間（約一週間）を除き、約三週間の迅速化が図られる見込みである
との効果を述べている。

　文部省では、1971 年 6 月 5 日付けで、各都道府県教育委員会教育長宛に社
会教育局長通知「博物館に相当する施設の指定について」（文社社第 22 号）を
発出しており、都道府県教育委員会が博物館に相当する施設の指定をするに当
たって、博物館法施行規則第十九条の規定に基づき、文部省がこれまで定めて
きた「博物館に相当する施設指定審査要項」を参考とした指定要件を十分審査
するとともに、指定を行った場合は、指定申請書類の写を添えて、また指定を
取り消したい場合はその旨を遅滞なく報告するよう求めている。

　このほか、本改正では（4）で述べた 1956（昭和 31）年 6 月の「地方教育行
政の組織及び運営に関する法律の施行に伴う関係法律の整理に関する法律」で
改正漏れのあった準用に関する規定についても、ようやく直すことができた。

　ちなみに、博物館法制定 20 周年に当たるこの年には、社会教育審議会が
「急激な社会構造の変化に対処する社会教育のあり方について」答申を行って
いるが、これに関連して文部省は図書館法及び博物館法を廃止し、「社会教育
法（新案）」に統合し、一本化するという構想を提示した。これに対し日本博
物館協会は反対を表明し、1971（昭和 46）年 8 月に関係方面に意見書を提出
した。図書館界もまた反対運動を展開し、この案は同年末には消滅している。

（7）1983（昭和58）年12月2日　国家行政組織法の一部を改正する法律の施行に伴う関係法律の整理等に関する法律（1984（昭和59）年7月1日施行）

　1982（昭和57）年7月30日に行われた臨時行政調査会の行政改革に関する第三次答申に沿って、行政需要の変化に即応した効率的な行政の実現に資するため、国の行政機関の組織編成の弾力性を高めるとともに、あわせてその基準を一層明確にするために国家行政組織法の改正が行われた。これにより、各省庁の附属機関その他の機関は「審議会等」、「施設等機関」及び「特別の機関」に区分され、審議会等及び施設等機関について法律で定めることを要しないものについてその規定を削ることとされた。この法律はそのために各省庁設置法等関係法律203件を一括改正したものである。

　国立博物館、国立科学博物館等は、それまで文部省設置法に基づく文部省または文化庁の附属機関（国立博物館については、1950（昭和25）年8月から1968（昭和43）年6月までは文化財保護委員会の附属機関）であったが、「国家行政組織法の一部を改正する法律」によって、いずれも文部省または文化庁の「施設等機関」とされた。このため、博物館法についても、第三条第1項第9号の「国立博物館、国立科学博物館」としていた規定を「博物館と同一の目的を有する国の施設」と改める改正が行われた。なお、既に1952（昭和27）年に国立美術館が設置されていたことを考えれば、同号はもっと早い段階で「国立美術館」を追加するべきであったと思うが、国立大学共同利用機関として1974（昭和49）年に国立民族学博物館が、1981（昭和56）年には国立歴史民俗博物館が設置されていたこともあり、個別の館名ではなく「博物館と同一の目的を有する国の施設」と改められたものと思われる。

（8）1986（昭和61）年12月4日　日本国有鉄道改革法等施行法（1987（昭和62）年4月1日施行）

　博物館法第九条は、制定時は「博物館資料の日本国有鉄道による輸送に関する運賃及び料金については、国有鉄道運賃法（昭和二十三年法律第百十二号）第八条の規定の適用があるものとする」という条文であった。この条文は、1951（昭和26）年の文部省案では存在しておらず、議員立法として国会に提

出する段階になって置かれることになった規定である。その理由としては、立法当時の資料には「博物館は、第三条に規定する通り館外活動が活発に行われるから、その場合、鉄道輸送によることが極めて大きくなると思われるので、館外活動を積極的に実施できるよう、その輸送に要する料金について、特別の取扱を受けることが、できることを期待した」と書かれている。

　国有鉄道運賃法第八条は、運賃料金の軽微な変更について定めたもので、「全体として日本国有鉄道の総収入に著しい影害を及ぼすことがない運賃又は料金の軽微な変更は、日本国有鉄道がこれを行なうことができる」という規定で、これを適用した博物館法第九条に基づき、博物館資料の国鉄輸送費の減免措置が行われていた。なお、具体的な割引運賃率については、1952（昭和 27）年 5 月に以下の日本国有鉄道公示が定められ、三割引とされていた（同公示は、1952 年 8 月、1956（昭和 31）年 2 月、1974（昭和 49）年 2 月の三回改正が行われているが、いずれも軽微な整備改正にとどまっている）。

　（参考）
　○日本国有鉄道公示第一五九号
　　博物館資料に対する割引運賃率を次のように定め、昭和二七年五月一五日から施
　　行する。
　昭和二七年五月十三日
　　　　　　　　　日本国有鉄道総裁　長崎惣之助

　1　品名　　博物館資料
　2　発駅　　国鉄線及び連絡社線各駅
　3　着駅　　国鉄線及び連絡社線各駅
　4　扱種別　小荷物及び貨物
　5　割引率　三割
　6　荷送人及び荷受人　　博物館長（博物館に相当する施設の管理者を含む。）又
　　はその指定する者
　7　条件
　(1)　博物館資料とは、別に定める公立及び私立博物館並びに文部大臣が博物館に
　　　相当するものとして指定した施設において収集し、保管し、又は展示するもの
　　　で、歴史、芸術、民俗、産業及び自然科学に関する実物、標本、模写、模型、

　　　文献、図表、写真、フィルム及びレコードの類をいう。

　（2）　この賃率は、当該博物館長が発行した別記様式による博物館資料であること
　　　の証明書を荷物とともに提出したものに限って適用する。

　（3）　その他は、一般貨物及び荷物の例による。

　同条は、登録博物館及び博物館相当施設のみが適用を受けたことから、登録博物館等に指定されるメリットの一つであった。ただし、昭和40年代以降は、貨物輸送は時間がかかり破損等の心配もあることから、トラック便を利用するようになり、国鉄輸送費割引の恩典を受ける実績はなくなっていった。やがて、1986（昭和61）年の国鉄分割民営化に際して制定されたいわゆる「国鉄改革八法」によって国有鉄道運賃法は廃止され、その一つである日本国有鉄道改革法等施行法第九十九条によって博物館法第九条が削除、同条を引用している第二十九条も「第九条及び」が削除され、この制度は消滅した。

（9）1991（平成3）年4月2日　国立学校設置法及び学校教育法の一部を改正する法律（1991年7月1日施行）

　本改正は学位授与機構を創設し、①短期大学・高等専門学校卒業者等が、大学や学位授与機構の認定する短期大学・高等専門学校の専攻科で一定の学修を行った場合、②学位授与機構が大学・大学院に相当する教育を行うと認める大学以外の教育施設の課程を修了した場合に、学位を授与する道を開くための規定の整備を行ったものである。

　それまでは「学士の学位」ではなく「学士の称号」が付与されていたが、本改正によって従前の学士の称号を授与された者は、学士の学位を授与された者とみなすこととされ、附則によって博物館法第五条第1項第1号に規定されている「称号」を「学位」に改める改正が行われた。また、本改正にあわせて、省令の改正も行われた。

（10）1991（平成3）年4月2日　学校教育法等の一部を改正する法律（1991年7月1日施行）

　本改正は、高等専門学校に専攻科を置くことができることや、専門学校を卒

業した者が「準学士」と称することができることとする等の改正を行ったものである。内容的には博物館法とまったく関係がないが、学校教育法の改正によって第五十六条第2項が削除されたことから、附則で博物館法第六条の規定中「第五十六条第一項」を「第五十六条」に改める改正が行われた。引用している学校教育法の条項ずれに伴う形式的な改正である。

(11) 1993（平成5）年11月12日　行政手続法の施行に伴う関係法律の整備に関する法律（1994（平成6）年10月1日施行）

　本法は、処分、行政指導及び届出に関する手続に関し、行政運営における公正の確保と透明性の向上を図る見地から共通する事項を定めた行政手続法の施行に伴って関係法律の整備を行ったものである。

　博物館法については、行政手続法の制定に伴い、都道府県の教育委員会が登録の取消をするに当たっては、あらかじめ当該博物館の設置者に対して陳述する機会を与えなければならないとされていた規定が不要となったことから、これを削除した。

　具体的には、一括法第八十条により第十四条第2項「都道府県の教育委員会は、前項の規定による登録の取消をするに当たつては、あらかじめ、当該博物館の設置者に対し、陳述する機会を与えなければならない」が削除され、同条第3項を第2項として規定の整備を行う改正を行った。

(12) 1999（平成11）年7月16日　地方分権の推進を図るための関係法律の整理等に関する法律（2000（平成12）年4月1日施行）

　本法は、国及び地方公共団体が分担すべき役割を明確にし、地方公共団体の自主性及び自立性を高めるため、機関委任事務制度の廃止及びこれに伴う地方公共団体の事務区分の再構成、国の関与等の縮減、権限委譲の推進、必置規制の整理合理化、地方公共団体の行政体制の整備・確立等を行い、地方分権の推進を図ることを目的に、関係する法律475本を一括で改正したものである。

　文部省関係については、「地方分権推進計画」（2003（平成15）年5月29日閣議決定）及び同計画において検討事項とされたものの具体化について検討した中央教育審議会の答申「今後の地方教育行政の在り方について」（1998（平

成 10) 年 9 月 21 日) 等に基づき、地方教育行政の組織及び運営に関する法律をはじめ 21 本の法律を改正し、一括法とはいえ、社会教育行政に大きな影響を与えた法改正であった。

　博物館法に関しては、博物館の登録事務について、機関委任事務から自治事務へ見直すことに伴い、都道府県の教育委員会の文部大臣に対する報告の義務を定めた第十七条を削除するとともに、博物館協議会の委員の委嘱手続きに係る第二十二条第 2 項を削除した。

　機関委任事務が廃止されたことに伴い、登録審査業務は、各都道府県教育委員会の自治事務とされ、国の通達に従う必要はなくなったが、文化庁が 2021 (令和 3) 年 9 月に行った調査によれば、約 5 割以上の都道府県及び政令指定都市教育委員会が教育委員会規則や内規で登録審査基準を定めておらず、1952 (昭和 27) 年の文部省社会教育局長通達で示された「博物館の登録審査基準要項」を参考にしており、規則や内規を定めている自治体も、同要項の内容を反映しているとのことであった。

　もともと登録制度には有効期限や更新規定が設けられていないという構造的欠陥があり、都道府県教育委員会の国への報告義務がなくなったことによって、その形骸化に拍車がかけられたものと思われる。後述のとおり、同日付けで独立行政法人通則法が公布され、既に国立博物館の独立行政法人化が決まっていたことを考えれば、この時点で登録博物館制度の見直しを真剣に検討するべきだったのではないだろうか。

（削除された条文）
　（報告の義務）
　第十七条　都道府県の教育委員会は、文部大臣に対し、その求めに応じて、当該教育委員会において登録した博物館に関し必要な事項について報告しなければならない。
　第二十二条（略）
　　2　博物館協議会の委員については、社会教育法第十五条第三項及び第四項の規定を準用する。

(13) 1999（平成 11）年 12 月 22 日　中央省庁等改革関係法施行法（2001（平成 13）年 1 月 6 日施行）

　中央省庁改革により、文部省は科学技術庁と統合し「文部科学省」となった。本法は中央省庁改革に関する関係法整備のための一括法であり、同法第五百二十七条により、本則中「文部省令」を「文部科学省令」に、「文部大臣」を「文部科学大臣」に改める改正が行われた。

　これを受けて、博物館法施行規則についても、2000（平成 12）年 10 月に一括省令による改正を行っている。

(14) 1999（平成 11）年 12 月 22 日　独立行政法人の業務実施の円滑化等のための関係法律の整備等に関する法律（2001（平成 13）年 1 月 6 日施行）

　1999 年 7 月 16 日に独立行政法人通則法が公布され、それまで国の機関であった国立博物館等が独立行政法人になることになった。本法は、その関係法を整備するための一括法であり、同法第十三条により、第二条第 1 項中「その他の法人」の下に「（独立行政法人（独立行政法人通則法（平成十一年法律第百三号）第二条第一項に規定する独立行政法人をいう。第二十九条において同じ。）を除く。）」を加えるとともに、第二十九条中「国」の下に「又は独立行政法人」を加える改正が行われた。すなわち、独立行政法人立の博物館についても、国立のものと同様に登録博物館の対象外とし、博物館相当施設の指定は国が行うこととしたのである。

　なお、本法改正に伴い、博物館法施行規則も改正し、それまで博物館相当施設に指定されていた国立博物館等を改めて申請を行い、独立行政法人として指定し直さなければならなくなったが、博物館法施行規則が改正されたのは2003（平成 15）年 12 月のことで、指定されたのは 2005（平成 17）年 1 月 28 日以降のことであった。

(15) 2001（平成 13）年 7 月 11 日　学校教育法の一部を改正する法律（公布日施行）

　本改正により、学校教育法第五十六条に第 2 項が追加されたことから、同法附則第 5 条により、博物館法第六条中「第五十六条」を「第五十六条第一項」

に改める改正が行われた。内容的には博物館法と全く関係はなく、引用している規定の条項ずれに伴う形式的改正である。

(16) 2006（平成 18）年 6 月 2 日　一般社団法人及び一般財団法人に関する法律及び公益社団法人及び公益財団法人の認定等に関する法律の施行に伴う関係法律の整備等に関する法律（2008（平成 20）年 12 月 1 日施行）

　従来のいわゆる民法三十四条法人（社団法人及び財団法人）は、設立に関し主務官庁による許認可主義がとられていたが、「一般社団法人及び一般財団法人に関する法律（平成十八年法律第四十八号）」の制定により、その事業の公益性の有無に関わらず、社団、財団の法人化を一元的に定めるとともに、法の定める要件を充足さえすれば、許認可を待つことなく、簡便に設立することができるようになった。

　同法制定に伴う整備法であるこの法律第二百六十七条により、博物館法第二条第 1 項中「民法（明治二十九年法律第八十九号）第三十四条の法人」を「一般社団法人若しくは一般財団法人」に、同条第 2 項中「民法第三十四条の法人」を「一般社団法人若しくは一般財団法人」に改めた。

　また、第十一条第 2 項中「左に」を「次に」に、「添附しなければ」を「添付しなければ」に改め、同項第 1 号中「写」を「写し」に、「見積」を「見積り」に改め、同項第 2 号中「若しくは寄附行為」を削り、「写」を「写し」に、「見積」を「見積り」に改める改正が行われた。いずれも技術的な文言修正だが、第 2 号の「寄附行為」を削ったのは、旧民法第三十四条法人では、財団法人は寄附行為を定め、目的、名称、事務所の所在地、資産に関する規定及び理事の任免に関する規定を定めなければならないとされていた（旧民法三十九条・三十七条 1〜5 号）が、一般社団・財団法人法の施行により、一般財団法人においても旧社団法人と同じく「定款」ということとされた（同法第百五十二条）ためである。

(17) 2007（平成 19）年 6 月 27 日　学校教育法等の一部を改正する法律（2008（平成 20）年 4 月 1 日施行）

　本改正の附則第八条により、博物館法第六条の規定中「第五十六条第一項」

を「第九十条第一項」に改める改正が行われた。引用している規定の条項ずれ
に伴う形式的改正である。

(18) 2008 (平成 20) 年 6 月 11 日　社会教育法等の一部を改正する法律 (公布日施行)

　2006 (平成 18) 年 12 月の教育基本法の改正を踏まえ、社会教育行政の体制
の整備等を図るため、社会教育に関する国及び地方公共団体の任務、教育委員
会の事務、公民館、図書館及び博物館の運営、司書等の資格要件等に関する規
定を整備したものである。社会教育法、図書館法、博物館法を同時に改正した
のは、1959 (昭和 34) 年 4 月以来およそ半世紀ぶりであった。
　文部科学省社会教育課では、2006 (平成 18) 年 4 月から中川志郎氏を主査(34)
とする「これからの博物館の在り方に関する検討協力者会議」を設け、それま
で手付かずになっていた博物館法の抜本的改正に向けた検討を進め、同会議で
は、文部科学省の委託を受けて日本博物館協会が取りまとめた報告書「対話と
連携の博物館」(2000 (平成 12) 年 12 月) 及び「博物館の望ましい姿シリー
ズ(35)」を参照しながら議論を行った。同会議での法改正に向けた議論は、まさに
中川氏が取り組んできた 21 世紀の博物館の在り方を考える集大成であったと
言える。2007 (平成 19) 年 3 月に同会議が取りまとめた「新しい時代の博物
館制度の在り方について (中間まとめ)」及び同年 6 月の報告は、博物館登録
制度や学芸員養成課程の見直しを含む、まさに理想を掲げたものだったが、首
長部局所管の公立博物館も登録博物館とするための地教行法の改正等をめぐっ
て省内の調整がつかず、内閣法制局における審査や学芸員養成課程を有する大
学との協議の結果、抜本改正には至らず、報告書の提言の実現は、多くの宿題
を残すこととなった。2008 年 8 月 30 日付の朝日新聞は、法改正を望む博物館
関係者の期待を裏切る小幅な改正結果になったとして「期待外れ」と評し、
「空振り」と表現している。
　本改正においては、まず、教育基本法の改正を踏まえた規定の整備として、
博物館が行う事業に、学習の成果を活用して行う教育活動の機会を提供する事
業を追加するとともに (第三条第 1 項第 9 号)、博物館協議会の委員を任命で
きる範囲に家庭教育の向上に資する活動を行う者を加えた (第二十一条；その

後2011（平成23）年8月の地方分権一括法により改正）。

　また、社会教育施設の運営能力の向上に向け、その運営状況に関する評価及び改善並びに地域住民等に対する情報提供に努めるものとする規定を新設した（第九条及び第九条の二）。

　さらに、専門職員の資質の向上のため、文部科学大臣及び都道府県教育委員会は、司書及び学芸員等の研修を行うよう努める規定を新設するとともに（第七条）、社会教育施設等における一定の職に三年以上あったことを、社会教育主事、司書及び学芸員の資格を得るために必要な実務経験として評価できるようにした（第五条）。なお、学芸員の資格要件に関して、実務経験が必要とされる場合に、当該実務経験として評価されるものに官公署、学校または社会教育施設において社会教育主事や司書その他の一定の職を加えることに伴い、博物館施行規則及び「学芸員補の職に相当する職等の指定」（平成8年8月28日文部省告示第151号）の改正も行っている。

　このほか、博物館が収集・展示等を行う「博物館資料」について、「電磁的記録」を含むことを明示した（第二条第3項）。

　国会での審議は、衆議院文部科学委員会では4月23日千葉県立現代産業科学館の現地視察、5月16日提案理由説明後質疑1時間、21日質疑2時間30分、23日参考人意見聴取1時間30分、質疑1時間の後に採決された。参議院文教科学委員会では、5月29日提案理由説明、6月3日質疑3時間55分の後に採決された。

　登録博物館の見直しに関しては、6月3日の参議院文教科学委員会で渡海文部科学大臣が「新しい時代の博物館の制度として博物館の定義の見直しとか、また登録制度の在り方とか学芸員の養成制度の見直し、今回盛り込んでおる部分もあるわけでございますが、今回の博物館法の改正を契機といたしまして、様々な意見も踏まえながら引き続き検討してまいりたいと考えておるところでございます」、「中長期的な課題につきましても、私どもとしてはできるだけそんなに時間を掛けないで結論が出るように検討してまいりたい」と、博物館関係者にとっては将来の希望を託す答弁があった。また、同日の採決に際しては、「五、博物館については、多様な博物館がそれぞれの特色を発揮しつつ、利用者の視点に立ったより一層のサービスの向上が図られるよう、関係者の理

解と協力を得ながら登録制度の見直しに向けた検討を進めるとともに、広域か
つ多岐にわたる連携協力を図り、国際的に遜色のない博物館活動を展開できる
ような環境の醸成に努めること」（下線筆者）という附帯決議が行われている。

(19) 2011（平成 23）年 6 月 22 日　特定非営利活動促進法の一部を改正す る法律（2012（平成 24）年 4 月 1 日施行；附則第 17 条を除く）

　この法案と同時に、後述する（21）の地域主権改革第二次一括法案も国会に
提出されており、その中に都道府県から指定都市への権限移譲に関する特定非
営利活動促進法の一部改正も含まれていたことから、この法案の附則第一条
（施行期日）には「附則第十七条の規定は地域の自主性及び自立性を高めるた
めの改革の推進を図るための関係法律の整備に関する法律（平成二十三年法律
第百五号）の公布の日又はこの法律の公布の日のいずれか遅い日から施行す
る」（下線筆者）と規定された。結果的に、一括法案の公布の方が遅かったた
め、上記の権限移譲に関する条文の改正については、一括法の施行日に施行さ
れた。この法律の附則第十七条は空文となったわけである。実質的に博物館法
の内容には影響しない改正である。

(20) 2011（平成 23）年 6 月 24 日　情報処理の高度化等に対処するための 刑法等の一部を改正する法律（2011 年 7 月 14 日施行）

　（16）で述べた一般社団・財団法人法等整備法は、2006（平成 18）年 6 月 2
日に公布された時点で「犯罪の国際化及び組織化並びに情報処理の高度化に対
処するための刑法等の一部を改正する法律」の施行日が確定していなかったた
め、附則第 2 項及び第 3 項で読み替え規定が設けられていたが、その必要がな
くなったため、この法律附則第三十五条により、一般社団・財団法人法等整備
法の附則第 2 項及び第 3 項を削り、施行期日について規定した附則第 1 項の見
出し及び項番号を削る改正が行われた。(19) 同様、こちらも実質的に博物館
法の内容には影響しない形式的な改正である。

(21) 2011（平成23）年8月30日　地域の自主性及び自立性を高めるための改革の推進を図るための関係法律の整備に関する法律（公布日施行）

　いわゆる地域主権改革第二次一括法で、同法第十九条により、博物館法第二十一条で規定する博物館協議会の委員について、「学校教育及び社会教育の関係者、家庭教育の向上に資する活動を行う者並びに学識経験のある者の中から」を削除し、第二十二条で委員の「任命基準」を含め地方公共団体の条例で定めなければいけないこととし、「この場合において、委員の任命の基準については、文部科学省令で定める基準を参酌するものとする」と改正した。

　もとより、博物館協議会は任意設置であり、わざわざ、文部科学省令でその任命の基準を条例を定めることとしたことが「地域の自主性及び自立性を高める」ことになるのか、疑問を感じざるを得ない。

(22) 2011（平成23）年12月14日　東日本大震災復興特別区域法（2011年12月26日施行）

　(19) と同じように、この法律に (21) の地域主権改革第二次一括法の対象とすべき都道府県から指定都市への権限移譲に関する事項が含まれていたことから、同法附則第九条によって地域主権改革第二次一括法附則第一条第2項を改正したものである。(19) 及び (20) 同様、実質的に博物館法の内容には影響しない形式的な改正である。

(23) 2014（平成26）年6月4日　地域の自主性及び自立性を高めるための改革の推進を図るための関係法律の整備に関する法律（2015（平成27）年4月1日施行）

　いわゆる地方分権改革第4次一括法で、同法第七条により、博物館の登録に関する業務及び博物館相当施設の指定に関する業務が、都道府県から政令指定都市に移管された。具体的には、博物館法第十条及び第二十九条において「都道府県の教育委員会」の下に、「（当該施設（都道府県が設置するものを除く。）が指定都市の区域内に所在する場合にあつては、当該指定都市の教育委員会）」を追加した。

　これにより、政令指定都市の教育委員会においては、事務分掌規則の改正や

博物館登録に関する規則の制定等を行うなどの体制整備が必要となった。なお、本改正に際して、文部科学省が特に審議会や有識者会議等において専門家による議論をした形跡はない。

（24）2017（平成 29）年 5 月 31 日　学校教育法の一部を改正する法律（2019（平成 31）年 4 月 1 日施行）

　専門職大学の制度化による学校教育法の改正に伴うものである。専門職大学の修業年限は 4 年で、卒業すれば「学士（専門職）」の学位を得られることから、同法附則第二十条により、博物館法第五条第 1 項第 1 号中「学位」の下に「（学校教育法（昭和二十二年法律第二十六号）第百四条第二項に規定する文部科学大臣の定める学位（専門職大学を卒業した者に対して授与されるものに限る。）を含む。）」を追加した。

　また、これにより学校教育法が第五条で初出となることから、これまで初出であった第六条から「（昭和二十二年法律第二十六号）」を削除した。

（25）2019（令和元）年 6 月 7 日　地域の自主性及び自立性を高めるための改革の推進を図るための関係法律の整備に関する法律（公布日施行）

　2017（平成 29）年 5 月 19 日に文部科学大臣から「これからの文化財の保存と活用の在り方について」諮問を受けた文化審議会は、同年 12 月 8 日に文化行政全体としての一体性や景観・まちづくり等に関する事務との関連性を考慮し、文化財保護に関する事務を一層充実させるために必要かつ効果的な場合は、専門的・技術的判断の確保、政治的中立性、継続性・安定性の確保、開発行為との均衡、学校教育や社会教育との連携に対応できるよう環境を整備しつつ、条例により、首長部局での事務の執行・管理も可能とすべきとする第一次答申「文化財の確実な継承に向けたこれからの時代にふさわしい保存と活用の在り方について」をまとめた。従来、文化財を開発行為から守るために教育委員会に置くことが必須とされていた文化財保護行政について、ついに首長部局に移管することが可能であるとする判断がなされたのである。これを受けて文化財保護法及び地方教育行政の組織及び運営に関する法律の一部を改正する法律案が国会に提出・可決され、2019 年 4 月 1 日から施行された。

　文化財保護行政が首長部局に移管できるのであれば、社会教育行政について
も移管できない理由はない。同時並行で議論を行った中央教育審議会地方文化
財行政に関する特別部会においても、2017 年 10 月 30 日に「地方文化財行政
の在り方」（審議まとめ）をまとめ、「当特別部会としては，文化財保護に関す
る事務については，引き続き教育行政部局が担当することを基本とするが，社
会状況の変化や地方公共団体から上記のような声が上がっていることに鑑み，
景観・まちづくり等の事務との総合的・一体的な事務の管理・執行を考慮し，
各地方公共団体が文化財保護に関する事務をより一層充実させるために必要か
つ効果的であると当該地方公共団体が判断する場合に，条例により首長が文化
財保護に関する事務を担当することを選択できるような制度とするべきである
と考える」（下線筆者）という見解をまとめた。

　2017 年 12 月 26 日に閣議決定された「平成 29 年の地方からの提案等に関す
る対応方針」では、公立博物館について、「まちづくり行政、観光行政等の他
の行政分野との一体的な取組をより一層推進するため、地方公共団体の判断で
条例により地方公共団体の長が所管することを可能とすることについて検討
し、平成 30 年中に結論を得る。その結果に基づいて必要な措置を講ずる」と
され、これを受けて 2018（平成 30）年 2 月に中央教育審議会生涯学習分科会
に、「公立社会教育施設の所管の在り方に関するワーキンググループ」が設置
された。

　生涯学習分科会では、2012（平成 24）年までは高田浩二・海の中道海洋生
態科学館長（当時）が臨時委員に任命されていたが、2013（平成 25）年以降
は博物館関係者が一人も委員に入っていないという状態が続いていたのであ
る。「これからの博物館の在り方に関する検討協力者会議」は、2010（平成
22）年 3 月末以降開催していないので、5 年もの間、文部科学省に博物館を審
議する場がなかったことになり、博物館行政に対する文部科学省の姿勢が垣間
見られるが、こうした状態に対して要望もしなかった日本博物館協会をはじめ
とする博物館関係者も責任なしとはしないだろう。このため、ワーキンググルー
プには、金山喜昭・法政大学キャリアデザイン学部教授が委員となり、博物館
界を代表して発言している。

　ワーキンググループでの議論を踏まえ、2018 年 7 月 9 日に中央教育審議会

生涯学習分科会は「公立社会教育施設の所管の在り方等に関する生涯学習分科会における審議のまとめ」を公表した。同まとめでは、「社会教育に関する事務については今後とも教育委員会が所管することを基本とすべきであるが、公立社会教育施設の所管については、当該地方の実情等を踏まえ、当該地方にとってより効果的と判断される場合には、地方公共団体の判断により地方公共団体の長が公立社会教育施設を所管することができることとする特例を設けることについて、（中略）社会教育の適切な実施の確保に関する担保措置が講じられることを条件に、可とすべきと考える」と結論づけた。同まとめでは、「近年の訪日外国人旅行者数の増加等により、博物館は新たに経済活性化に資する資源としての観点からも期待が高まっている。その際、単なる観光資源としてではなく、その本来の役割を基本に置きつつ、旅行者に日本や地域について理解を深めてもらい、親近感を醸成してもらう場や、旅行者と住民とが交流する場として、博物館の機能をより幅広く発揮するという視点が重要である。また、住民が自らの地域について学び、誇りを持つこと（シビックプライド）や市民のキャリア（生き方）支援などの観点からも博物館は重要な役割を果たすと考えられる。なお、各博物館の目的や性格に照らした場合、経済活性化に資する事業を展開することがなじまない地域博物館があることにも十分に留意する必要がある」という記述があることも注目したい。

　その後、2018 年 12 月 21 日に中央教育審議会答申「人口減少時代の新しい地域づくりに向けた社会教育の振興方策について」がまとめられ、「社会教育に関する事務については今後とも教育委員会が所管することを基本とすべきであるが、公立社会教育施設の所管については、当該地方の実情等を踏まえ、当該地方にとってより効果的と判断される場合には、地方公共団体の判断により地方公共団体の長が公立社会教育施設を所管することができることとする特例を設けることについて、（中略）社会教育の適切な実施の確保に関する担保措置が講じられることを条件に、可とすべきと考える」との結論が出された。かくして、いわゆる第 9 次地方分権一括法によって、公立社会教育施設（博物館、図書館、公民館等）について地方公共団体の判断により、教育委員会から首長部局へ移管することが可能になった。具体的には、同法第八条で地方教育行政の組織及び運営に関する法律第二十三条を改正し、第七条で博物館法第十

九条を改正した。地教行法では、職務権限の特例について規定した第二十三条に、新たに次の第1項を新設し、旧第1～3項をそれぞれ第2～4項に改正した。

　　一　図書館、博物館、公民館その他の社会教育に関する教育機関のうち当該条例
　　で定めるもの（以下「特定社会教育機関」という。）の設置、管理及び廃止に関
　　すること（第二十一条第七号から第九号まで及び第十二号に掲げる事務のうち、
　　特定社会教育機関のみに係るものを含む。）。

　博物館法は所管について規定した第十九条で、「地方公共団体の教育委員会」の下に、「（地方教育行政の組織及び運営に関する法律（昭和三十一年法律第百六十二号）第二十三条第一項の条例の定めるところにより地方公共団体の長がその設置、管理及び廃止に関する事務を管理し、及び執行することとされた博物館にあつては、当該地方公共団体の長。第二十一条において同じ。）」を追加した。

　国会では、衆議院は地方創生に関する特別委員会、参議院は内閣委員会で審議しているため、博物館に関して集中的な議論は行われていないものの、現行制度でも事務委任や補助執行で可能であるのになぜわざわざ法改正するのかという質問や社会教育行政本来の趣旨を逸脱しないことを主眼に置く取り組みが必要であるというような質問⁽³⁷⁾がなされている。また、衆議院では「地方公共団体の長が公立社会教育施設を所管する場合にあっては、社会教育の政治的中立性、継続性・安定性の確保、地域住民の意向の反映、学校教育との連携等により、多様性にも配慮した社会教育が適切に実施されるよう、地方公共団体に対し、適切な助言を行うこと」という附帯決議があり、衆参ともに「本法の公立社会教育施設に関する規定の施行後三年を目途として、その施行状況を検証し、必要があると認める場合には、社会教育の適切な実施のための担保措置等について、所要の見直しを行うこと」という附帯決議が行われた。

3. 博物館法施行令逐条解説

（政令で定める法人）
第一条　博物館法（以下「法」という。）第二条第一項の政令で定める法人は、次
　に掲げるものとする。
　一　日本赤十字社
　二　日本放送協会

（昭三〇政一九二・追加）

　本条は、1955（昭和30）年に法第二条第1項の「政令で定める法人」を規
定するため、新たに追加されたものである。政省令は、基本的にその根拠とな
る法律の条文の順番に沿って規定することとされているため、既存の条文より
も前に置かれることとなったわけである。

　法第二条第1項は博物館の定義を規定しているが、1952（昭和27）年の法
改正で日本赤十字社が博物館の設置主体として追加され、さらに1955年の法
改正に際して、同じ特殊法人であった日本放送協会が博物館を設置する予定で
あったため、法令技術上の便を考慮して、一括して政令で規定することとした
ものである。

　1955年当時、文部省としては他の特殊法人が博物館を設置した場合には、
その都度政令を改正して追加していく考えであり、施行通知に添付されている
要綱にも、「特殊法人としては日本放送協会が近く博物館を設置することとな
つており、かように日本赤十字社の外にも特殊法人が博物館を設置することが
予想されるので博物館の設置を奨励するためにこれらの法人については、法令
技術上の便をも考慮して政令で一括規定することとしたのである」（昭和30年
7月25日文社施第100号　文部省社会教育局長通知）と述べられている。し
かし、本条は残念ながらこれ以降一度も改正されずに、今日に至っている。

　なお、日本赤十字社が設置する博物館は、かつては1926（大正15）年に開

館した「日本赤十字参考館」（1932（昭和 7）年に「日本赤十字博物館」と改称）があった。棚橋源太郎がその開館に取り組み、以後 20 年にわたって館長を務めたという経緯があり、博物館法制定当初はまさに我が国を代表する博物館の一つであった。残念ながら 1963（昭和 38）年に廃館となり、現在は存在しないが、本条は法の対象となる設置主体を定めている規定であることから、直ちに削除しなければならないものではない。

（施設、設備に要する経費の範囲）

第二条　法第二十四条第一項に規定する博物館の施設、設備に要する経費の範囲は、次に掲げるものとする。

一　施設費　施設の建築に要する本工事費、附帯工事費及び事務費

二　設備費　博物館に備え付ける博物館資料及びその利用のための器材器具の購入に要する経費

（昭三四政一五七・全改）

　制定当初は、本政令は補助金交付の基準となる経費等の範囲（第一条）及び博物館補助金申請書の提出（第二条、第三条）についてのみ定めていた。その後 1955（昭和 30）年に新たに第一条が追加され、それぞれ条番号がずれた。

　1959（昭和 34）年の法改正によって、博物館の施設、設備に要する経費その他必要な経費の一部について、それまで「補助金等の臨時特例等に関する法律」等に基づき施設、設備に要する経費その他必要な経費の一部に限定されていた国庫補助が恒常化されることになり、補助対象経費の範囲については政令で規定することとしたため、第二条の全文改正を行い、「補助金等の臨時特例等に関する法律施行令」第二条及び第三条とほぼ同様の内容が規定されていた第三条及び第四条は削除された。

　この結果、従前の第二条（制定当初の第一条）で規定していた博物館資料費や人件費は完全に対象外とされ、今後施設、設備に要する経費のみ補助対象となったが、1997（平成 9）年度限りで施設設備に対する補助金は一般財源化され、本条は事実上空文となっている。

4.　博物館法施行令改正経緯

　博物館法施行令は、1952（昭和 27）年 3 月 20 日に公布・施行された。本政
令の制定文には「内閣は、博物館法（昭和二十六年法律第二百八十五号）第二
十五条第二項の規定に基き、及び同条の規定を実施するため、この政令を制定
する」とあるが、1959（昭和 34）年の「社会教育法等の一部を改正する法律」
により法第二十五条は削除されており、現行では法第二条第 1 項を受けるとと
もに法第二十四条第 1 項の規定を実施するための政令となっている。1948（昭
和 23）年以降制定された政令には、特殊の例外を除き、その政令の根拠とな
る法律または法律の規定を示す制定文がつけられることになっているが、制定
文は全面改正をしない限りは改正しないため、制定当時のままの制定文となっ
ているわけである。

　本政令は、これまで 4 回にわたって改正を行っている。制定当初は全三条か
らなる政令であり、制定文どおり法第二十五条第 2 項の「前項の経費の範囲及
び補助金交付の手続に関し必要な事項は、政令で定める」との規定に基づき、
補助金交付の基準となる経費等の範囲及び博物館補助金申請書の提出について
のみ定めたものであった。

　その後、1953（昭和 28）年に法附則第 6 項の規定に基づき、学芸員の暫定
資格について規定する第四条が追加された。原始附則第 6 項では、「この法律
施行後三年間は、文部省令の定めるところにより人文科学学芸員又は自然科学
学芸員となる資格を有するものとする」とされていたのだが、1953 年の「地
方自治法の一部を改正する法律の施行に伴う関係法令の整理に関する法律」に
よって、省令の規定事項を政令により規定するための根拠規定となるよう一括
改正が行われ、附則第 6 項の各号を除く本文の「文部省令」から「政令」に改
められた。これに伴い、以下の第四条が追加され、省令の規定が削除されたの
である。

124

（学芸員の暫定資格の決定）
第四条　法附則第六項第一号から第三号までの各号に掲げる者が、人文科学学芸員
　　となる資格を有するか又は自然科学学芸員となる資格を有するかは、都道府県の
　　教育委員会において、その者が従事した当該各号に定める職務が、人文科学に関
　　するものであるか又は自然科学に関するものであるかを考慮して定めるものとす
　　る。
２　法附則第六項第四号の規定により都道府県の教育委員会が推薦する者は、人文
　　科学又は自然科学に関する学識経験及び調査研究の業績を有する者でなければな
　　らない。
３　前項に規定する者が、人文科学学芸員となる資格を有するか又は自然科学学芸
　　員となる資格を有するかは、文部大臣において、その者の学識経験及び調査研究
　　の業績が、人文科学に関するものであるか又は自然科学に関するものであるかを
　　考慮して定めるものとする。

　次いで、1955（昭和30）年に法第二条第1項の博物館法の対象となる設置
者である「政令で定める法人」を規定するため、現行の第一条が追加され、第
一条が第二条、第二条が第三条、第三条が第四条にそれぞれ移行し、もともと
暫定資格を規定していた旧第四条は、同年の法改正によって学芸員制度が人文
科学学芸員と自然科学学芸員から学芸員に一本化されたことから、削除され
た。
　また、1956（昭和31）年には「地方教育行政の組織及び運営に関する法律
の施行に伴う関係政令の整理に関する政令」によって第三条及び第四条の規定
の整備が行われた。
　最後に、1959（昭和34）年の「社会教育法等の一部を改正する法律」によ
る博物館法の改正によって博物館の補助対象経費の範囲が施設設備費のみに改
められたことから、「社会教育法施行令等の一部を改正する政令」によって第
二条が全面改正され、第三条及び第四条が削除された。
　この改正以降、博物館法施行令の改正は行われていない。

5.　博物館法施行規則逐条解説

　　第一章　博物館に関する科目の単位
（博物館に関する科目の単位）
第一条　博物館法（昭和二十六年法律第二百八十五号。以下「法」という。）第五
　　条第一項第一号に規定する博物館に関する科目の単位は、次の表に掲げるものと
　　する。

科　　　目	単位数
生涯学習概論	二
博物館概論	二
博物館経営論	二
博物館資料論	二
博物館資料保存論	二
博物館展示論	二
博物館教育論	二
博物館情報・メディア論	二
博物館実習	三

２　博物館に関する科目の単位のうち、すでに大学において修得した科目の単位又
　　は第六条第三項に規定する試験科目について合格点を得ている科目は、これをも
　　つて、前項の規定により修得すべき科目の単位に替えることができる。

（昭四六文令二二・平八文令二八・平一二文令七・平一二文令五三・平二一文科令二
二・一部改正）

　本条は、博物館法第五条第 1 項第 1 号を受けて、「博物館に関する科目の単
位」を規定したものである。1952（昭和 27）年に公布・施行された全部改正
前の博物館法施行規則（昭和 27 年文部省令第 11 号）第一条では、「人文科学
学芸員又は自然科学学芸員とする資格を得ようとする者が大学において修得す
べき科目の単位」を規定しており、「人文科学又は自然科学に関する専門科目
の単位」及び以下の 5 科目 10 単位を履修することとされていた。
　博物館学　4 単位

　　教育原理　1単位

　　社会教育概論　1単位

　　視聴覚教育　1単位

　　博物館実習　3単位

　1955（昭和30）年の博物館法改正により、省令も全面改正されたが、新し
い博物館法施行規則においても、その内容は従前の5科目10単位のままとさ
れた。

　その後、1996（平成8）年4月24日に取りまとめられた生涯学習審議会社
会教育分科審議会の報告「社会教育主事、学芸員及び司書の養成、研修等の改
善方策について」を受けて、同年博物館法施行規則が改正され、「大学におい
て修得すべき博物館に関する科目の単位」は、以下の8科目12単位とされた。

　　生涯学習概論　1単位

　　博物館概論　2単位

　　博物館経営論　1単位

　　博物館資料論　2単位

　　博物館情報論　1単位

　　博物館実習　3単位

　　視聴覚教育メディア論　1単位

　　教育学概論　1単位

　2008（平成20）年の博物館法改正の際には、「これからの博物館の在り方に
関する検討協力者会議」がまとめた「新しい時代の博物館制度の在り方につい
て（報告）」で学部レベルでは「学芸員基礎資格」を付与し、博物館現場での
学芸業務を一年間以上経た者または大学院修士課程を修了した者が学芸員とな
ることとし、さらに「上級学芸員」制度を設けることを提言したが、主に私学
を中心とする学芸員養成課程関係者からの強い反対もあり法改正には至らず、
同協力者会議に「学芸員の養成に関するワーキンググループ」及び「学芸員資
格認定の見直しに関するワーキンググループ」を設けて、博物館法施行規則の
改正に向けた検討を行い、最終的に2009（平成21）年2月に「学芸員養成の

充実方策について（第二次報告）」（以下、「第二次報告」という）を取りまとめた。現行の科目・単位数は、同報告に基づいて省令改正を行ったものだが、文部科学省は、前述の学芸員養成課程関係者からの強い反対があったことや、1996年の改正の際に、移行措置期間を置かずに現場を混乱させた反省を踏まえ、関係団体や私学関係者と綿密な協議を行い、移行措置期間としては異例の三年間を設け、「博物館資料保存論」、「博物館展示論」及び「博物館教育論」が新設されたことに伴う教員の確保、特に通信課程におけるテキストの作成、受講学生への周知等に最大限配慮した。なお、ワーキンググループでの議論では、当初は「地域社会と博物館論」を含む10科目21単位とする案を構想していたが、関係者との協議の過程で、最終的に9科目19単位で落着した。[38]ちなみに、同時期に司書養成課程の見直しについても検討が進められており、従来の14科目（うち2科目は5科目から選択）20単位から、13科目（うち2科目は7科目から選択）24単位に拡充された。

　第2項では、「博物館に関する科目の単位」のうち、すでに大学において修得した科目の単位または試験認定において合格点を得ている科目は、これをもって修得すべき科目の単位に替えることができる旨を規定したもので、「博物館に関する科目の単位」は、複数の大学等で修得したり、試験認定等との合わせ技で修得することも可能であることを明示したものである。

　（博物館実習）

第二条　前条に掲げる博物館実習は、博物館（法第二条第一項に規定する博物館をいう。以下同じ。）又は法第二十九条の規定に基づき文部科学大臣若しくは都道府県若しくは指定都市（地方自治法（昭和二十二年法律第六十七号）第二百五十二条の十九第一項の指定都市をいう。以下同じ。）の教育委員会の指定した博物館に相当する施設（大学においてこれに準ずると認めた施設を含む。）における実習により修得するものとする。

2　博物館実習には、大学における博物館実習に係る事前及び事後の指導を含むものとする。

（平二一文科令二二・全改、平二六文科令二六・一部改正）

　本条は、博物館実習は登録博物館及び博物館相当施設で行うべきであること
を規定したものだが、地域によっては類似施設で行わざるを得ないことも考慮
し、「（大学においてこれに準ずると認めた施設を含む。）」と例外規定を設けて
いる。学芸員養成課程を有する大学において大学博物館は必置ではないが、
1996（平成8）年4月の生涯学習審議会社会教育分科会報告「社会教育主事、
学芸員及び司書の養成、研修等の改善方法について」では、「大学博物館を整
備することにより、学芸員養成教育の場を自ら責任を持って確保する努力も求
められる」と述べている。

　また、第2項は、第二次報告において「博物館実習は、「学内実習」及び
「館園実習」を実施することとし、「館園実習」は、（略）「博物館に関する科
目」及び基礎となる専門の研究分野を学んだ上で、学芸員養成課程の最終段階
で実施することを基本とするべきである」との提言を踏まえ、規定された。

　第二条は、当初は単位の計算の基準を規定していたが、大学設置基準の改正
に伴い1991（平成3）年に削除され空文となっていたものを、2009（平成21）
年の省令改正に際し、従来第一条に「備考」として規定していた博物館実習に
関する規定を独立させたものである（その際、同じく備考で規定していた博物
館実習における事前及び事後の指導の単位数（1単位）も削除した）。

　次に、1996年の生涯学習審議会社会教育分科会報告において「博物館実習
に関する適切なガイドラインを設定し、活用することを期待したい」と提言さ
れていたものの策定がなされず、第二次報告において、再度「別途国において
大学及び博物館双方の指針となるガイドラインを策定し、その質的な充実を図
ることを求めたい」と提言した。これを受けて文部科学省では、2009年4月
に『博物館実習ガイドライン』を作成し、「博物館実習が必ずこれに沿って実
施されなければならないことを示す性質のものではありませんが、各大学や博
物館においては、これまでその創意工夫により進めてきた博物館実習の取組の
中に、本ガイドラインで示す内容を適宜取り込むことにより、より一層の改善
充実に尽力されることが期待されています」と通知した。しかしながら、今や
作成から10年以上が経過し、現場では同ガイドラインの存在を知らない教員
も増えており、改めて内容の確認と周知を図る必要があると考える。

　なお、新型コロナウイルスの感染拡大に伴い、文化庁は2020（令和2）年4

月13日付け企画調整課長通知「令和２年度における学芸員養成課程に係る博物館実習の実施に当たっての留意事項について」を関係大学宛てに発出し、館園実習を「実施時期を収束後とすることも検討」するとともに、「受け入れる博物館の実情を考慮し、実習の一定割合を学内実習に振り替えることや、例外的に演習等で実習に代えることも可能とするなど、実習内容を弾力的に検討」するよう連絡を行っており、2021（令和３）年度には「地域の感染状況に応じ」、「受入博物館と調整の上、可能な限り実施」するよう緩和している。

　　第二章　学芸員の資格認定
　（資格認定）
　第三条　法第五条第一項第三号の規定により学芸員となる資格を有する者と同等以上の学力及び経験を有する者と認められる者は、この章に定める試験認定又は審査認定（以下「資格認定」という。）の合格者とする。

（平二一文科令二二・一部改正）

　法第五条第１項では、学芸員の資格を得る方法として、①学士の学位を有し、大学において「博物館に関する科目の単位」を修得、②大学に二年以上在学し、「博物館に関する科目の単位」を含め62単位以上を修得した上で、三年以上学芸員補の実務経験、③省令で定めるところにより、文部科学大臣が①及び②と同等以上の学力及び経験を有する者と認めた者の三つを掲げている。本条では、③の「学芸員となる資格を有する者と同等以上の学力及び経験を有する者と認められる者」は、この章に定める試験認定または審査認定の合格者であることを規定している。

　（資格認定の施行期日等）
　第四条　資格認定は、毎年少なくとも各一回、文部科学大臣が行う。
　２　資格認定の施行期日、場所及び出願の期限等は、あらかじめ、官報で公告する。ただし、特別の事情がある場合には、適宜な方法によつて公示するものとす

> る。

（平一二文令五三・平二一文科令二二・一部改正）

　本条は、資格認定、すなわち試験認定または審査認定は、それぞれ毎年一回文部科学省が行うことを規定したもので、第2項ではその日程や場所等について事前に官報で公告することを定めている。但し書きは2009（平成21）年の省令改正時に追加されたもので、天候上の理由や非常災害等で日程が急遽変更になった場合には、受験者への直接連絡やホームページへの記載等による場合もあり得るとしている。

　例年、7月頃公示され、出願期間は7〜8月で、試験認定は12月頃、審査認定は1月頃、いずれも国立教育政策研究所社会教育実践研究センター（東京都台東区）で実施され、受験結果は3月頃送付されている。

　（試験認定の受験資格）

第五条　次の各号のいずれかに該当する者は、試験認定を受けることができる。

一　学士の学位（学位規則（昭和二十八年文部省令第九号）　第二条の二の表に規定する専門職大学を卒業した者に授与する学位を含む。第九条第三号イにおいて同じ。）を有する者

二　大学に二年以上在学して六十二単位以上を修得した者で二年以上学芸員補の職（法第五条第二項に規定する職を含む。以下同じ。）にあつた者

三　教育職員免許法（昭和二十四年法律第百四十七号）第二条第一項に規定する教育職員の普通免許状を有し、二年以上教育職員の職にあつた者

四　四年以上学芸員補の職にあつた者

五　その他文部科学大臣が前各号に掲げる者と同等以上の資格を有すると認めた者

（平三文令三一・平八文令二八・平一二文令五三・平二〇文科令一八・平二一文科令二二・平二四文科令二四・平二九文科令三九・一部改正）

　本条は、試験認定の受験資格について規定したもので、①学士の学位、すなわち学位規則に定める4年制大学または専門職大学を卒業した者、①大学に二年以上在学して62単位以上を修得した者で二年以上学芸員補の実務経験を有

する者、③教育職員の普通免許状を有し、二年以上教育職員の実務経験を有する者、④四年以上学芸員補の実務経験を有する者、⑤その他文部科学大臣が①〜④と同等以上の資格を有すると認めた者、のいずれかに該当する者は、試験認定を受けることができるとしている。

（試験認定の方法及び試験科目）

第六条　試験認定は、大学卒業の程度において、筆記の方法により行う。

2　試験認定は、二回以上にわたり、それぞれ一以上の試験科目について受けることができる。

3　試験科目は、次表に定めるとおりとする。

試　験　科　目		試験認定の必要科目
必須科目	生涯学習概論 博物館概論 博物館経営論 博物館資料論 博物館資料保存論 博物館展示論 博物館教育論 博物館情報・メディア論	上記（※）科目の全科目
選択科目	文化史 美術史 考古学 民俗学 自然科学史 物理 化学 生物学 地学	上記（※）科目のうちから受験者の選択する二科目

（平八文令二八・平二一文科令二二・一部改正）

※　原文は縦組みのため「上記」は左欄をさす（筆者註）。

本条では、試験認定の方法及び試験科目について規定している。

試験認定は、大学卒業の程度において、筆記の方法により行い、二回以上にわたり、それぞれ一つ以上の試験科目について受けることができることとしている。要は、何回でも再チャレンジできるということで、上限は特に定めてい

ない。

　試験科目については、2009（平成21）年の改正では必修科目は大学における「博物館に関する科目」と同一のものにしたが、選択科目については手を付けず、従前どおり「文化史」、「美術史」、「考古学」、「民俗学」、「自然科学史」、「物理」、「化学」、「生物学」及び「地学」の9科目の中から2科目を選択して受験することとした。

　第二次報告書において、「実態として選択科目については、2007年度の実績では各科目の受験者数は平均3.5人であり、大学における科目履修等によって科目免除の扱いとしている受験生がほとんどで、大きな負担であるとは考えられないことから、引き続き2科目を選択して受験することが望ましい」としつつも、「選択科目は昭和30年の創設以降一度も改正しておらず、近年、博物館の館種や内容が多様化・専門化していることや、いわゆるエデュケーターやコンサーベイター（保存・修復専門家）等の専門職を育成する必要性等を踏まえ、受験者のニーズ等も考慮しつつ、引き続き検討することが必要である」と指摘している。また、「試験問題については、大学における履修と比してバランスの取れた難易度とすることが必要であり、選択科目については科目間のバランスも考慮する必要がある」と指摘している。加藤有次は、選択科目については、「大学の学芸員課程における同法施行規則第一条にはなんら明記されていないところのものである。その点、開講大学として、学芸員の専門性を豊かにする目的から、自発的に試験認定の科目の範囲を授業にもり込んだもので、まことに結構なことであるが、その義務は存在しないわけである。当然、大学において学士以上の称号を有する者は、その専門を少なくとも二科目以上は修了していることをみこしてのことと考えられる。しかしながら、家政学部などの場合でも開講できるとなると、その専門性についていささか疑問を感ぜざるを得ないのである」（加藤 1996）と指摘している。家政学部での履修科目を否定するものではないが、課程認定が義務付けられていないとはいえ、大学における専門科目の履修についても再確認する必要があるのかもしれない。

　なお、過去の試験問題については、2008（平成20）年度以降文化庁のホームページに掲載されている。

（試験科目の免除）
第七条　大学において前条に規定する試験科目に相当する科目の単位を修得した者
　　又は文部科学大臣が別に定めるところにより前条に規定する試験科目に相当する
　　学修を修了した者に対しては、その願い出により、当該科目についての試験を免
　　除する。

（平三文令三一・平八文令二八・平一二文令五三・平二〇文科令一八・平二一文科令
二二・一部改正）

　第一条第2項で規定しているとおり、試験科目と大学で修得した「博物館に
関する科目」は、合わせ技にすることができるが、本条ではそれ以外の試験科
目の免除について規定している。

　試験科目の免除については、1996（平成8）年の生涯学習審議会社会教育分
科審議会報告における提言を踏まえ、生涯学習社会にふさわしい開かれた資格
制度とする観点から、「学芸員の試験認定の試験科目についての試験を免除す
る講習等を指定する件」（平成8年文部科学省告示第150号）が定められ、試
験科目を免除する講習等として、社会教育主事講習、司書講習、免許法認定講
習、国立特別支援教育総合研究所、国立女性教育会館等での学修や地方公共団
体が実施する研修、大学が行う公開講座等が規定された。しかしながら、実態
として試験科目の免除を実施している場合の大部分は大学における科目の履修
によるものであり、講習に関しては、社会教育主事講習及び司書講習における
「生涯学習概論」以外は試験科目免除の実績はほとんどなく、逆に、免除の対
象として高等専門学校や省庁大学校での学修は認められていないが、選択科目
であれば免除の対象にすることは可能であった。このため、社会教育主事講
習、司書講習、高等専門学校、省庁大学校及び専門学校での学修以外の講習・
研修等については、告示で詳細に規定する必然性は低く、講習と試験科目との
関係が明確ではなかったことから、2009（平成21）年改正の際にこれを全部
改正し、「博物館法施行規則第七条第一項に規定する学修を定める件（平成21
年8月3日文部科学省告示第128号）」を定めた（2012（平成24）年4月1日
施行）。

134

なお、それまで国立教育政策研究所社会教育実践研究センターで実施していた博物館職員講習については、毎年の受講者は 10 人未満であったため、資格付与講習としての博物館職員講習は 2008（平成 20）年度限りで廃止された。

（参考）
○博物館法施行規則第七条第一項に規定する学修を定める件
第一条　博物館法施行規則（以下「規則」という。）第六条に規定する試験認定の科目のうち生涯学習概論に係る規則第七条第一項に規定する学修は、次の各号に定めるものとする。
　　一　図書館法施行規則（昭和二十五年文部省令第二十七号）第一条に規定する図書館に関する科目のうち生涯学習概論に係る学修
　　二　図書館法施行規則第五条に規定する司書の講習のうち生涯学習概論に係る学修
　　三　社会教育主事講習等規程（昭和二十六年文部省令第十二号）第三条に規定する社会教育主事の講習のうち生涯学習概論に係る学修
　　四　社会教育主事講習等規程第十一条に規定する社会教育に関する科目のうち生涯学習概論に係る学修
第二条　前条に規定するもののほか、規則第六条に規定する試験認定の科目に係る規則第七条第一項に規定する学修は、学校教育法（昭和二十二年法律第二十六号）第百二十四条に規定する専修学校の専門課程のうち修業年限が二年以上のものにおける学修その他の学修で、文部科学大臣が当該科目の履修に相当する水準を有すると認めた学修とする。

第八条　削除

（平二一文科令二二）

1955（昭和 30）年全部改正当初から、「試験認定は、二回以上にわたり、それぞれ一以上の試験科目について受けることができる」とする条文が設けられていたが、2009（平成 21）年改正の際に、試験認定の方法に関する内容であることから、条文整理の観点から第六条第 2 項に移し、第八条は空文となったものである。

（審査認定の受験資格）

第九条　次の各号のいずれかに該当する者は、審査認定を受けることができる。

一　学位規則による修士若しくは博士の学位又は専門職学位を有する者であつて、二年以上学芸員補の職にあつた者

二　大学において博物館に関する科目（生涯学習概論を除く。）に関し二年以上教授、准教授、助教又は講師の職にあつた者であつて、二年以上学芸員補の職にあつた者

三　次のいずれかに該当する者であつて、都道府県の教育委員会の推薦する者

　イ　学士の学位を有する者であつて、四年以上学芸員補の職にあつた者

　ロ　大学に二年以上在学し、六十二単位以上を修得した者であつて、六年以上学芸員補の職にあつた者

　ハ　学校教育法（昭和二十二年法律第二十六号）第九十条第一項の規定により大学に入学することのできる者であつて、八年以上学芸員補の職にあつた者

　ニ　その他十一年以上学芸員補の職にあつた者

四　その他文部科学大臣が前各号に掲げる者と同等以上の資格を有すると認めた者

（平三文令三一・平一二文令五三・平一五文科令一五・平一八文科令一一・平二一文科令二二・平二九文科令三九・一部改正）

　本条は審査認定の受験資格について規定したもので、①学位規則による修士もしくは博士の学位または専門職学位を有する(39)者で、二年以上学芸員補の実務経験のある者、②大学において「博物館に関する科目」（生涯学習概論を除く）に関し二年以上教授、准教授、助教または講師の職にあった者で、二年以上学芸員補の実務経験のある者、③学士の学位を有する者であって、四年以上学芸員補の実務経験のある者、大学に二年以上在学し、62単位以上を修得し、六年以上学芸員補の実務経験のある者、大学に入学することのできる者で、八年以上学芸員補の実務経験のある者、その他十一年以上学芸員補の実務経験のある者、のいずれかに該当し、都道府県の教育委員会の推薦する者、④その他文部科学大臣が前各号に掲げる者と同等以上の資格を有すると認めた者が、受験資格を有することとされている。

　「学芸員補の職」については、博物館法第五条第2項において「官公署、学校又は社会教育施設（博物館の事業に類する事業を行う施設を含む。）におけ

る職で、社会教育主事、司書その他の学芸員補の職と同等以上の職として文部科学大臣が指定するものを含むものとする」と規定しており、「学芸員補の職と同等以上の職を指定する件（平成 8 年文部科学省告示第 151 号）」により、博物館相当施設や社会教育施設等において博物館資料に相当する資料の収集、保管、展示及び調査研究に関する職務に従事した経験を有する者等も含まれている。この職の指定は、施行規則第九条で規定する「学芸員補の職」にも適用され、広範にわたる無試験認定の受験資格を与えている。

　1996（平成 8）年の生涯学習審議会社会教育分科審議会報告において「博物館等において専門的事項を担当する非常勤職員又はボランティア（展示解説員など）」の実務経験についても、その評価に関して適切な取扱いが図られるように提言している。しかしながら、第二次報告においては、「学芸員を生涯学習社会にふさわしい開かれた資格制度とする観点は否定しないものの、非常勤職員やボランティアについては経験や資質が多様であることから、その実務経験の評価について十分な審査が必要である」と指摘していることに留意する必要がある。

　博物館法施行規則では、1955（昭和 30）年の全面改正以来「無試験認定」という名称を使用してきたが、実際には学識及び業績の審査を行っており、2009（平成 21）年の改正の際、口述試験を必須としたことに伴い、名称を「審査認定」に改めた。また、従来は修士、博士または専門職学位を有する者や、大学において博物館に関する科目を二年以上担当した教授、准教授、講師等に無試験認定の受験資格を与えており、内規により、外国において取得した学位を有する者や、外国を含む大学において選択科目を担当する教授、准教授または講師の職にあった者等も「同等以上の資格を有すると認めた者」として受験資格を認めていた。しかしながら、学芸員は資料及びその専門分野に必要な知識及び研究能力のみならず、資料に関する収集・保管・展示等の実践技術も求められ、博物館等における実務経験が必要不可欠であるとの観点から、2009 年の改正において、これらの者についても受験資格として学芸員補の職に二年以上従事していることを課すこととし、外国の大学についても、運用上受験資格は修士、博士または専門職学位を有する者とした。

　あわせて、生涯学習概論及び選択科目を担当する教授、准教授、講師等につ

いては、博物館学の専門性を担保できず、審査認定の受験資格を認める根拠に乏しいことから、受験資格の対象から除外された。

（審査認定の方法）

第十条　審査認定は、次条の規定により願い出た者について、博物館に関する学識及び業績を審査して行うものとする。

（平二一文科令二二・一部改正）

本条は、審査認定の方法について、「博物館に関する学識及び業績を審査して行うものとする」としており、そのための具体的な受験手続や申請書類については第十一条に規定した。

（受験の手続）

第十一条　資格認定を受けようとする者は、受験願書（別記第一号様式により作成したもの）に次に掲げる書類等を添えて、文部科学大臣に願い出なければならない。この場合において、住民基本台帳法（昭和四十二年法律第八十一号）第三十条の九の規定により機構保存本人確認情報（同法第七条第八号の二に規定する個人番号を除く。）の提供を受けて文部科学大臣が資格認定を受けようとする者の氏名、生年月日及び住所を確認することができるときは、第三号に掲げる住民票の写しを添付することを要しない。

一　受験資格を証明する書類

二　履歴書（別記第二号様式により作成したもの）

三　戸籍抄本又は住民票の写し（いずれも出願前六月以内に交付を受けたもの）

四　写真（出願前六月以内に撮影した無帽かつ正面上半身のもの）

2　前項に掲げる書類は、やむを得ない事由があると文部科学大臣が特に認めた場合においては、他の証明書をもつて代えることができる。

3　第七条の規定に基づき試験認定の試験科目の免除を願い出る者については、その免除を受ける資格を証明する書類を提出しなければならない。

4　審査認定を願い出る者については、第一項各号に掲げるもののほか、次に掲げる資料又は書類を提出しなければならない。

一　第九条第一号又は同条第二号により出願する者にあつては、博物館に関する

> 　著書、論文、報告等
> 　二　第九条第三号により出願する者にあつては、博物館に関する著書、論文、報告等又は博物館に関する顕著な実績を証明する書類
> 　三　第九条第四号により出願する者にあつては、前二号に準ずる資料又は書類

（昭四二文令一九・平一二文令七・平一二文令五三・平一五文科令一〇・平二一文科令二二・平二四文科令二四・平二七文科令三四・一部改正）

　本条は、資格認定を受けようとする者の受験の手続について規定している。具体的には、①受験資格を証明する書類、②履歴書、③戸籍抄本または住民票の写し、④写真が必要であり、第2項では、これらの書類について、やむを得ない事由があると文部科学大臣が特に認めた場合においては、他の証明書をもって代えることができるとしている。

　第3項では、第七条に規定する試験科目の免除を願い出る者は、その免除を受ける資格を証明する書類を提出しなければならないことを規定し、第4項では審査認定を願い出る者について、博物館に関する著書、論文、報告等または博物館に関する顕著な実績を証明する書類の提出も求めている。

> （試験認定合格者）
> 第十二条　試験科目（試験科目の免除を受けた者については、その免除を受けた科目を除く。）の全部について合格点を得た者（試験科目の全部について試験の免除を受けた者を含む。以下「筆記試験合格者」という。）であつて、一年間学芸員補の職にあつた後に文部科学大臣が認定した者を試験認定合格者とする。
> 2　筆記試験合格者が試験認定合格者になるためには、試験認定合格申請書（別記第三号様式によるもの）を文部科学大臣に提出しなければならない。

（昭四七文令一六・平二一文科令二二・一部改正）

　本条は、試験認定合格者について規定したもので、すべての試験科目を合格または大学等で博物館実習を除く科目を修得した者等（筆記試験合格者）は、一年間の学芸員補の実務経験を経て、文部科学大臣が認定することによって、試験認定合格者とした。第2項では、筆記試験合格者が試験認定合格者になる

ためには、別記で定める様式で、試験認定合格申請書を文部科学大臣に提出する必要があることを規定している。

　2009（平成21）年の改正以前も、試験認定の合格者は、学芸員補の職の職務に一年間従事した後において資格が発生することになっており、合格証書（別記第3号様式）の裏面に「この証書は、表記の者が博物館法施行規則の規定による学芸員補の職務に一年間従事した後において、その効力を生ずるものとする」と記載されていたが、資格発生時点が必ずしも明確ではなかった。このため、一年間の実務経験を終了後に所属館長等が学芸員としての適性、意欲及び態度等も勘案した勤務証明書を提出し、改めて文部科学省が正式な資格証明書を発行することにし、省令で明記したものである。

（審査認定合格者）
第十三条　第十条の規定による審査に合格した者を審査認定合格者とする。

（平二一文科令二二・一部改正）

　本条は、第十条の規定による審査に合格した者を審査認定合格者とすることを規定している。

（合格証書の授与等）
第十四条　試験認定合格者及び審査認定合格者に対しては、合格証書（別記第四号様式によるもの）を授与する。
2　筆記試験合格者に対しては、筆記試験合格証書（別記第五号様式によるもの）を授与する。
3　合格証書を有する者が、その氏名を変更し、又は合格証書を破損し、若しくは紛失した場合において、その事由をしるして願い出たときは、合格証書を書き換え又は再交付する。

（平一二文令七・平二一文科令二二・一部改正）

　本条は、試験認定合格者及び審査認定合格者に対する合格証書について規定

したもので、合格証書は別記第四号様式、筆記試験合格者は別記第五号様式により、合格証書が授与される。

第3項では、合格証書を有する者が、氏名を変更したり、合格証書を破損、紛失した場合には、願い出により合格証書を書き換えまたは再交付できることを規定している。

（合格証明書の交付等）

第十五条　試験認定合格者又は審査認定合格者が、その合格の証明を願い出たときは、合格証明書（別記第六号様式によるもの）を交付する。

2　筆記試験合格者が、その合格の証明を申請したときは、筆記試験合格証明書（別記第七号様式によるもの）を交付する。

3　一以上の試験科目について合格点を得た者（筆記試験合格者を除く。次条及び第十七条において「筆記試験科目合格者」という。）がその科目合格の証明を願い出たときは、筆記試験科目合格証明書（別記第八号様式によるもの）を交付する。

（平二一文科令二二・一部改正）

本条は、合格証書とは別に、就職、進学等に際し、試験認定または審査認定の合格の証明を必要とする場合は、願い出により合格証明書を交付できることを規定したものである。その場合、合格証明書は別記六号様式、筆記試験合格証明書は別記第七号様式、一以上の試験科目について合格点を得た「筆記試験科目合格者」については別記第八号様式が定められている。

（手数料）

第十六条　次表の上欄に掲げる者は、それぞれその下欄に掲げる額の手数料を納付しなければならない。

上　　欄	下　　欄
一　試験認定を願い出る者	一科目につき　千三百円
二　審査認定を願い出る者	三千八百円
三　試験認定の試験科目の全部について免除を願い出る者	八百円

四　合格証書の書換え又は再交付を願い出る者		七百円
五　合格証明書の交付を願い出る者		七百円
六　筆記試験合格証明書の交付を願い出る者		七百円
七　筆記試験科目合格証明書の交付を願い出る者		七百円

2　前項の規定によつて納付すべき手数料は、収入印紙を用い、各願書に貼るものとする。ただし、情報通信技術を活用した行政の推進等に関する法律（平成十四年法律第百五十一号）第六条第一項の規定に基づき申請等を行った場合は、当該申請等により得られた納付情報により手数料を納付しなければならない。

3　納付した手数料は、これを返還しない。

（昭四一文令四二・昭五〇文令二七・昭五六文令八、昭五九文令二、昭六二文令四・平元文令八・平三文令三・平六文令四・平九文令一・平一二文令七・平一六文科令一三・平二一文科令二二・令元文科令二七・一部改正）

　本条は、試験認定、審査認定、試験科目の免除、合格証書の書き換えまたは再交付、合格証明書の交付、筆記試験合格証明書の交付、筆記試験科目合格証明書の交付を願い出るときに必要な手数料を規定している。第2項は、手数料は収入印紙を各願書に貼ることとし、オンライン申請の場合には別途その情報により手数料を納付しなければならないと規定しているが、現状は郵送による申請以外は認めていない。第3項は、納付した手数料は、いかなる理由があっても返還しないことを規定している。

（不正の行為を行つた者等に対する処分）

第十七条　虚偽若しくは不正の方法により資格認定を受け、又は資格認定を受けるにあたり不正の行為を行つた者に対しては、受験を停止し、既に受けた資格認定の成績を無効にするとともに、期間を定めてその後の資格認定を受けさせないことができる。

2　試験認定合格者、審査認定合格者、筆記試験合格者又は筆記試験科目合格者について前項の事実があつたことが明らかになつたときは、その合格を無効にするとともに、既に授与し、又は交付した合格証書その他当該合格を証明する書類を取り上げ、かつ、期間を定めてその後の資格認定を受けさせないことができる。

3　前二項の処分をしたときは、処分を受けた者の氏名及び住所を官報に公告す

> る。

（平一二文令七・平二一文科令二二・一部改正）

　本条は、虚偽もしくは不正の方法（以下「不正な行為」という）により学芸員資格認定を受け、または学芸員資格認定を受けるに当たり不正な行為を行った者に対しては、受験を停止し、既に受けた資格認定の成績を無効にするとともに、一定期間その後の学芸員資格認定を受けることができないことを規定したものである。

　また、第2項では「試験認定合格者」、「筆記試験合格者」または「筆記試験科目合格者」に不正な行為の事実が明らかになったときは、その合格を無効にするとともに、既に授与した、または交付した合格証書その他当該合格を証明する書類を取り上げ、かつ、一定期間その後の学芸員資格認定を受けることができないとし、第3項で不正な行為に対する処分をしたときは、処分を受けた者の氏名及び住所を官報に公告することを規定している。

> 　　第三章　博物館協議会の委員の任命の基準を条例で定めるに当たつて参酌すべき基準
> 第十八条　法第二十二条の文部科学省令で定める基準は、学校教育及び社会教育の関係者、家庭教育の向上に資する活動を行う者並びに学識経験のある者の中から任命することとする。

（平二三文科令四四・追加）

　本条は、博物館法第二十一条で規定する博物館協議会の委員について、2011（平成23）年の地域の自主性及び自立性を高めるための改革の推進を図るための関係法律の整備に関する法律（いわゆる地域主権改革第二次一括法）により、「学校教育及び社会教育の関係者、家庭教育の向上に資する活動を行う者並びに学識経験のある者の中から」が削除され、第二十二条で委員の「任命基準」を含め地方公共団体の条例で定めなければいけないこととされたことから、新たに「第三章　博物館協議会の委員の任命の基準を条例で定めるに当た

つて参酌すべき基準」を設け、第二十一条から削除した内容を、そのまま「条例で定めるに当たつて参酌すべき基準」として本条を追加したものである。

　　第四章　博物館に相当する施設の指定
（申請の手続）
第十九条　法第二十九条の規定により博物館に相当する施設として文部科学大臣又は都道府県若しくは指定都市の教育委員会の指定を受けようとする場合は、博物館相当施設指定申請書（別記第九号様式により作成したもの）に次に掲げる書類等を添えて、国立の施設にあつては当該施設の長が、独立行政法人（独立行政法人通則法（平成十一年法律第百三号）第二条第一項に規定する独立行政法人をいう。第二十一条において同じ。）が設置する施設にあつては当該独立行政法人の長が文部科学大臣に、都道府県又は指定都市が設置する施設にあつては当該施設の長（大学に附属する施設にあつては当該大学の長）が、その他の施設にあつては当該施設を設置する者（大学に附属する施設にあつては当該大学の長）が当該施設の所在する都道府県の教育委員会（当該施設（都道府県が設置するものを除く。）が指定都市の区域内に所在する場合にあつては、当該指定都市の教育委員会。第二十一条において同じ。）に、それぞれ提出しなければならない。
一　当該施設の有する資料の目録
二　直接当該施設の用に供する建物及び土地の面積を記載した書面及び図面
三　当該年度における事業計画書及び予算の収支の見積に関する書類
四　当該施設の長及び学芸員に相当する職員の氏名を記載した書類

（昭四六文令二二・平一二文令五三・平一五文科令五六・平一六文科令一五・平二一文科令二二・一部改正、平二三文科令四四・旧第一八条繰下、平二六文科令二六・一部改正）

　本条は、法第二十九条に規定する博物館相当施設の指定について定めたもので、①国立の施設は、当該施設の長が文部科学大臣に、②独立行政法人が設置する施設は、当該独立行政法人の長が文部科学大臣に、③都道府県または指定都市が設置する施設は、当該施設の長がその所在する都道府県または指定都市の教育委員会に、④大学博物館は、当該大学の長がその所在する都道府県または指定都市の教育委員会に、⑤その他の施設は、当該施設を設置する者がその所在する都道府県または指定都市の教育委員会に、博物館相当施設指定申請書

（別記第九号様式）に資料の目録、建物及び土地の面積を記載した書面及び図面、事業計画書及び予算の収支の見積に関する書類、施設の長及び学芸員に相当する職員の氏名を記載した書類を添えて申請することを規定している。

③〜⑤について、複数の分館等を所有している場合は、本館または主たる事務所のある都道府県または指定都市の教育委員会に申請することになる。

（指定要件の審査）

第二十条　文部科学大臣又は都道府県若しくは指定都市の教育委員会は、博物館に相当する施設として指定しようとするときは、申請に係る施設が、次の各号に掲げる要件を備えているかどうかを審査するものとする。

一　博物館の事業に類する事業を達成するために必要な資料を整備していること。

二　博物館の事業に類する事業を達成するために必要な専用の施設及び設備を有すること。

三　学芸員に相当する職員がいること。

四　一般公衆の利用のために当該施設及び設備を公開すること。

五　一年を通じて百日以上開館すること。

2　前項に規定する指定の審査に当つては、必要に応じて当該施設の実地について審査するものとする。

（昭四六文令二二・平一二文令五三・一部改正、平二三文科令四四・旧第一九条繰下、平二六文科令二六・一部改正）

本条は、博物館相当施設の指定申請のあった施設の、指定要件の審査について定めたものである。その要件は、①必要な資料を整備していること、②必要な専用の施設及び設備を有すること、③学芸員に相当する職員がいること、④一般公衆の利用のために公開すること、⑤一年を通じて100日以上開館することとしている。登録博物館の審査（法第十二条）についての条文と比べると、第四号は博物館法の精神に照らせば当然のことであり、第五号で定める年間100日以上（登録博物館は150日以上）開館すれば、指定要件を満たすことになるが、あえて専門家や関係者のみの利用ではなく、「一般公衆の利用のために」公開することを明記している。

　第三号の「学芸員に相当する職員」は、「博物館に相当する施設指定審査要項（昭和46年6月5日付文部省社会教育局長裁定）⁽⁴⁰⁾」において、学芸員有資格者とは別に、高等学校卒の職員は10年以上、短期大学卒の職員は7年以上、大学卒の職員は5年以上の経験を有する者としている。これは、2009（平成21）年改正前の旧第九条第三号において、無試験認定の受験資格を10年以上学芸員補の職にあった者で都道府県の教育委員会の推薦する者とし、旧第五条第四号において、試験認定の受験資格を5年以上学芸員補の職にあった者としたことと一面では整合性のあるものであった。しかしながら、2009年の省令改正では、学芸員補の中には様々な学歴を有する者が混在しており、無試験認定において一律10年の実務経験とすることは適切ではないとの判断から、高等学校卒の職員は8年以上、短期大学卒の職員は6年以上、大学卒の職員は4年以上の経験を有する者に受験資格を認めるよう改めた。また、試験認定の受験資格についても、学芸員補の勤務経験を4年間とし、すべての学歴に対して一年間の実務経験を課することとした。したがって、2009年の省令改正に際して「博物館に相当する施設指定審査要項」も見直すべきだったとも思われる。ただし、第二次報告では、「実務経験については、本来であれば登録博物館又は（中略）博物館に相当する施設における学芸員補の経験に限定するべきであり、将来的に登録制度の見直しが行われた際には、これらの規定を見直すことが必要である」と述べており、博物館相当施設の在り方も含め、将来の検討に委ねられたと考えるべきであろう。

　また、第2項では、「必要に応じて」当該施設の実地について審査するものとされているが、登録博物館の審査では実地審査に関する条文はなく、登録博物館に比して相当施設は、施設整備等が十分ではないという前提の上で設けた条文と思われる。

（報告）

第二十一条　文部科学大臣又は都道府県若しくは指定都市の教育委員会の指定する博物館に相当する施設（以下「博物館相当施設」という。）が第二十条第一項に規定する要件を欠くに至つたときは、直ちにその旨を、国立の施設にあつては当該施設の長が、独立行政法人が設置する施設にあつては当該独立行政法人の長が

文部科学大臣に、都道府県又は指定都市が設置する施設にあつては当該施設の長（大学に附属する施設にあつては当該大学の長）が、その他の施設にあつては当該施設を設置する者（大学に附属する施設にあつては当該大学の長）が当該施設の所在する都道府県の教育委員会に、それぞれ報告しなければならない。

（昭四六文令二二・全改・昭五八文令二一・平一二文令五三・平一五文科令五六・平一六文科令一五・平二三文科令四四、平二六文科令二六・一部改正）

　本条は、博物館相当施設が、その指定要件を欠いた場合には、直ちに指定申請した者がその提出先に報告しなければならない旨を規定している。指定の取消については第二十四条で規定しており、本条はその前段階として報告すべき旨を定めたものである。

第二十二条　削除

（昭四六文令二二）

　本条では、都道府県の教育委員会は、当該都道府県に所在する博物館相当施設がその要件を欠くに至ったと認めたときは、その旨を文部大臣に報告することを規定していた。1971（昭和46）年の「許可、認可等の整理に関する法律」を受けた省令改正により、それまで博物館相当施設については文部大臣が指定していたのを、国が設置するものを除き、都道府県の教育委員会において指定することとしたことに伴い、報告の必要がなくなったため、削除された。

第二十三条　文部科学大臣又は都道府県若しくは指定都市の教育委員会は、その指定した博物館相当施設に対し、第二十条第一項に規定する要件に関し、必要な報告を求めることができる。

（昭四六文令二二・平一二文令五三・平二三文科令四四、平二六文科令二六・一部改正）

　本条は、文部科学大臣は国立または独立行政法人の設置する博物館、都道府

県もしくは指定都市の教育委員会は、当該自治体に所在する公私立または公立大学の博物館に対して、第二十条第1項に規定する指定要件に関して必要な報告を求めることができることを規定している。指定要件を欠いた場合の報告を定めた第二十一条及び指定の取り消しを定めた第二十四条との関係で規定したものであろう。

　登録博物館については、1999（平成11）年のいわゆる地方分権一括法による博物館法改正前の旧第十七条において、都道府県教育委員会の文部大臣に対する報告義務の規定があったが、同条は削除され、現在は同様の規定はない。

（指定の取消）

第二十四条　文部科学大臣又は都道府県若しくは指定都市の教育委員会は、その指定した博物館相当施設が第二十条第一項に規定する要件を欠くに至つたものと認めたとき、又は虚偽の申請に基づいて指定した事実を発見したときは、当該指定を取り消すものとする。

（昭四六文令二二・昭五八文令二一・平六文令三七・平一二文令五三・平二三文科令四四、平二六文科令二六・一部改正）

　本条は、文部科学大臣または都道府県もしくは指定都市の教育委員会が、指定した博物館が第二十条第1項に規定する指定要件を欠いた場合、または虚偽の申請であることが判明した場合は、指定を取り消す旨を規定したものである。

　登録の取り消しについては、法第十四条で規定しており、虚偽の申請の場合は、取り消しの効力が指定の日までさかのぼるのも同様である。法第十四条第2項に規定する通知の規定は、博物館相当施設にはないが、当然に通知すべきものであろう。

　　第五章　雑則

（学士の学位を有する者と同等以上の学力があると認められる者）

第二十五条　第五条第一号及び第九条第三号イに規定する学士の学位を有する者には、次に掲げる者を含むものとする。

> 一　旧大学令（大正七年勅令第三百八十八号）による学士の称号を有する者
> 二　学校教育法施行規則（昭和二十二年文部省令第十一号）第百五十五条第一項
> 　　第二号から第八号までのいずれかに該当する者

（平三文令三一・平二一文科令二二・一部改正）

　本条は、試験認定の受験資格を定めた第五条第一号及び審査認定の受験資格を定めた第九条第三号イで規定する「学士の学位」を有する者と同等以上の学力があると認められる者について規定したものである。すなわち、①旧大学令[41]による学士の称号を有する者、②学校教育法施行規則第百五十五条第1項第二号から第八号までに定める外国の学校や専修学校の専門課程履修者、大学院への飛び入学者等のいずれかに該当する者である。

> （短期大学士の学位を有する者と同等以上の学力があると認められる者）
> 第二十六条　第五条第二号及び第九条第三号ロに規定する大学に二年以上在学し、
> 　　六十二単位以上を修得した者には、次に掲げる者を含むものとする。
> 　　一　旧大学令、旧高等学校令（大正七年勅令第三百八十九号）、旧専門学校令
> 　　　（明治三十六年勅令第六十一号）又は旧教員養成諸学校官制（昭和二十一年勅
> 　　　令第二百八号）の規定による大学予科、高等学校高等科、専門学校又は教員養
> 　　　成諸学校を修了し、又は卒業した者
> 　　二　学校教育法施行規則第百五十五条第二項各号のいずれかに該当する者

（平二一文科令二二・一部改正）

　本条は、試験認定の受験資格を定めた第五条第二号及び審査認定の受験資格を定めた第九条第三号ロで規定する「大学に二年以上在学し、62単位以上を修得した者」すなわち短期大学士の学位を有する者と同等以上の学力があると認められる者について規定したものである。すなわち、①旧大学令、旧高等学校令[43]、旧専門学校令または旧教員養成諸学校官制[44]の規定による大学予科、高等学校高等科、専門学校または教員養成諸学校を修了し、または卒業した者、②学校教育法施行規則第百五十五条第2項各号のいずれかに該当する者である。

> （修士の学位を有する者と同等以上の学力があると認められる者）
> 第二十七条　第九条第一号に規定する修士の学位を有する者には、学校教育法施行
> 　規則第百五十六条各号のいずれかに該当する者を含むものとする。

（平二一文科令二二・追加）

　本条は、審査認定の受験資格を定めた第九条第一号で規定する「修士の学位を有する者」と同等以上の学力があると認められる者は、学校教育法施行規則第百五十六条各号のいずれかに該当する者を含むものであると規定したものである。

> （博士の学位を有する者と同等以上の学力があると認められる者）
> 第二十八条　第九条第一号に規定する博士の学位を有する者には、次に掲げる者を
> 　含むものとする。
> 　一　旧学位令（大正九年勅令第二百号）による博士の称号を有する者
> 　二　外国において博士の学位に相当する学位を授与された者

（平三文令三一・一部改正、平二一文科令二二・旧第二十七条繰下・一部改正）

　本条は、審査認定の受験資格を定めた第九条第一号で規定する「博士の学位を有する者」と同等以上の学力があると認められる者は、①旧学位令による博士の称号を有する者、②外国において博士の学位に相当する学位を授与された者を含むものであると規定したものである。

> （専門職学位を有する者と同等以上の学力があると認められる者）
> 第二十九条　第九条第一号に規定する専門職学位を有する者には、外国において専
> 　門職学位に相当する学位を授与された者を含むものとする。

（平二一文科令二二・追加）

　本条は、審査認定の受験資格を定めた第九条第一号で規定する「専門職学位

を有する者」と同等以上の学力があると認められる者は、外国において専門職
学位に相当する学位を授与された者を含むものであると規定したものである。

6. 博物館法施行規則改正経緯

博物館法施行規則は、当初は 1952（昭和 27）年 5 月 23 日に制定されたが、
1955（昭和 30）年の法改正を踏まえて全部改正が行われ、法第五条及び第二
十九条の規定に基づく省令として制定された。

これまでに全部改正を含め 40 回にわたる省令改正が行われており、そのう
ち 10 回は資格認定の手数料の改定のみの改正である。

博物館法施行規則は、2009（平成 21）年 4 月に大幅な改正を行っている
が、学芸員養成課程の見直しが最大の眼目であった。

それぞれの改正の概要は以下のとおりである。

（1）1955（昭和 30）年 10 月 4 日　博物館法施行規則の全部を改正する省令（公布日施行）

1955 年 7 月の博物館法改正を受けた省令改正で、法改正自体が 1951（昭和
26）年の法制定以来検討課題となっていた事項を整備した大改正であったこと
から、省令も学芸員養成制度について講習に関する条文を全文削除し、従前ど
おり 5 科目 10 単位としつつも、新たに文部大臣の資格認定制度の方法等に関
する条文を設け、また、博物館相当施設の指定に関する手続きを規定しなけれ
ばならないことから、全面改正を行うことになった。

（2）1966（昭和 41）年 11 月 2 日　博物館法施行規則の一部を改正する省令（公布日施行）

従来、規則第十六条第 1 項に定める資格認定の手数料については一律 500 円
であったが、試験認定については、受験者によって受験科目数が異なることか
ら、これを「一科目につき三百円」と改める（したがって、全科目受験した場
合は 1,800 円）とともに、無試験認定については、試験認定の手数料も考慮し

て 1,000 円とした。

　なお、手数料については、概ね三年に一度見直すこととされており、これまで 12 回改定を行っている。具体的には、物価の変動等を考慮して財務省（中央省庁再編前は大蔵省）の歳入担当部局と協議の上、金額を決定している。手数料収入は国庫に入るが、この収入見積額は歳入予算には計上されないため、予算の成立の時期に関わらず 4 月 1 日に施行されることが多い。

（3）1967（昭和42）年 11 月 9 日　住民基本台帳法の施行に伴う関係文部省令の整備に関する省令（1967 年 11 月 10 日施行）

　住民基本台帳法（昭和四十二年法律第八十一号）の施行に伴う「住民基本台帳法の施行に伴う関係文部省令の整備に関する省令」による改正で、博物館法施行規則については、第十一条第三号の規定中「住民票抄本」を「住民票の写し」に改める改正を行った。

（4）1971（昭和46）年 6 月 1 日　博物館法施行規則の一部を改正する省令（公布日施行）

　1971 年 6 月に制定された「許可、認可等の整理に関する法律（昭和四十六年法律第九十六号）」によって、博物館法第二十九条が改正され、それまで博物館相当施設については文部大臣が指定していたのを、国が設置するものを除き、都道府県の教育委員会において指定することとしたことに伴う改正である。具体的な改正内容は以下のとおりで、あわせて語句の軽微な修正も行った。

　第一条第 2 項中「基き」を「基づき」に改め、「文部大臣」の下に「又は都道府県の教育委員会」を追加。

　第十八条第 1 項各号列記以外の部分を次のように改め、都道府県の教育委員会が博物館相当施設の指定申請書をうけたときに、意見を添えることを規定していた同条第 2 項を削除。

　第十八条　法第二十九条の規定により博物館に相当する施設として文部大臣又は都道府県の教育委員会の指定を受けようとする場合は、博物館相当施設指定申請書

　（別記第六号様式により作成したもの）に次に掲げる書類等を添えて、国立の施設にあつては当該施設の長（大学に附属する施設にあつては当該大学の長）が文部大臣に、都道府県立の施設にあつては当該施設の長（大学に附属する施設にあつては当該大学の長）が、その他の施設にあつては当該施設を設置する者（大学に附属する施設にあつては当該大学の長）が当該施設の所在する都道府県の教育委員会に、それぞれ提出しなければならない。

　第十九条第1項中「文部大臣」の下に「又は都道府県の教育委員会」を加え、「左の」を「次の」に改めた。
　第二十条中「文部大臣」の下に「又は都道府県の教育委員会」を追加。
　第二十一条を次のように改めた。

　第二十一条　博物館相当施設が第十九条第一項に規定する要件を欠くに至つたときは、直ちにその旨を、国立の施設にあつては当該施設の長（大学に附属する施設にあつては当該大学の長）が文部大臣に、都道府県立の施設にあつては当該施設の長（大学に附属する施設にあつては当該大学の長）が、その他の施設にあつては当該施設を設置する者（大学に附属する施設にあつては当該大学の長）が当該施設の所在する都道府県の教育委員会に、それぞれ報告しなければならない。

　都道府県の教育委員会は、当該都道府県に所在する博物館相当施設がその要件を欠くに至ったと認めたときは、その旨を文部大臣に報告することを規定していた第二十二条を削除した。
　第二十三条中「文部大臣及び」を「文部大臣又は」に、「博物館相当施設（都道府県の教育委員会にあつては、国立の施設及び大学に附属する施設を除く。）」を「その指定した博物館相当施設」に改めた。
　第二十四条第1項中「文部大臣」の下に「又は都道府県の教育委員会」を加え、「博物館相当施設」を「その指定した博物館相当施設」に改め、同条第2項中「文部大臣」の下に「又は都道府県の教育委員会」を加え、「当つて」を「当たつて」に改めた。
　別記第一号様式及び別記第二号様式中「日本標準規格」を「日本工業規格」

に改め、別記第六号様式（博物館相当施設指定申請書）については、第十八条第2項を削除したことに伴い都道府県の教育委員会の意見を記す欄を削除した。

（5）1972（昭和 47）年 4 月 27 日　博物館法施行規則の一部を改正する省令（公布日施行）

第十二条第1項中「合格点を得た者」の下に「（試験科目の全部について試験の免除を受けた者を含む。）」を加える改正を行った。

第十二条はこれまで特に改正を行っていないが、条文の規定の不備を整備するための改正であろう。

（6）1975（昭和 50）年 7 月 26 日　博物館法施行規則の一部を改正する省令（公布日施行）

規則第十六条第1項に定める資格認定の手数料について、試験認定を願い出る者については一科目につき 300 円から 1,000 円、無試験認定を願い出る者については 1,000 円から 2,000 円に改めた。

（7）1981（昭和 56）年 3 月 23 日　博物館法施行規則の一部を改正する省令（1981 年 4 月 1 日施行）

規則第十六条第1項に定める資格認定の手数料について、合格証明書の交付を願い出る者については 50 円から 100 円、科目合格証明書の交付を願い出る者についても 50 円から 100 円に改めた。

（8）1983（昭和 58）年 5 月 10 日　博物館法施行規則の一部を改正する省令（公布日施行）

文部大臣または都道府県教育委員会が行う博物館相当施設の指定及び指定の取り消しに伴う官報公告を廃止する改正を行った。具体的には、第二十条を削除し、第二十一条中「博物館相当施設」を「文部大臣又は都道府県の教育委員会の指定する博物館に相当する施設（以下「博物館相当施設」という。）」に改めた。

　また、第二十四条第1項中「取り消し、官報で公告する」を「取り消すものとする」に改めた。

　文部省は、同年6月24日付けで各都道府県教育委員会教育長宛に社会教育局長通知「博物館法施行規則の一部改正等について」を発出しており、その中で、「今後都道府県教育委員会が博物館相当施設として指定した場合及び取り消した場合は登録博物館の例に準じて都道府県教育委員会において公示するよう願います」と述べ、さらに、「行政の簡素化の一環として、今後は都道府県教育委員会において博物館として登録（変更登録及び廃止を含む）した場合及び博物館相当施設として指定した場合の当局への報告書類については、昭和27年5月23日付社会教育局長達「博物館の登録審査基準要項について」及び昭和46年6月5日付社会教育局長通知「博物館に相当する施設の指定について」にかかわらず」、博物館として登録（変更登録及び廃止を含む）した場合には、博物館登録原簿記載写及び別紙様式の書類（廃止の場合は、不要）を、博物館相当施設として指定した場合には、別紙様式の書類の提出を求めている。

（9）1984（昭和59）年3月23日　博物館法施行規則の一部を改正する省令（1984年4月1日施行）

　規則第十六条第1項に定める資格認定の手数料について、試験認定を願い出る者については一科目につき1,000円から1,100円、無試験認定を願い出る者については2,000円から2,900円、合格証書の書き換えまたは再交付を願い出る者については100円から200円、合格証明書の交付を願い出る者については100円から200円、科目合格証明書の交付を願い出る者についても100円から200円に改めた。同項に定める手数料のすべて（表一〜五）を同時に改定したのは、これが初めてである。

（10）1987（昭和62）年3月28日　博物館法施行規則の一部を改正する省令（1987年4月1日施行）

　規則第十六条第1項に定める資格認定の手数料について、試験認定を願い出る者については一科目につき1,100円から1,200円、無試験認定を願い出る者

については 2,900 円から 3,400 円、それ以外については 200 円から 300 円に改めた。

(11) 1989（平成元）年 3 月 29 日　博物館法施行規則の一部を改正する省令（1989 年 4 月 1 日施行）

　規則第十六条第 1 項に定める資格認定の手数料について、無試験認定を願い出る者について 3,400 円から 3,450 円に改めた。

(12) 1989（平成元）年 4 月 1 日　教科書の発行に関する臨時措置法施行規則等の一部を改正する省令（公布日施行）

　省令名ではよくわからないが、要は元号が改まったことに伴う文部省令の一括改正である。元号を改める政令（昭和六十四年政令第一号）の施行に伴い、この省令が定められ、博物館法施行規則についても、第八条で、別記第四号様式及び別記第五号様式中「昭」を「平」に改める改正が行われた。

　なお、別記第三号様式（合格証書）にはこうした年号が規定されていないが、これは第四号は合格証明書、第五号は科目合格証明書でいずれも随時発行できるものであることから、合格証書とは差別化したものと考えられる。実際、別記第三号様式は当初は年が変わっても文書番号は継続していたが、理由は不明だが、1971（昭和 46）年以降は年が改まると文書番号もリセットされてしまい、2001（平成 13）年以降は、文部科学省の公文と同様に、年度が改まると文書番号がリセットされるような運用がなされている。様式には別途当該様式を発行した日付を記入することになっているため、発行時期について混乱を生じることはない。

　そう考えると、別記第四号様式及び別記第五号様式についても、ことさら文書番号に「平」と年号を設ける必然性はないものと思われるが、後に令和に年号が改まった際にも別記第六号から第八号様式（2009（平成 21）年の省令改正の際に様式が追加され、号ずれが生じた）の「平」を「令」に改正している。

(13) 1991（平成3）年3月16日　博物館法施行規則の一部を改正する省令
（1991年4月1日施行）

　規則第十六条第1項に定める資格認定の手数料について、無試験認定を願い
出る者については3,450円から3,500円、合格証書の書き換えまたは再交付を
願い出る者、合格証明書の交付を願い出る者及び科目合格証明書の交付を願い
出る者については、それぞれ300円から400円に改めた。

(14) 1991（平成3）年6月19日　博物館法施行規則の一部を改正する省令
（1991年7月1日施行）

　1991年6月30日以前の学士号は、学位でなく称号とされていたが、同年7
月1日に施行された学校教育法及び学位規則の改正により、同日以降に付与さ
れる学士は博士・修士などと同様に「学位」の一つとして規定されるようにな
った。同時に国立学校設置法及び学校教育法の一部を改正する法律によって学
位授与機構が創設され、学士の学位授与権は大学及び学位授与機構（2000（平
成12）年4月より大学評価・学位授与機構、2004（平成16）年4月より独立
行政法人大学評価学位授与機構）とされ、大学を卒業した者ないし学位授与機
構に学位授与申請を行い、審査に合格した者に授与されることとなった。
　また、規則第七条に規定する試験科目が免除される「文部大臣の指定する講
習等」に関しては、「学芸員の試験認定の試験科目に相当する科目の試験を免
除する講習等の指定（昭和三十年文部省告示第百十号）」に規定されていた
が、同時に大学設置基準（昭和三十一年文部省令第二百八十号）も改正され、
新たに大学における単位の計算方法の合理化を図る観点から同基準第二十一条
第2項に単位数の計算方法が規定されたことから、単位の計算の基準を規定し
ていた規則第二条を削除し、第七条にそれらの講習等の単位の計算方法につい
ては大学設置基準によるものとすると規定された。
　本省令改正の具体的な内容は、以下のとおりである。
・第二条　削除
・第五条第一号　「称号」→「学位」
・第七条に第二項を追加。
　「2　前項の文部大臣の指定する講習等における単位の計算方法は、大学設

置基準（昭和三十一年文部省令第二十八号）第二十一条第二項に定める基準によるものとする。」
- 第九条第一号　「による」の下に「修士又は博士の」を追加。
- 第二十五条　「第五条第一号に規定する学士の称号」→「第五条第一号に規定する学士の学位」
- 第二十七条　「規定する」の下に「博士の」を追加。

(15) 1993（平成5）年4月23日　大学入学資格検定規程等の一部を改正する省令（公布日施行）

省令名ではよくわからないが、行政文書の用紙規格のA判化を実施するための文部省令の一括改正である。この省令第三条により、博物館法施行規則の別記第一号様式、別記第二号様式及び別記第六号様式中「日本工業規格B5」を「日本工業規格A4」に改める改正が行われた。

(16) 1994（平成6）年3月22日　博物館法施行規則の一部を改正する省令（1994年4月1日施行）

規則第十六条第1項に定める資格認定の手数料について、無試験認定を願い出る者については3,500円から3,600円、合格証書の書き換えまたは再交付を願い出る者、合格証明書の交付を願い出る者及び科目合格証明書の交付を願い出る者については、それぞれ400円から500円に改めた。

(17) 1994（平成6）年9月21日　行政手続法及び行政手続法の施行に伴う関係法律の整備に関する法律の施行に伴う文部省関係省令の整備に関する省令（1994年10月1日施行）

行政手続法及び行政手続法の施行に伴う関係法律の整備に関する法律の施行に伴う文部省関係省令の一括改正である。博物館法施行規則に関しては、文部大臣が博物館相当施設の取り消しを行う際には、あらかじめ当該施設を設置する者に対し、陳述する機会を与えるものとすると規定していた第二十四条第2項を削除する改正のみを行った。聴聞や意見の聴取、不服申立の手続き等については、個別の法律で明記しなくても、行政手続法で担保できることになった

ためである。

（18）1996（平成8）年8月28日　博物館法施行規則の一部を改正する省令（1997（平成9）年4月1日施行）

　1996年4月24日の生涯学習審議会社会教育分科審議会報告「社会教育主事、学芸員及び司書の養成、研修等の改善方策について」に基づき、学芸員の資質の向上に向け、人々の生涯学習への支援を含め博物館に期待されている諸機能の強化及び情報化等の時代の変化に的確に対応する博物館運営の充実の観点から、その養成の改善・充実を図るとともに、生涯学習社会にふさわしい開かれた資格とする観点から、試験認定における科目免除措置の拡大等の資格取得方法の弾力化を図るため、所要の整備を行った。

　具体的な改正内容は、以下のとおりである。

1）大学において修得すべき博物館に関する科目及び単位数について（第一条）

　大学において修得すべき博物館に関する科目及び単位数を整備し、従来の5科目10単位から8科目12単位に拡充した。なお、今回初めて表形式による規定としたが、図書館法施行規則及び社会教育主事講習等規程においては、従前から表形式で規定しており、一般に見やすくするために改めたものである。また、本改正では、新設した三資格共通の基礎科目「生涯学習論」を筆頭科目にもってくるなど、単純な名称変更ではないことから、表をもって規定しなければ、改正規定が複雑になると考えたからでもあると思われる。

　また、これらの科目の単位の修得方法について、備考として以下の規定を設けた。

科　　目	単位数
生涯学習概論	一
博物館概論	二
博物館経営論	一
博物館資料論	二
博物館情報論	一
博物館実習	三

視聴覚教育メディア論	－
教育学概論	－

① 博物館概論、博物館経営論、博物館資料論及び博物館情報論の単位は、これらの科目の内容を統合した科目である博物館学の単位（6 単位）をもって替えることができること。

② 博物館経営論、博物館資料論及び博物館情報論の単位は、これらの科目の内容を統合した科目である博物館学各論の単位（4 単位）をもって替えることができること。

③ 博物館実習は、登録博物館または博物館相当施設（大学においてこれに準ずると認めた施設を含む）における実習により修得するものとしたこと。

④ 博物館実習の単位数には、大学における博物館実習に係る事前及び事後の指導の 1 単位を含むものとしたこと。

2）試験認定の受験資格について

　教育職員の普通免許状を有し、教育職員の職にあった者が、文部大臣が学芸員の資格の認定のために行う試験認定を受けるために必要な実務経験年数を、「五年」以上から「三年」以上に短縮した（第五条第三号）。これは、従前より「教育職員の免許状を有し、教育職員の職にあつた者」が受験資格を得るために「五年以上」の実務経験を必要としていることが、短期大学卒業者が同条第二号の規定により「三年以上」の実務経験であるのに比してバランスを欠いているとの指摘が多く、また、教育免許を取得するためには、通常、短期大学卒業以上であることから、その実務経験年数について「五年以上」を「三年以上」に改めたものである。

　また、学芸員補の職（第五条第二号の規定により、学芸員補に相当する職又はこれと同等以上の職として文部大臣が指定するものを含む）にあった者が、試験認定を受けるために必要な実務経験年数を、「六年」以上から「五年」以上に短縮した（第五条第四号）。これは、従前より「学芸員補」（高等学校卒業程度）が受験資格を得るために「六年以上」の実務経験を必要としていることが、短期大学卒業者は同条第二号の規定により「三年以上」の実務経験である

160

のに比して若干バランスを欠いているとの指摘があることから、3 年以上＋2
年（短期大学最低修業年限）で「五年以上」としたものである。なお、学芸員
補の職に相当する職またはこれと同等以上の職については、文部大臣の指定の
対象を拡大することとし、従前の「学芸員補の職に相当する職等の指定」（昭
和 30 年文部省告示第 109 号）を廃止するとともに、新たに平成 8 年 8 月 28 日
文部省告示第 151 号により、その指定を行った。

3) 試験認定における試験科目等について

試験認定における試験科目及び試験の方法を整備し、試験認定及び各試験科
目ごとの試験の方法を、次のとおりとした（改正後の第六条第 2 項関係）。

第 一 欄		第 二 欄
試験科目	試験認定の必要科目	試験の方法
必須科目　生涯学習概論 博物館学 視聴覚教育メディア論 教育学概論	上記（※）科目の全科目	筆記 筆記及び口述 筆記 筆記
選択科目　文化史 美術史 考古学 民俗学 自然科学史 物理 化学 生物学 地学	上記（※）科目のうちから受験者の選択する二科目	筆記

※ 原文は縦組みのため「上記」は左欄をさす（筆者註）。

また、第七条第 1 項の規定による学芸員の試験科目の免除について、文部大
臣の指定する講習等の対象を拡大することとし、従前の「学芸員の試験認定の
試験科目に相当する科目の試験を免除する講習等の指定」（昭和 30 年文部省告
示第 110 号）を廃止するとともに、新たに、平成 8 年 8 月 28 日文部省告示第
150 号により、その指定を行った。

4）別記様式について

試験認定受験願書の様式を定めた別記第1号様式について、以下の改正を行った。

① 試験認定受験願書中「本籍」を削除。

　人権意識の高まりなどから、大学受験や就職に際し、本人の能力や適正に無関係である事項は、事務手続き上支障のない限り極力削除していこうという社会の動向を踏まえ、この機会に改めたものである。

　同様に、無試験認定受験願書、別記第2号、第3号、第4号様式についても、同様に「本籍」を削除した。

② 同願書中、「住所」から「（何某方）」を削除。

　様式に書いておくことは必ずしも必要ないためである。

③ 同願書中、受験資格を列挙し、（注）として「受験資格中の該当番号を○印で囲むこと」とした。

　本改正で受験資格が緩和されることにより受験申込者の相当な増加が見込まれたため、一覧で各受験者の受験資格を把握することが事務処理上必要と考えられたためである。

④ 同「受験する科目」の欄を改めた。

　試験科目の変更に対応するためである。

　また、履歴書の様式を定めた別記第二号様式について、「身の上に関する事項、身体上の故障、その他」とあったのを「受験上配慮を要すること」に改めた。本欄は、あくまで受験者の身障の度合いに応じて、適切な受験上の配慮を行うために設けられていたものであるが、この機会に誤解を招くことのないよう、より適切な表現に改めたものである。

5）施行期日及び経過措置について（附則関係）

① この省令は1997年4月1日から施行することを明記した。ただし、本改正省令の公布（1996年8月28日）から施行まで8か月しかなく、大学関係者からはかなり強い不満が表明され、その結果、各大学における大幅な科目の読み替えを許容してしまうといううらみが残った。そのため、2009（平成21）年の省令改正においては、公布から施行までの間に

162

　三年間という長期間にわたる準備期間を設け、各大学において確実な開講が行われるよう要請したのである。

② この省令の施行の日前に、改正前の博物館法施行規則（以下「旧規則」という）第一条第1項に規定する科目の単位の全部を修得した者は、改正後の博物館法施行規則（以下「新規則」という）第一条に規定する科目の単位の全部を修得したものとみなすこととした。

③ この省令の施行の日前に、次の表の左欄に掲げる旧規則第一条第1項に規定する科目の単位を修得した者は、右欄に掲げる新規則第一条に規定する科目の単位を修得したものとみなすこととした。

旧　規　則		新　規　則	
社会教育概論	一単位	生涯学習概論	一単位
博物館学	四単位	博物館概論	二単位
		博物館経営論	一単位
		博物館資料論	二単位
		博物館情報論	一単位
視聴覚教育	一単位	視聴覚教育メディア論	一単位
教育原理	一単位	教育学概論	一単位

④ この省令の施行の日前に、次の表の左欄に掲げる旧規則第六条第2項に規定する試験科目に合格した者は、右欄に掲げる新規則第六条第2項に規定する試験科目に合格したものとみなすこととした。

旧　規　則	新　規　則
社会教育概論	生涯学習概論
視聴覚教育	視聴覚教育メディア論
教育原理	教育学概論

6）その他（関連告示の運用等）

　文部省は、上記2）で述べた「学芸員補の職に相当する職等の指定」（平成8年8月28日文部省告示第151号）及び「学芸員の試験認定の試験科目に相当する科目の試験を免除する講習等の指定」（平成8年8月28日文部省告示第150号）の具体的な取扱いに当たり、判断の困難なものがある場合には、文部

科学省に連絡の上、遺漏のない運用を期すことを要請した。

　なお、文部省は、1996（平成 8）年 9 月 13 日付けで各都道府県教育委員会教育長及び各国公私立大学長他宛に生涯学習局長通知「博物館法施行規則の一部改正について」を発出し（文生社第 135 号）、「今後とも、学芸員等の現職研修の充実による資質の向上とともに、適切な人材の確保による社会教育指導体制の一層の整備促進に努められるようお願いします」と述べている。

（19）1997（平成 9）年 3 月 18 日　博物館法施行規則の一部を改正する省令（1997 年 4 月 1 日施行）

　規則第十六条第 1 項に定める資格認定の手数料について、無試験認定を願い出る者については 3,600 円から 3,700 円、合格証書の書き換えまたは再交付を願い出る者、合格証明書の交付を願い出る者及び科目合格証明書の交付を願い出る者については、それぞれ 500 円から 600 円に改めた。

（20）1998（平成 10）年 12 月 18 日　博物館法施行規則等の一部を改正する省令（公布日施行）

　規制緩和の流れの中で、国民の申請・届出等に際しての負担の軽減を図り、申請等に伴う手続きの簡素化等を推進するため、1997（平成 9）年 2 月 10 日に「申請負担軽減対策」が閣議決定され、同年 7 月 3 日には「押印見直しガイドライン」（事務次官等会議申合せ）が定められるなど、国は押印の在り方の見直しなどに取り組むこととされた。また、同年 12 月 20 日には「行政情報化推進基本計画の改定について」が閣議決定され、国民からの申請・届出等手続については、可能なものから早期に電子化を実施することとされた。

　本省令はこうした動きを受けて、文部省等に対する申請等に係る国民の負担を軽減するため、文部省令を一括改正したもので、法令番号が博物館法施行規則が一番古かったことから、このようなタイトルの省令となった。

　具体的には、別記第一号様式（試験認定受験願書及び無試験認定受験願書）及び別記第六号様式（博物館相当施設指定申請書）を改め、受験者の印鑑や本籍の記入を省略するとともに、第六号については新たに「備考」を設け、「本様式による申請書に代えて、電子的方法、磁気的方法その他の方法により本様

式の記載事項を記録したディスクその他これに準ずるものによる申請を行っても差し支えない。なお、都道府県の教育委員会に申請する場合にあっては、当該都道府県の教育委員会の定めるところによるものとする」と記述した。

(21) 2000（平成 12）年 2 月 29 日　博物館法施行規則の一部を改正する省令（2000 年 4 月 1 日施行）

「地方分権の推進を図るための関係法律の整備等に関する法律」（平成十一年法律第八十七号）の施行に伴う改正であり、地方分権の推進の観点から、第十一条に定める資格認定の受験の手続きについて、「受験者の住所の存する都道府県の教育委員会（大学又は国立の博物館に勤務する職員にあつては、大学又は国立の博物館の長）を経て」を削除し、受験者は直接文部科学大臣に願い出ることとした。

　また、第十一条第四号中「本籍、」を、第十四条第 2 項中「若しくは本籍」を、第十七条第 3 項中「、本籍」を、それぞれ削除し、受験手続の簡素化を図った。

　さらに、第十六条第 1 項に定める資格認定の手数料について、合格証書の書き換えまたは再交付を願い出る者、合格証明書の交付を願い出る者及び科目合格証明書の交付を願い出る者について、それぞれ 600 円から 700 円に改めた。

　なお、あわせて「博物館実習」の単位は、登録博物館または博物館相当施設（大学においてこれに準ずると認めた施設を含む）における実習により修得することを規定していた第一条第 2 項を削除したが、既に 1996（平成 8）年 8 月の省令改正において、同様の規定を第一条の備考第三号として新設しており、改正漏れを整備したものである。

(22) 2000（平成 12）年 10 月 31 日　中央省庁等改革のための文部省令の整備等に関する省令（2000 年 1 月 6 日施行）

文部科学省設置法その他の中央省庁等改革関係法令の施行に伴う中央省庁等改革のための文部省令の整備等に関する省令で、「文部省」を「文部科学省」、「文部大臣」を「文部科学大臣」と改めるなどの一括改正を行った。

　博物館法施行規則については、同省令第二十九条で、本則中「文部大臣」を

「文部科学大臣」に改めるとともに、別記第一号様式中「文部大臣」を「文部
科学大臣」に、別記第三号様式、別記第四号様式及び別記第五号様式中「文部
省」を「文部科学省」に改める改正を行った。なお、施行日は、中央省庁再編
による文部科学省発足の日に統一された。

(23) 2003（平成 15）年 3 月 28 日　行政手続等における情報通信の技術の利用に関する法律等の施行に伴う文部科学省関係省令の整備に関する省令（公布日施行）

　2002（平成 14）年 12 月に行政手続等における情報通信の技術の利用に関す
る法律（平成十四年法律第百五十一号）及び行政手続等における情報通信の技
術の利用に関する法律の施行に伴う関係法律の整備等に関する法律（平成十四
年法律第百五十二号）が制定・施行されたことに伴う文部科学省関係省令の一
括改正である。
　博物館法施行規則については、同省令第一条で、資格認定の受験の手続きに
ついて規定した第十一条「資格認定を受けようとする者は、受験願書（別記
第一号様式により作成したもの）に左の各号に掲げる書類等を添えて、文部科
学大臣に願い出なければならない。」の後段に次の一文を加える改正が行われ
た。

　　この場合において、住民基本台帳法（昭和四十二年法律第八十一号）第三十条の
　　七第三項の規定により同法第三十条の五第一項に規定する本人確認情報の提供を
　　受けて文部科学大臣が資格認定を受けようとする者の氏名、生年月日及び住所を
　　確認することができるときは、第三号に掲げる住民票の写しを添付することを要
　　しない。

(24) 2003（平成 15）年 3 月 31 日　学校教育法施行規則等の一部を改正する省令（2003 年 4 月 1 日施行）

　2002（平成 14）年 11 月の学校教育法改正により、新たに専門職大学院制度
が創設され、その修了者には「専門職学位」を授与することとされたことに伴
う省令の改正である。専門職学位は、修士または博士と同等であることから、

博物館法施行規則については、同省令第四条により、無試験認定試験の受験資格を規定している第九条第1号中「又は」を「若しくは」に改め、「博士の学位」の下に「又は専門職学位」を加える改正を行った。

(25) 2003（平成15）年12月19日　博物館法施行規則の一部を改正する省令（公布日施行）

博物館相当施設の指定申請について規定した第十八条中「国立の施設にあつては当該施設の長（大学に附属する施設にあつては当該大学の長）が」の下に「、独立行政法人（独立行政法人通則法（平成十一年法律第百三号）第二条第一項に規定する独立行政法人をいう。第二十一条において同じ。）が設置する施設にあつては当該独立行政法人の長が」を加えた。

また、博物館相当施設がその要件を欠いた場合の報告義務を規定した第二十一条中「国立の施設にあつては当該施設の長（大学に附属する施設にあつては当該大学の長）が」の下に「、独立行政法人が設置する施設にあつては当該独立行政法人の長が」を加えた。

独立行政法人は2001（平成13）年4月から設立されていることを考えれば、本来であればもっと早く改正すべきであったろう。なお、新たに独立行政法人となった国立博物館等は2005（平成17）年1月28日に、新たに国立大学法人となった大学博物館は、同年2月4日以降に、順次指定を行っている。

(26) 2004（平成16）年3月30日　博物館法施行規則の一部を改正する省令（2004年4月1日施行）

規則第十六条第1項に定める資格認定の手数料について、試験認定を願い出る者については一科目につき1,200円から1,300円、無試験認定を願い出る者については3,700円から3,800円に改めた。試験認定については、1987（昭和62）年の改定以来18年ぶりの改正であった。

また、第十六条第2項に、次の但し書きを加えた。

　　ただし、行政手続等における情報通信の技術の利用に関する法律（平成十四年法律第百五十一号）第三条第一項の規定により申請等を行った場合は、当該申請等

により得られた納付情報により手数料を納付しなければならない。

(27) 2004（平成 16）年 3 月 31 日　国立大学法人法等の施行に伴う文部科学省関係省令の整備等に関する省令（2004 年 4 月 1 日施行）

　2003（平成 15）年 7 月に国立大学法人法（平成十五年法律第百十二号）が制定（施行は同年 10 月 1 日）され、それまで文部科学省の組織であった国立大学が国立大学法人になったことに伴う文部科学省関係省令の一括改正である。博物館法施行規則については、同省令第八条の規定により、第十八条及び第二十一条中「国立の施設にあつては当該施設の長（大学に附属する施設にあつては当該大学の長）」を「国立の施設にあつては当該施設の長」に改めた。

　国立大学法人については、国立大学法人法第三十七条第 2 項により、「博物館法（昭和二十六年法律第二百八十五号）その他政令で定める法令については、政令で定めるところにより、国立大学法人等を独立行政法人通則法第二条第一項に規定する独立行政法人とみなして、これらの法令を準用する」とされたことから、「国立の施設」に括弧を開いていた規定を削除したわけである。

(28) 2006（平成 18）年 3 月 31 日　学校教育法施行規則等の一部を改正する省令（2007（平成 19）年 4 月 1 日施行）

　2005（平成 17）年 7 月の学校教育法の一部改正（2006 年 4 月 1 日施行）により「助教授」の職階が廃止され、代わりに「准教授」が置かれることになった。学校教育法では、従来「助教授は、教授の職務を助ける」（旧第五十八条第 7 項）と定められており、助教授は教授のもとに従属し、独立した研究者とみなされないおそれがあったことから、これを見直し、准教授を「専攻分野について、教育上、研究上又は実務上の優れた知識、能力及び実務を有する者であつて、学生を教授し、その研究を指導し、又は研究に従事する」（第九十二条第 7 項）と規定したのである。同じく、「助手」についても、従来「助手は、教授及び助教授の職務を助ける」（旧第五十八条第 8 項）とされ、その位置づけがあいまいであったが、助手のなかには、もっぱら教育や研究に携わる者がいる一方で、研究の補助的業務を行う者もいたことから、前者について「助教」という新しい職種を設けて、「専攻分野について、教育上、研究上又は

実務上の知識及び能力を有する者であつて、学生を教授し、その研究を指導し、又は研究に従事する」（第九十二条第8項）と規定した。後者は従来どおりの「助手」という名称で、「その所属する組織における教育の円滑な実施に必要な業務に従事する」（第九十二条第9項）と規定されている。

　博物館法施行規則第九条第二号では、無試験認定試験の受験資格として「大学において博物館に関する科目に関し二年以上教授、助教授又は講師の職にあつた者」と定めていたことから、学校教育法改正を受けた学校教育法施行規則等の一部を改正する省令第二条の規定により、博物館法施行規則第九条第二号中「助教授」を「准教授、助教」に改めたわけである。

　なお、附則第二条により、この省令の規定による改正後の博物館法施行規則第九条第二号の規定の適用については、この省令の施行前における助教授としての在職は、准教授としての在職とみなすこととされた。

(29) 2008（平成20）年6月11日　社会教育法等の一部を改正する法律の施行に伴う文部科学省関係省令の整備等に関する省令（2008年6月11日施行）

　2008年の社会教育三法改正に伴う規定の整備で、博物館法施行規則については、第五条号列記以外の部分中「左の」を「次の」に、同条第二号中「学芸員補に相当する職又はこれと同等以上の職として文部科学大臣が指定するもの」を「法第五条第二項に規定する職」に改めた。

　また、第七条第2項中「第二項」の下に「各号及び大学通信教育設置基準（昭和五十六年文部省令第三十三号）第五条第一項第二号」を追加した。

　なお、本改正とあわせて「学芸員補の職に相当する職等の指定」（平成8年文部省告示第285号）の改正も行っており、タイトルを「学芸員補の職と同等以上の職等の指定」に改め、博物館法第五条第2項に規定する学芸員補の職と同等以上の職として以下の職を追加した。

① 文部科学省（文化庁及び国立教育政策研究所を含む）、大学共同利用機関法人、独立行政法人国立科学博物館及び独立行政法人国立美術館において博物館資料に相当する資料の収集、保管、展示及び調査研究に関する職務に従事する職員の職

② 社会教育施設において博物館資料に相当する資料の収集、保管、展示及び調査研究に関する職務に従事する職員の職

(30) 2009（平成21）年4月30日　博物館法施行規則の一部を改正する省令（2012（平成24）年4月1日施行）

　2009年2月に「これからの博物館の在り方に関する検討協力者会議」が取りまとめた「学芸員養成の充実方策について（第二次報告書）」の提言内容を踏まえ、大学等における学芸員養成課程における養成科目の改善・充実を図った。

1）博物館に関する科目及び単位数について

　大学における博物館に関する科目及び単位数（第一条の表）について、8科目12単位から、以下の9科目19単位に改め、改正前の博物館学や博物館学各論といった統合科目の規定を削除した。

科　　目	単位数
生涯学習概論	二
博物館概論	二
博物館経営論	二
博物館資料論	二
博物館資料保存論	二
博物館展示論	二
博物館教育論	二
博物館情報・メディア論	二
博物館実習	三

　また、第二条第1項及び第2項関係では博物館実習に関する規定を独立させ、博物館実習における事前及び事後の指導の単位数を削除した。

2）試験認定における受験資格について

① 大学に二年以上在学して62単位以上を修得した者で学芸員補の職（博物館法第5条に規定する職を含む。以下同じ）にあった者が、試験認定を受けるために必要な実務経験年数を、「三年」以上から「二年」以上に短縮した（第五条第二号関係）。

② 教育職員の普通免許状を有し、教育職員の職にあった者が、試験認定を受けるために必要な実務経験年数を、「三年」以上から「二年」以上に短縮した（第五条第三号関係）。

③ 学芸員補の職にあった者が、試験認定を受けるために必要な実務経験年数を、「五年」以上から「四年」以上に短縮した（第五条第四号関係）。

④ 受験要件としての学歴に、専門学校4年制課程の修了者等が含まれることを明記するなど所要の整備を行った（第二十五条～第二十九条関係）。

3）試験認定における試験科目について

① 試験認定における試験科目を次のとおりとした（第六条第3項関係）。

	試 験 科 目	試験認定の必要科目
必須科目	生涯学習概論 博物館概論 博物館経営論 博物館資料論 博物館資料保存論 博物館展示論 博物館教育論 博物館情報・メディア論	上記（※）科目の全科目
選択科目	文化史 美術史 考古学 民俗学 自然科学史 物理 化学 生物学 地学	上記（※）科目のうちから受験者の選択する二科目

※ 原文は縦組みのため「上記」は左欄をさす（筆者註）。

② 改正前の博物館学に課せられていた口述試験を廃止した。

4）審査認定の名称及び受験資格について

①「無試験認定」の名称を「審査認定」に改めた（第九条関係）。

② 学位規則による修士もしくは博士の学位または専門職学位を有する者が審査認定を受けるために必要な実務経験として、二年以上の学芸員補の

職の経験を必要とした（第九条第一号関係）。

※「学芸員補の職」には、博物館相当施設、教育委員会、学校及び社会教育施設において博物館資料に相当する資料の収集、保管、展示及び調査研究に関する職務に従事する職員の職並びに社会教育主事及び司書が含まれる。

③ 大学において博物館に関する科目に関し二年以上教授、准教授、助教または講師の職にあった者が審査認定を受けるために必要な実務経験として、二年以上の学芸員補の職の経験を必要とし、生涯学習概論の担当者を対象から除いた。（第九条第二号関係）

④ 学芸員補の職にあった者が審査認定を受けるために必要な実務経験を、学歴に応じて、次のとおり区分した（第九条第三号関係）。

（ⅰ）学士の学位を有する者は、四年以上の学芸員補の職

（ⅱ）大学に二年以上在学し 62 単位以上を修得した者は、六年以上の学芸員補の職

（ⅲ）学校教育法第九十条第 1 項の規定により大学に入学できる者は、八年以上の学芸員補の職

（ⅳ）上記以外の者は、十一年以上の学芸員補の職

⑤ 受験要件としての学歴に、海外における相当の学歴が含まれることを明記するなど所要の整備を行った（第二十五〜第二十九条関係）。

5) 学芸員資格認定の合格者について

① 試験科目の全部について合格点を得た者（試験科目の全部について免除を受けた者を含む）を「筆記試験合格者」とした。また、筆記試験合格者が、一年間学芸員補の職を経験し、文部科学大臣が認定した者を「試験認定合格者」と位置づけた（第十二条第 1 項関係）。

② 筆記試験合格者が試験認定合格者になるためには、試験認定合格申請書を文部科学大臣に提出することとした（第十二条第 2 項関係）。

③「無試験認定合格者」を「審査認定合格者」とした（第十三条関係）。

6) 学芸員資格認定の受験の手続について

① 受験手続の際の提出書類等について所要の整備を行った（第十一条関係）。

7) 学芸員資格認定の手数料について

① 試験認定の試験科目の全部を免除する者について、800円の手数料を納付することとした（第十六条関係）。

8) 学芸員資格認定に関する別記様式について

① 「試験認定合格申請書」、「筆記試験合格証書」及び「筆記試験合格証明書」の様式を新たに定めるなど、所要の整備を行った。

9) 施行期日及び経過措置について（附則関係）

① この省令は、2012（平成24）年4月1日から施行する。

② この省令の施行の日前に、改正前の博物館法施行規則（以下「旧規則」という）第一条に規定する博物館に関する科目（以下「旧科目」という）の単位の全部を修得した者は、改正後の博物館法施行規則（以下「新規則」という）第一条に規定する博物館に関する科目（以下「新科目」という）の単位の全部を修得したものとみなす。

③ この省令の施行の日前から引き続き大学に在学している者で、当該大学を卒業するまでに旧科目の単位の全部を修得した者は、新科目の単位の全部を修得したものとみなす。

④ この省令の施行の日前から引き続き大学に在学している者で、当該大学を卒業するまでに次の表中新科目の欄に掲げる科目の単位を修得した者は、当該科目に相当する旧科目の欄に掲げる科目の単位を修得したとみなす。

新　科　目		旧　科　目	
生涯学習概論	二単位	生涯学習概論	一単位
博物館概論	二単位	博物館概論	二単位
博物館経営論	二単位	博物館経営論	一単位

博物館資料論	二単位	博物館資料論	二単位
博物館教育論	二単位	博物館概論	一単位
博物館情報・メディア論	二単位	博物館情報論 視聴覚教育メディア論	一単位 一単位
博物館実習	三単位	博物館実習	三単位
博物館概論 博物館経営論 博物館資料論 博物館情報・メディア論	二単位 二単位 二単位 二単位	博物館学 視聴覚教育メディア論	六単位 一単位
博物館経営論 博物館資料論 博物館情報・メディア論	二単位 二単位 二単位	博物館学各論 視聴覚教育メディア論	四単位 一単位

⑤　次の表中旧科目の欄に掲げる科目の単位を修得した者は，当該科目に相当する新科目の欄に掲げる科目の単位を修得したとみなす。

旧　科　目		新　科　目	
生涯学習概論	一単位	生涯学習概論	二単位
博物館概論	二単位	博物館概論	二単位
博物館経営論	一単位	博物館経営論	二単位
博物館資料論	二単位	博物館資料論	二単位
博物館情報論 視聴覚教育メディア論	一単位 一単位	博物館情報・メディア論	二単位
博物館実習	三単位	博物館実習	三単位
博物館学	六単位	博物館概論 博物館経営論 博物館資料論	二単位 二単位 二単位
博物館学 視聴覚教育メディア論	六単位 一単位	博物館概論 博物館経営論 博物館資料論 博物館情報・メディア論	二単位 二単位 二単位 二単位
博物館学各論	四単位	博物館経営論 博物館資料論	二単位 二単位
博物館学各論 視聴覚教育メディア論	四単位 一単位	博物館経営論 博物館資料論 博物館情報・メディア論	二単位 二単位 二単位

⑥　この省令の施行の日前に、旧規則第六条第2項に規定する試験科目の全部に合格した者は、新規則第六条第3項に規定する試験科目の全部に合

格したものとみなす。

⑦ この省令の施行の日前に、次の表中旧試験科目の欄に掲げる科目に合格した者は，当該試験科目に相当する新試験科目の欄に掲げる科目に合格したとみなす。

旧試験科目	新試験科目
生涯学習概論	生涯学習概論
博物館学	博物館概論 博物館経営論 博物館資料論
博物館学 視聴覚教育メディア論	博物館概論 博物館経営論 博物館資料論 博物館情報・メディア論
文化史	文化史
美術史	美術史
考古学	考古学
民俗学	民俗学
自然科学史	自然科学史
物理	物理
化学	化学
生物学	生物学
地学	地学

なお、本改正については、官報掲載時に第七条の「学修」を「学習」とする誤字があり、2009（平成21）年7月21日の官報第5119号32ページの正誤で訂正を行っている。

(31) 2011（平成23）年4月30日　博物館法施行規則の一部を改正する省令（2012（平成24）年4月1日施行）

地域の自主性及び自立性を高めるための改革の推進を図るための関係法律の整備に関する法律（平成二十三年法律第百五号）（いわゆる地域主権改革第二次一括法）により、博物館法第二十一条で規定する博物館協議会の委員について、「学校教育及び社会教育の関係者、家庭教育の向上に資する活動を行う者

並びに学識経験のある者の中から」を削除し、第二十二条で委員の「任命基準」を含め地方公共団体の条例で定めなければいけないこととされ、「この場合において、委員の任命の基準については、文部科学省令で定める基準を参酌するものとする」と改正されたことを受けた改正である。

　新たに「第三章　博物館協議会の委員の任命の基準を条例で定めるに当たつて参酌すべき基準」を設け、新たに第十八条を追加した。

　また、新たに第三章が追加されたことに伴い、旧第三章、旧第四章はそれぞれ第四章、第五章に、旧第十八条、旧第十九条はそれぞれ第十九条、第二十条（もとは削除条文）に条項ずれした。

　同様の見直しは同時に図書館協議会及び公民館運営審議会についても行われたが、もともとこれらの協議会は必置義務ではなく、わざわざ地方自治体が条例で「任命基準」を定めることとし、もともと法律で規定されていた内容を「参酌する基準」として省令に規定することが地域の自主性及び自立性を高めることになるのか疑問が残るところではある。

（32）2012（平成 24）年 3 月 30 日　博物館法施行規則の一部を改正する省令の一部を改正する省令（公布日施行）

　（30）で述べた省令改正が施行される直前に、第二章に定める学芸員の資格認定について、新たに以下の経過措置を追加するために附則の改正を行ったものである。経過措置は、制度改正に伴い旧制度下で学修を収めた者等に不利益を生じさせないように規定するものだが、2009（平成 21）年 4 月 30 日の省令改正の際の経過措置規定に改正漏れがあり、それを補塡したものである。

　1）改正省令の施行日前から大学に在学し、試験認定におけるすべての旧試験科目に相当する単位を修得している者等は、その願い出により、新試験科目の全部に合格したものとみなす（附則第 7 項を第 9 項とし、新たに第 7 項を追加）。

　2）改正省令の施行日前から専修学校に在学し、試験認定におけるすべての旧試験科目に相当する単位を修得している者等は、その願い出により、新試験科目の全部に合格したものとみなす（新たに附則第 8 項を追加）。

　3）2012 年に行う試験において、旧規則第五条第二号から第四号までのいず

れかに該当する者が、筆記試験合格者となった場合は、文部科学大臣の認定を
受けるにあたり、筆記試験合格者となった後から一年間学芸員補の職にあるこ
とを要しない（新たに附則第10項を追加）。

　4）改正省令の公布日前から専修学校の専門課程に在籍している者が、当該
専修学校の専門課程を卒業して筆記試験合格者となった場合は、文部科学大臣
の認定を受けるにあたり、筆記試験合格者となった後から一年間学芸員補の職
にあることを要しない（新たに附則第11項を追加）。

　なお、2009年の改正に伴い、「博物館法施行規則第5条第5号試験認定受験
資格審査要項（昭和47年1月25日文部省社会教育局長裁定）」及び「博物館
法施行規則第9条第4号無試験認定受験資格審査要項（昭和47年1月25日文
部省社会教育局長裁定）」は、改正後の省令に規定したことに伴い、2012年3
月31日をもって廃止することとされたが、2011（平成23）年5月27日付け
生涯学習政策局長通知「平成23年度学芸員資格認定の実施について」におい
て、2011年度限りの扱いとして、2012年3月31日までに大学を卒業又は専修
学校の専門課程を修了する見込みである者を審査要項に追加する旨の要項の改
正を行ったことを通知している。

（33）2012（平成24）年6月29日　博物館法施行規則の一部を改正する省
　　令（2012年7月9日施行。ただし、この省令の施行の日から起算して6
　　月を経過する日までの間における改正後の博物館法施行規則第十一条第1
　　項第三号の規定の適用については、同号中「住民票の写し」とあるのは、
　　「住民票の写し（日本の国籍を有しない者にあっては、住民票の写し又は出
　　入国管理及び難民認定法及び日本国との平和条約に基づき日本の国籍を離
　　脱した者等の出入国管理に関する特例法の一部を改正する等の法律第四条
　　の規定による廃止前の外国人登録法（昭和二十七年法律第百二十五号）に
　　規定する登録原票の写し若しくは登録原票記載事項証明書）」とする。）
　2009（平成21）年に行われた外国人住民に係る住民基本台帳制度の創設及
び住民基本台帳カードの引越継続利用を内容とする住民基本台帳法の一部を改
正する法律の一部及び出入国管理及び難民認定法及び日本国との平和条約に基

づき日本の国籍を離脱した者等の出入国管理に関する特例法の一部を改正する
等の法律が施行されることに伴い、第十一条第 1 項第三号中「（日本の国籍を
有しない者については、外国人登録法（昭和二十七年法律第百二十五号）の規
定による登録原票の写し又は登録原票記載事項証明書）」を削除した。

　この条文は、(30) で述べた 2009 年 4 月 30 日の博物館法施行規則の一部を
改正する省令において、もともと「住民票の写し（出願前 6 月以内に交付を受
けたもの）」という規定であったのを、法務省との協議によって「戸籍抄本又
は住民票の写し（日本の国籍を有しない者については、外国人登録法（昭和二
十七年法律第百二十五号）の規定による登録原票の写し又は登録原票記載事項
証明書）（いずれも出願前六月以内に交付を受けたもの）」と改正したものだ
が、わずか三年で外国人登録法に関する規定が削除されたことになる。

　あわせて、試験認定の受験資格について定めた第五条第三号で、「教育職員
免許法第二条第二項に規定する教育職員の普通免許状」を「第二条第一項」に
改めた。同条文も、2009 年 4 月 30 日の博物館法施行規則の一部を改正する省
令において、もともと「教育職員の普通免許状を有し、」という規定であった
のを、「教育職員免許法（昭和二十四年法律第百四十七号）第二条第二項に規
定する教育職員の普通免許状を有し、」と改正したものだったが、「第二条第一
項」と修正した。

(34) 2014（平成 26）年 9 月 3 日　博物館法施行規則及び社会教育調査規則の一部を改正する省令（2015（平成 27）年 4 月 1 日施行）

　「地域の自主性及び自立性を高めるための改革の推進を図るための関係法律
の整備に関する法律」（平成二十六年法律第五十一号）（いわゆる地方分権改革
第 4 次一括法）により、博物館の登録に関する業務及び博物館相当施設の指定
に関する業務が、都道府県から政令指定都市に移管され、博物館法第十条及び
第二十九条において「都道府県の教育委員会」の下に、「（当該施設（都道府県
が設置するものを除く。）が指定都市の区域内に所在する場合にあつては、当
該指定都市の教育委員会）」を追加したことに伴う改正である。

　具体的には、博物館相当施設について規定している第二条、第十九条、第二
十三条、第二十四条及び別記第九号様式において、「都道府県」の下に「若し

くは指定都市」等の文言を追加した。

(35) 2015（平成27）年10月2日　行政手続における特定の個人を識別するための番号の利用等に関する法律の施行に伴う関係法律の整備等に関する法律の施行に伴う文部科学省関係省令の整備に関する省令（2015年10月5日施行）

　いわゆる「マイナンバー法」の制定に伴う改正で、資格認定の受験手続きについて規定した第十一条第1項で、住民基本台帳法「第三十条の七第3項」を引用していたのを、条項ずれによって「第三十条の九」に改めた。また、「同法第三十条の五第1項に規定する本人確認情報」を「機構保存本人確認情報（同法第七条第八号の二に規定する個人番号を除く。）」に改めた。

　「機構」とは、地方公共団体情報システム機構のことで、市町村長ごとに当該市町村長が住民票に記載することのできる住民票コードを指定し、これを当該市町村長に通知する。「機構保存本人確認情報」とは、機構が保存する本人確認情報で、政令で定める保存期間が経過していないもののことで、「同法第七条第八号の二に規定する個人番号」とは、マイナンバー法に基づくマイナンバーのことである。

(36) 2017（平成29）年10月31日　博物館法施行規則等の一部を改正する省令（2019（平成31）年4月1日施行）

　専門職大学の制度化による学校教育法の改正に伴うもので、専門職大学の修業年限は4年で、卒業すれば「学士（専門職）」の学位を得られることから、博物館法も改正し、第五条第1項第一号中「学位」の下に「（学校教育法（昭和二十二年法律第二十六号）第百四条第二項に規定する文部科学大臣の定める学位（専門職大学を卒業した者に対して授与されるものに限る。）を含む。）」を追加した。

　省令でも、第五条第一号中「学位」の下に「（学位規則（昭和二十八年文部省令第九号）第二条の二の表に規定する専門職大学を卒業した者に授与する学位を含む。第九条第三号イにおいて同じ。）」を追加し、第五条で学位規則の引用が初出となることから、第九条第一号の「（昭和二十八年文部省令第九号）」

を削除した。

（37）2019（令和元）年 6 月 21 日　博物館法施行規則の一部を改正する省令（公布日施行）

　元号を改める政令（平成三十一年政令第百四十三号）の施行に伴う改正で、別記第六号様式から別記第八号様式までの様式中「平　証第　号」を「令　証第　号」に改めた。

（38）2019（令和元）年 7 月 1 日　不正競争防止法等の一部を改正する法律の施行に伴う文部科学省関係省令の整理等に関する省令（公布日施行）

　不正競争防止法等の一部を改正する法律の施行に伴い、身分証明証票規則等の一部改正が行われ、博物館法施行規則別記第一号様式から別記第九号様式までに規定されている「日本工業規格」を「日本産業規格」に改めた。

　日本工業規格は、JIS（ジス）または JIS 規格と通称される工業標準化法に基づく国家標準の一つだが、日本の国内総生産の約 70％ がサービス業によるなど産業構造が変化したことを踏まえ、2018（平成 30）年に工業標準化法の改正を含む「不正競争防止法等の一部を改正する法律」が可決成立し、法律を産業標準化法に、規格名を日本産業規格に、日本工業標準調査会を日本産業標準調査会にそれぞれ改め、JIS の標準化対象に「データ、サービス等」を追加することとなった。ただし、JIS の英語名称は従来のまま変更はない。

　なお、附則で、「この省令の施行の際、現に存する改正前の様式による用紙は、当分の間、これを取り繕って使用することができる」とされている。

（39）2019（令和元）年 12 月 13 日　情報通信技術の活用による行政手続等に係る関係者の利便性の向上並びに行政運営の簡素化及び効率化を図るための行政手続等における情報通信の技術の利用に関する法律等の一部を改正する法律の施行に伴う文部科学省関係省令の整備に関する省令（2019 年 12 月 16 日施行）

　「行政手続等における情報通信の技術の利用に関する法律」（いわゆる「行政手続きオンライン法」）が 2019 年に改正され、「情報通信技術を活用した行政

の推進等に関する法律」（いわゆる「デジタル手続法」）に改称されたことに伴う改正で、第十六条第2項の「行政手続等における情報通信の技術の利用に関する法律（平成十四年法律第百五十一号）第三条第一項の規定により」を、「情報通信技術を活用した行政の推進等に関する法律（平成十四年法律第百五十一号）第六条第一項の規定に基づき」に改めた。あわせて、「はる」を「貼る」に改める技術的改正を行った。

（40）2020（令和2）年12月28日　押印を求める手続の見直し等のための文部科学省関係省令の一部を改正する省令（2021（令和3）年1月1日施行）

「規制改革実施計画」（令和2年7月17日閣議決定）において、「各府省は、緊急対応を行った手続だけでなく、原則として全ての見直し対象手続について、恒久的な制度的対応として、年内に、規制改革推進会議が提示する基準に照らして順次、必要な検討を行い、法令、告示、通達等の改正やオンライン化を行う」こととされたことを踏まえ、文部科学省関係省令において、国民や事業者等に対して押印等を求めている手続について、押印等を不要とする改正を行った。博物館法施行規則については、別記第三号様式の「印」を削除した。

註

（1）宮地茂 1959『改正社会教育法解説』全日本社会教育連合会。

（2）当時、独立行政法人は、第二の特殊法人の乱造になるのではないかとの指摘もあり、学芸員の必置等が適用される登録博物館の対象とした場合、「必要性の少ない業務の拡張」に当たるという指摘を受ける可能性も懸念していたという（当時の文部省関係者から筆者が聴取）。

（3）学校については、学校教育法で「専修学校、各種学校その他第一条に掲げるもの以外の教育施設は、同条に掲げる学校の名称又は大学院の名称を用いてはならない」（第135条）と規定されている。

（4）アメリカではAAM（アメリカ博物館協会）の認証（Accreditation）を受けた博物館であることを表すロゴマークが、寄附や市民利用の信頼度を表すメルクマールになっている。

（5）1970（昭和45）年度から開始され、同補助金によって都道府県立12館、市町村立452館が整備されたが、学芸員を必置としていなかったため、登録博物館とは

ならない館も多かった。

（６）大きい施設が「博物館」、小さい施設が「資料館」という傾向もあるが、法的根
　　拠はない。ただし、登録博物館となったのを機に「博物館」と改称する例は多い。
　　中国でも、特に法的根拠はないが、改増築を機に「博物館」を「博物院」と改称す
　　る例は多い。

（７）国立新美術館は、コレクションをもたない施設であることから、英語名称は
　　「The National Art Center, Tokyo」となっている。ちなみに国立国際美術館は、
　　「The National Museum of Art, Osaka」である。

（８）画廊等で商業活動を行う場合は、現代美術であっても古物営業法（昭和24年5
　　月28日法律第108号）に基づく許可が必要となるが、名称制限はないため、「美術
　　館」を名乗る画廊もわずかながら存在する。一般に、画廊のスタッフは、「ギャラ
　　リスト」と呼ぶことが多い。

（９）著作権法第47条では、著作権者の許可を得ることなく、その「解説若しくは紹
　　介をすることを目的とする小冊子」に当該著作物を掲載することができるとされて
　　いるが、実質的に鑑賞用に供する画集である場合には、著作権者の許諾が必要であ
　　るとの判例がある。

（10）日本は、1981（昭和56）年に ISBN に関する国際的な枠組みに加盟し、1988
　　（昭和63）年に JIS 規格となっている。

（11）図書館法第3条第1項には、「郷土資料、地方行政資料、美術品、レコード及び
　　フィルムの収集にも十分留意して」との文言がある（下線筆者）。

（12）小学校の「音楽」「図画工作」、中学校の「音楽」「美術」、高等学校の「芸術
　　（音楽・美術・工芸・書道）」等に関する基準の設定に関する事務。

（13）学校教員からの出向者等については、教員の任命権は教育委員会にあるため、
　　博物館が首長部局所管の場合には教員の身分のまま配属できない。このため、行政
　　職に変更または教育委員会との併任という扱いになるが、教育公務員特例法上、博
　　物館への出向等に関して特段の規定はなく、身分上の取り扱いについては各教育委
　　員会の判断となる。

（14）立教大学で棚橋源太郎に学び、1959（昭和34）年石川県美術館職員となり、
　　1991（平成3）年から2019（令和元）年に逝去するまで同館の館長を務めた。

（15）自治労船橋市役所職員組合他『人事の民主化と学芸員の専門性をめぐって─新
　　井公平委員会闘争三年の記録』（1981年）を参照。

（16）例えば小学校については、学校教育法第37条で「校長は、校務をつかさどり、
　　所属職員を監督する」、「教諭は、児童の教育をつかさどる」、「養護教諭は、児童の
　　養護をつかさどる」、「栄養教諭は、児童の栄養の指導及び管理をつかさどる」、「事
　　務職員は、事務をつかさどる」との規定がある。

（17）独立行政法人国立文化財機構では、研究員は Assistant Curator で、管理職で
　　ある主任研究員を Curator と訳している。

(18) 森美術館、金沢 21 世紀美術館、日本モンキーセンターなど。

(19) 病院は、医療法第 46 条の 6 第 1 項で、「医療法人（次項に規定する医療法人を除く。）の理事のうち一人は、理事長とし、医師又は歯科医師である理事のうちから選出する」と定めており、その趣旨は「医師又は歯科医師でない者の実質的な支配下にある医療法人において、医学的知識の欠落に起因し問題が惹起されるような事態を未然に防止しようとするものであること」にあるとされている（昭和 61 年 6 月 26 日健政発第 410 号厚生省健康政策局長通知）。ただし、都道府県知事の認可を受けた場合は、例外的に医師等でなくても認められる。

(20) 図書館法旧第 13 条第 3 項で「補助金を受ける公立図書館の館長となるものは司書となる資格を持つ者でなければならない」と規定されていたが、1999（平成 11）年の地方分権の推進を図るための関係法律の整備等に関する法律により、同項は削除された。

(21) 当初は「美術品梱包輸送技能士」と称したが、「技能士」は職業能力開発促進法第 44 条に基づく技能検定に合格した者が証することができる国家資格であることから、2013（平成 25）年度から名称を改めた。

(22) 青木豊によれば、博物館以外の機関での学芸員職名使用は、段木一行の発案により、1972（昭和 47）年に東京都教育委員会の文化財専門職員の職名を学芸員とする東京都条例により始まったという（青木 2019）。

(23) 社会教育主事については、既に教育公務員特例法第 21 条（制定当初は第 19 条第 1 項）で「教育公務員は、その職責を遂行するために、絶えず研究と修養に努めなければならない」、第 22 条で「教育公務員には、研修を受ける機会が与えられなければならない」と規定されていたが、1959（昭和 34）年の社会教育法改正によって、市町村教委に社会教育主事及び社会教育主事補を必置とし、公民館の設置、運営上必要な基準を定めるなどの改正を行った際に、同法にも社会教育主事及び公民館主事等についての研修の規定が追加された。

(24) 文部科学省（現在は文化庁）は、2009（平成 21）年以降、毎年度「学芸員・文化財保護専門技術者等の研修等一覧」をホームページで公開しているが、全国レベルのものにとどまっている。

(25) 「公立博物館の設置及び運営に関する基準」の告示について（昭和 48 年 11 月 30 日 文社社第 141 号各都道府県教育委員会教育庁あて文部省社会教育局長通達）には、「なお、この基準は、公立博物館に係るものですが、私立博物館に関する指導又は助言に当たつても、必要に応じて参考とされるよう願います」と記されており、平成 15 年 6 月 6 日　文科生第 344 号各都道府県教育委員会教育長あて文部科学省生涯学習政策局長通知でも同文が記されている。

(26) 有効回答博物館数 2,314 館、博物館類似施設を含む（『令和元年度日本の博物館総合調査報告書』（日本博物館協会））。

(27) 東京国立博物館内の法隆寺宝物館ですら、収蔵庫を兼ねた展示室であったた

め、1999（平成 11）年にリニューアルするまでは、作品の保存上公開は週 1 日（木曜日）のみで、雨天時は閉館であった。

(28) 金山喜昭 2018「公立博物館の入館料は無料か有料か」『法政大学資格課程年報』7、瀧端真理子 2016「日本の博物館はなぜ無料でないのか？」『追手門大学心理学部紀要』第 10 巻、など。

(29) 棚橋源太郎 1929「博物館施設近時の傾向」『博物館研究』Vol. 2 No. 9。

(30) 同条文は、1959（昭和 34）年の社会教育法等の一部を改正する法律案によって、社会教育関係団体に対する国及び地方公共団体が補助を行えることとする改正を行ったが、参議院で原案に対し、補助金の執行に当たり、国にあっては社会教育審議会、地方にあっては社会教育委員の会議に付して、慎重を期するべきとする修正意見が出され、衆議院でも同修正案で可決された。

(31) 棚橋源太郎、古賀忠道等、法制定当時の主要メンバーが作成に携わった。

(32) 東京、京都、大阪市立、立教、同志社、早稲田の各大学（文部省社会教育局 1954『社会教育の現状』）。

(33) 1929（昭和 4）年に新設された文部省社会教育局は、1945（昭和 20）年 10 月に社会教育課を設置し、博物館に関する業務を所管した。1949（昭和 24）年 5 月に社会教育施設課の設置に伴い博物館に関する業務が移管されたが、1956（昭和 31）年 3 月に社会教育施設課を廃止し、博物館に関する業務を社会教育課に移管する一方、同年 4 月に社会教育施設主任官を設置した。

(34) 元上野動物園長で、2001〜2006（平成 13〜18）年に日本博物館協会の会長を務めた。「対話と連携の博物館」は当時副会長であった中川氏が座長としてその中心的役割を果たした。

(35) 2003〜2006（平成 15〜18）年度にかけて、使命・計画作成の手引き、資料取り扱いの手引き、バリアフリー、高齢者対応、外国人対応、欧米における博物館のアクセシビリティ等について報告書をまとめた。

(36) 2009〜2012（平成 21〜24）年の民主党政権においては、従来の「地方分権」ではなく「地域主権」という名称が使用された。本書では、法制定当時の略称で説明する。

(37) 衆議院で福田昭夫議員（4 月 18 日）や緑川貴士議員（4 月 25 日）、参議院では相原久美子議員（5 月 30 日）等が質問した。

(38) 青木豊は、「少なくとも、博物館学史、地域博物館論、地域文化活用論の 3 科目 6 単位が更に必要であると考える」（青木 2019）と述べている。

(39) ここで言う学位は、博物館活動または博物館資料に関わる分野の学位に限定されないが、審査認定を出願する際には「博物館に関する著書、論文、報告等」の提出が必要となる（第 11 条第 4 項第 1 号）。

(40) 同日付け各都道府県教育委員会教育長あて文部省社会教育局長通知「博物館に相当する施設の指定について」（文社社第 22 号）では、「学芸員に相当する職員は

少くともつぎによるものとする」とし、文部省が 1955（昭和 30）年に定めた「博物館に相当する施設審査要項」を参考とした指定要件を審査することを求めている。

(41) 1918（大正 7）年に公布され、従前の帝国大学のほかに公立、私立の大学及び単科大学の設置を認め、その目的・組織及び監督を規定した。1947（昭和 22）年に廃止され、学校教育法がこれに代わった。

(42) 1918 年に制定された勅令で、高等学校を「男子ノ高等普通教育ヲ完成スル」ための機関と位置付け、いわゆるナンバースクールのほかに官立高等学校や公私立の高等学校が増設された。1947 年に廃止され、学校教育法がこれに代わった。

(43) 1903（明治 36）年に制定された勅令で、中等教育修了者を対象に高等専門教育を実施した専門学校（いわゆる旧制専門学校）を規定した。1947（昭和 22）年の学校教育法制定に伴い廃止された。現在の専門学校とは関係ない。

(44) 1946（昭和 21）年に制定された勅令で、教員養成諸学校（大学予科、高等学校高等科、専門学校または教員養成諸学校）とその職員等について規定した。1947（昭和 22）年、国立学校設置法の設置に伴い廃止された。

(45) 1920（大正 9）年に制定された勅令で、学位は博士とし、その授与の手続き等について規定した。1947（昭和 22）年に廃止され、学校教育法及び学位規則がこれに代わった。

(46) 登録博物館の公示については、「博物館法第 16 条の規定に基く都道府県教育委員会制定事項について」（昭和 27 年 2 月 9 日文社施第 62 号　各教育委員会あて文部省社会教育局長通達）において、「Ⅵ　博物館の公示に関すること」として、「(1) 博物館の登録及び登録変更、(2) 博物館の取消、(3) 博物館の廃止」を列挙し、「(註) 博物館の登録、変更、取消及び廃止については、その特例措置との関連上、広く一般に周知することが肝要となるから、教育委員会で公示することが必要である」と明記している。

第4章　博物館法の課題

　博物館法は、従来文部科学省生涯学習政策局社会教育課の所管であったため、中央教育審議会社会教育分科会が審議の場であったが、2018（平成30）年10月に博物館行政が文化庁に移管したことに伴い、舞台を文化審議会に移し、2019（令和元）年11月に新たに博物館部会が設置された。同部会では、博物館の制度と運営に関する幅広い課題について検討を行うこととされ、2021（令和3）年2月には「法制度の在り方に関するワーキンググループ」が設けられ、登録制度の枠組みを中心に議論を行った。同年12月20日に文化審議会が「博物館法制度の今後の在り方について」答申したが、新たな登録審査基準や、学芸員制度については、引き続き継続的に検討していくこととされた。ここでは、登録博物館制度と学芸員資格に絞って、今後の博物館法改正に向けた課題について述べる。

1.　登録博物館制度

（1）制定当初からの課題

　博物館法上の登録博物館の形骸化が叫ばれて久しい。従来の博物館関係者の意見は、以下の鷹野光行の言葉に集約されていると言っていい（鷹野 2008）。

　　　登録をするには一定の要件が必要だが、それを満たしていても積極的な意味で登録を受けようとしない博物館もたくさんある。こういう状況を放置してしまっている博物館法というのはやはり問題がある。現代の規制緩和の流れとは逆行するが、「博物館」と名乗るならば一元的に一つの体系の元において全体としてとらえずにおいて、先程上げたような博物館への期待に応えさせることができるのか、何よりもこれは登録博物館だ、あれ

は博物館という名だけれども博物館ではない、とか、市民の視点からはいかなるものだろうか。

　この際、すべてを法のもとに置くようにする、というのも博物館を社会的な要請に応えるものとするためには一つの方法といえるのではないだろうか。

これを裏付けるように、日本博物館協会の「令和元年度博物館総合調査」によれば、「博物館法等の法令が博物館の実態にあっていない」とする回答が59.0％、「博物館登録制度が博物館の実態にあっていない」とする回答が57.8％[1]に及んでいる。

第3章で詳述したとおり、我が国の博物館法は戦後新たに制定されたものだが、当初は総合的な博物館法制度を志向していた。しかしながら、1950（昭和25）年に法隆寺金堂の焼失という未曽有の事件を受けて制定された文化財保護法に基づき、国立博物館が文化財保護委員会の所管下に置かれたことによって国立博物館がその対象から外れるなど、制定当初からある意味「不完全」な状態に置かれ続けてきた。また、公立博物館については、社会教育施設であるがゆえに教育委員会の所管であることを前提としたことから、その後の時代の推移に伴い、首長（都道府県知事、市町村長）部局が所管する公立博物館が増加したにも関わらず、それらが登録博物館になれない状態が続いていた。施設整備費補助金の廃止をはじめ登録のメリットが減少したことともあいまって、登録博物館制度そのものが形骸化しているのが現状である。実際、社会教育調査では、我が国には約5,800館近くもの博物館がありながら、博物館法上規定されている「登録博物館」と「博物館相当施設」のどちらにも属さない、いわゆる「類似施設」がその8割近くを占めているということが、そのことを雄弁に物語っている。社会教育調査によれば、博物館法が制定されて間もない1955（昭和30）年当時、全国の博物館の総数は245に過ぎなかったが、そのうち登録・相当施設は合わせて153（約62％）を占めていた。しかしながら、その後各地で博物館の新設が相次ぎ、60余年を経た2018（平成30）年度社会教育調査では、博物館の総数は5,738で、登録・相当施設は合わせて1,286（約22％）に過ぎず、それ以外の博物館類似施設が4,452（約78％）という内訳になっている。

　もとより、登録の有効期限や更新制度が設けられておらず、審査プロセスが地域によっては不徹底であるなど制度的な欠陥があり、登録基準そのものが外形的観点の審査が中心となっており、社会に求められる博物館として実質的な活動の量・質を審査する仕組みとなっていないなどの問題が顕在化している中で、本来であれば適時適切な法制度の見直しをしなければならなかったにも関わらず、1955 年の改正を除けば、大きな法改正が行われてこなかったのは事実である。諸坂佐利は、「元来、「登録制」とは、行政法学上は、相手方からの申請に基づき行政庁が一件書類を形式審査し、誤謬又は虚偽が内容がないことを確認の上、公簿に記載する行政行為をいう。書類に不備がない場合には、所轄行政庁は、登録を拒否できず、当該判断には、行政庁の裁量判断も及ばない。当該制度の法的効果としては、根拠法令により様々であって、登録されることで一定の権能が形成されるもの（例：特許法 66 条による特許権設定の登録）、登録しないと一定の行為が禁止されるもの（例：毒物及び劇物取締法 3 条による毒物・劇物製造業等の登録）、第三者への対抗力を有さないもの（例：道路運送車両法 5 条による自動車所有権の得喪の登録）等があるが、博物館法における登録は、およそ所轄官庁が園館の総数、所在、展示物等概要を把握するのみであって、かつ上記のような権利義務の発生もない。また社会教育施設として水族館をあるべき方向に指導（関与）するといった規定も、さらには登録園館に対する再審査制度も存在しない。従って、同法における「登録制」は、法解釈上、「届出制」に近似する制度と考えられる」と指摘し、形骸化してしまっている登録制度を改め、博物館法の「抜本改革が望まれる」と述べている（諸坂 2018）。

　しかも、現実問題として、2007（平成 19）年の文部科学省による「都道府県教育委員会における博物館関係業務の実態に関する調査結果」[2]によれば、1 県あたりの平均の博物館登録申請の処理件数は年間 0.43 件、過去 3 年間で登録の申請がなかった県が 14 件（約 3 割）、登録博物館の定期的な確認調査を行っていない県が約 85% という有様であった。これらの実態は、おそらく現在も大きく変わっておらず、指定管理者制度の導入や、2015（平成 27）年度以降政令指定都市教育委員会に権限が委譲されたことによって、制度の形骸化はさらに進んでいる可能性もある。

　半世紀以上にわたって、博物館法の抜本的改正が行われていないのは、行政の不作為であると国に責任を転嫁するのは簡単だが、国に強く働きかけてこなかった博物館界にも問題があるだろう。しかしながら、最近博物館をめぐる情勢が大きく変動する中で、文化審議会に博物館部会が設置され、ようやく博物館法を抜本的に改正することが現実のものとなり始めている。

（2）「社会教育施設」であるがゆえの限界

　筆者も関わった2008（平成20）年の法改正は、教育基本法の改正を受けたもので、およそ半世紀ぶりに新たな条項を新設したが、最大の課題であった登録博物館制度を見直すまでには至らず、関係者からは期待外れとの指摘を受けた。2008年改正のバックボーンとなったこれからの博物館の在り方に関する検討協力者会議（以下「協力者会議」という）の報告書「新しい時代の博物館制度の在り方について」では、登録の設置主体の限定撤廃や博物館相当施設の指定制度を登録博物館制度に一本化することなどを提言したが、その後の博物館法改正において、それが実現しなかったのは、まさに博物館が法体系上、社会教育施設と位置付けられていたからであった。すなわち、博物館法第19条では、「公立博物館は、当該博物館を設置する地方公共団体の教育委員会の所管に属する」と規定している。また、地方教育行政の組織及び運営に関する法律（以下「地教行法」という）第23条第12号により「社会教育に関すること」は教育委員会の職務権限であるとされていたことから、社会教育施設である博物館は、2つの法律によって教育委員会所管であることを規定されていたことになる。したがって、博物館法だけでなく地教行法も改正しない限り、首長部局所管の博物館を登録博物館の対象とすることはできなかったのである。

　そもそも、なぜ社会教育施設が教育委員会の所管とされているのかと言えば、教育の政治的中立性、継続性・安定性の要請によると説明されてきた。しかしながら、地方分権の観点から行われた2007（平成19）年の地教行法改正においては、教育委員会の職務権限の特例を定めた第24条の2が追加され、地方公共団体の判断により、スポーツに関すること（学校における体育に関することを除く）及び文化に関すること（文化財の保護に関することを除く）は、首長部局において管理、執行することができることとされた。問題は、こ

の改正に際して博物館法制度を厳密に検討することなく「文化施設」だけを職務権限の特例としたことで、「社会教育施設」である博物館は、教育委員会の職務権限の特例の対象とならなかったのである。しかるに、そのすぐ翌年に生涯学習政策局が博物館を特例に追加しようと働きかけても、地教行法を担当する初等中等教育局が決着済みの話に耳を貸すことはなく、結局文部科学省内において博物館法の抜本的改正は見送られることとなったのであった。

　特例という意味では、2009（平成 21）年に「構造改革特別区域法及び競争の導入による公共サービスの改革に関する法律の一部を改正する法律」が成立し、いわゆる特区制度を活用すれば、社会教育機関の施設の管理・整備を首長部局でも行うことができるようになった。既に学校施設の管理及び整備に関する事務については、2007 年の特区法改正により同様の特例措置が認められていたが、教育委員会が社会教育施設も含めた教育に関する事務全般を所掌することを原則としつつ、物的管理（維持修繕、安全点検、清掃等）についてのみ、特区において首長部局への移譲が認められた。この改正は、2006（平成 18）年から 5 次にわたって合計 7 自治体から特区提案がなされていたものだが、実はそのうち 5 自治体は社会教育に関する事務全体を首長部局に移譲することを求める内容で、この改正の直接の根拠となった第 13 次特区提案（平成 20 年 10 月 23 日構造改革特別区域推進本部決定）も、もともとは社会教育に関する権限の移譲を求めるものであった（千代田区及び大東市からの提案）。この改正により、地域における総合的な視野をもった首長の明確な責任の下、学校施設や社会教育機関の施設と公の施設との一体的な利用や、耐震化、バリアフリー化等の総合的な整備の検討が促進されることが期待されたが、2009 年 3 月の文部科学省社会教育課の調査では、市町村の社会教育施設と首長部局の複合化状況は、公民館 16.8%、図書館 31.9%、博物館（登録・相当のみ）7.6% であった。複合施設の場合、首長部局所管の生涯学習センターや文化会館、市民ホール等が併設される場合が多いが、博物館の場合は空調や温湿度管理、避難経路等特殊な施設設備が必要とされることから、所管の問題だけではないのであろう。なお、特区法第 29 条第 2 項及び同条第 3 項は、教育の政治的中立性を担保するため、教育活動に密接な関連を有する場合には、規則を制定する際や権限を行使する際には、教育委員会の意見を聴くことを求める規定

を設けている。

（3）地教行法の改正と文化庁への移管

　その後十年を経て、文化行政は大きく変容した。政府はインバウンドを中心とする観光政策を重点的に打ち出し、2016（平成28）年9月から国立博物館・美術館において夜間開館や多言語化の推進などが、なかば費用対効果や博物館学を考慮しないまま急速に進められ、さらに翌2017（平成29）年には文化審議会に「これからの文化財の保存と活用の在り方について」諮問がなされた。既に同年3月から文化庁庁舎内に内閣官房の「文化経済戦略特別チーム」が設置され、「稼ぐ」文化への展開が進められており、文化を「新たな有望成長市場」と位置付けた政府の方針は明らかであった。同年12月に文化審議会が取りまとめた第一次答申は、文化財の活用を大きく打ち出す内容となり、同答申を踏まえ、文化財保護法及び地教行法の改正が行われた。その結果、十年前は文部科学省・文化庁が完全に否定していた文化財保護に関する事務についても、首長が担当することができるようになったのである。また、同時に文部科学省設置法の改正も行われ、2018（平成30）年10月から博物館行政は文化庁に移管され、従来文部科学省生涯学習政策局が所管していた博物館法は文化庁の所管となり、独立行政法人国立科学博物館も文化庁の所管となった。そして、文化庁は、2021年度中の京都移転を見据え、文化部や文化財部を廃止(3)し、分野別タテ割りから機能を重視した大きな組織改編を行った。これにより、法制度及び自然史系博物館は生涯学習政策局、美術館・歴史博物館は文化庁の所管であるなど、一体的・総合的な博物館行政が行われていなかった長年の博物館行政の課題はひとまず解消されたのであった。

　問題は、法制度上は依然として博物館は「社会教育施設」となっている法体系をどうするかである。極論を言えば、教育基本法及び社会教育法を改正し、博物館法を廃止する一方で、文化芸術基本法の下で新たな博物館振興法を制定するという方法もある。日本学術会議が2017年7月20日にまとめた提言「21世紀の博物館・美術館のあるべき姿—博物館法の改正へ向けて」では、文化財保護法と博物館法の一元化を検討すべき課題として挙げている。ただし、文部科学省設置法改正時の国会審議では、林芳正文部科学大臣（当時）が「この法

案によりまして博物館に関する業務は文化庁に一元化されることになるわけですが、社会教育として位置づけられている博物館の役割とか業務には変更はないわけでございます。また、博物館行政は一義的には文化庁が担当することになるわけですが、社会教育行政を所管する生涯学習政策局と密接に連携協力しながら、博物館の社会教育施設としての機能確保を図ってまいりたいと思っております(4)」と答弁し、中岡司文化庁次長（当時）も「現行の制度におきましては、博物館全般に関することは文部科学省本省が所管をし、博物館のうち約八割を占めております美術館と歴史博物館につきましては文化施設として文化庁が所管をし、社会教育の観点も含め、特色ある取組や学芸員の研修など、さまざまな支援を推進しているところでございます。博物館に関する行政をより総合的、一体的に推進していく体制を整備するということで、この法案におきましては、博物館全般に関する所掌を文部科学省本省から文化庁に移管するものでございます。この改正を機に、文化庁が一元的に博物館行政を担うことになるわけでございますが、博物館分野を横断して、博物館分野の振興を推進していくということができる。社会教育行政全般を所管いたします生涯学習政策局とは引き続きしっかりと連携して、社会教育の振興を支えてまいりたいと考えております(5)」と答弁しており、法制度上、博物館が「社会教育施設」でなくなることは当面ないと考えるべきであろう。

　さて、文化財保護に関する事務を首長が担当できるのであれば、もはや博物館を担当できないとする理由は見出しにくい。社会教育施設に関しては、2017年 12 月 26 日に「平成 29 年の地方からの提案等に関する対応方針」が閣議決定され、「公立博物館については、まちづくり行政、観光行政等の他の行政分野との一体的な取組をより一層推進するため、地方公共団体の判断で条例により地方公共団体の長が所管することを可能とすることについて検討し、平成30 年中に結論を得る」とされた。これを受けて、中央教育審議会生涯学習分科会に「公立社会教育施設の所管の在り方に関するワーキンググループ」を設けて議論を行い、最終的に 2018 年 12 月 21 日、中央教育審議会答申「人口減少時代の新しい地域づくりに向けた社会教育の振興方策について」において、「社会教育に関する事務については今後とも教育委員会が所管することを基本とすべきであるが、公立社会教育施設の所管については、当該地方の実情等を

踏まえ、当該地方にとってより効果的と判断される場合には、地方公共団体の判断により地方公共団体の長が公立社会教育施設を所管することができることとする特例を設けることについて、（中略）社会教育の適切な実施の確保に関する担保措置が講じられることを条件に、可とすべきと考える」とされた。こうして、教育委員会が所管することとなっている博物館、図書館、公民館などの公立社会教育施設について、地方公共団体の判断により首長部局へ移管することを可能とする地教行法の改正を含む「地域の自主性及び自立性を高めるための改革の推進を図るための関係法律の整備に関する法律（令和元年法律第二十六号）」（第9次地方分権一括法）が2019（令和元）年5月31日に可決され、6月7日に公布・施行されたのである。

（4）登録制度の見直しに向けて

　長年の課題であった教育委員会所管の法的課題も解決した。後は博物館登録制度をどう見直すかである。日本博物館協会は、博物館登録制度の見直しについて、2001（平成13）年の「「対話と連携」の博物館―理解への対話・行動への連携―」や2004（平成16）年の「博物館の望ましい姿―市民とともに創る新時代博物館」を皮切りに、およそ20年にわたって議論を重ねており、2017（平成29）年3月に「博物館登録制度の在り方に関する調査研究」報告書をまとめた。同報告書では、新しい登録制度に盛り込むべき内容として、①登録申請資格に対する設置者や所管による制限の撤廃、②登録博物館・博物館相当施設の一元化、③登録に係るチェック制度の導入、④登録博物館が他の博物館と区別される仕組みの創設、⑤登録審査基準の見直し、⑥登録審査の体制の充実を掲げている。

　登録制度を継続するのであれば、国立博物館・美術館や大学博物館、さらには地方独立行政法人や社会福祉法人等、すべての設置形態の博物館に登録申請を行う資格を与えるべきだろう。その上で、更新規定等を設け、外形的観点の審査ではなく、社会に求められる博物館として実質的な活動の量・質を審査する仕組みとする必要がある。

　また、博物館法第29条に基づく博物館相当施設は、当初は公立館については教育委員会所管の施設のみに指定の対象を限定していたが、1998（平成10）

年 4 月 17 日の生涯学習局長通知「博物館に相当する施設の指定の取扱いについて」によって、首長部局所管の施設についても指定の対象とする運用がなされている。博物館相当施設は、学芸員の暫定資格を広く与えるための緊急措置として、登録博物館の対象外である施設を法律上規定する必要から設けた経緯があり、その要件に登録博物館と大きな違いはないばかりか、実際に博物館相当施設の多くは、登録博物館と同等かそれ以上の博物館機能を果たしている。1955（昭和 30）年の法改正によって博物館相当施設が第 29 条で明確に位置付けられた当初は、入場税の非課税、物品税の免除（国公立のみ）、資料の輸送運賃の 3 割減の取り扱い等が行われていたが、いずれも現在は廃止されている。

　さらに、都道府県または政令指定都市教育委員会は、博物館相当施設に指定した館に対して、専門的、技術的な指導又は助言を行うことができることとなっているが、現状では教育委員会の指導助言という実態は薄い。実際、前述の 2007（平成 19）年の文部科学省による実態調査によれば、博物館相当施設の取扱いを特に都道府県教育委員会規則で定めていない県が約 85％もあり、1 県あたりの平均の指定審査の処理件数は年間 0.28 件、過去 3 年間で指定の申請がなかった県が 31 件（約 3 分の 2）という惨状である。一般国民に対する指標やステイタス、使命感の醸成等のインセンティブを付与する観点から、設置主体の限定がある登録制度を補完するための制度であると考えても、このような状況では、博物館登録制度が我が国の博物館の活動の基盤を形成しているとは言い難い状況にある。2021（令和 3）年の文化審議会答申「博物館法制度の今後の在り方について」では、「学芸員が配置できない施設については、現行制度における「博物館相当施設」の枠組みを引き続き活用」することを提言しており、依然としてこの問題は先送りされている。

　次に、登録事務に関しては、1999（平成 11）年の地方自治法改正によって機関委任事務が廃止されたことに伴い、各都道府県教育委員会（2015（平成 27）年度は政令指定都市教育委員会にも権限委譲）の自治事務とされたが、2021（令和 3）年の文化庁による調査によれば、ほぼすべての都道府県・指定都市教育委員会が 1952（昭和 27）年の文部省社会教育局長通達で示された「博物館の登録審査基準要項」を今なお教育委員会規則等に反映したり、参考

にしていた。また、登録審査の実施主体は一般行政職員が33自治体（約55%）、外部有識者等の審査委員会が3自治体（約5%）であり、博物館業務の専任職員を配置しているのは13自治体（約22%）のみであった。

　協力者会議の報告では、全国の博物館に対する博物館登録審査業務、学芸員に対する一定の資格の付与業務及び関係資格の認証業務を一元的に行う第三者機関の設立を提言しており、このような状況を考えれば、登録制度の見直しを真剣に検討すべきであり、登録制度に拘泥せず、米英のような博物館協会による認証（Accreditation）制度とすることも検討すべきである。

　日本学術会議が2020（令和2）年8月27日にまとめた提言「博物館法改正へ向けての更なる提言〜2017年提言を踏まえて〜」では、日本の博物館全体の機能強化とレベルアップのため、登録博物館制度から新しい認証博物館制度への転換を提言している。すなわち、認証博物館を一級、二級に区分し、米英を参考に、その認証基準の策定や検証、評価等を担う第三者機関の設置を提言している。第三者機関の設置については、これまでも文部科学省の委託を受けて日本博物館協会で検討しているが[6]、財政的な問題もあり、具体的な制度設計には至っていない。2021年の文化審議会答申では、登録に係る審査主体については、「引き続き都道府県・指定都市の教育委員会が担うことが適当である」としつつ、「審査する際に、それぞれの教育委員会において、第三者の専門家の意見を聴くものとすべきである」と、ややトーンダウンした表現となっている。

　ただし、登録であれ、認証であれ、それに伴うメリットがなければ意味がない。新たな制度では、予算や税制、規制緩和等の優遇措置だけでなく、運営や学術面での指導助言的な内容も含まれるべきで、近視眼的な数値目標等に基づく評価基準で判断するのではなく、真に博物館再生に向けた総合的な観点からのメリットが付与されなければ、再び形骸化の道を歩むことになるであろう。協力者会議の報告書には、〈別紙2〉として新しい博物館登録制度によって期待されるプラス効果が掲載されているが、正直なところ十分な内容ではなく、同会議の委員であった鷹野光行も「たぶんに精神的なメリットに終始しており、さらなる工夫が必要である」（鷹野 2007）と述べ、辻秀人は「この別紙2は惨憺たるもので、メリットが何もない中で書かざるを得なかった文科省担当

登録博物館及び博物館相当施設に対する法令上の優遇措置 (2022 年 1 月 1 日現在)

根 拠 法	優遇措置
展覧会における美術品損害の補償に関する法律（第 2 条）	展覧会のために借り受けた美術品に損害が生じた場合、国がその所有者に対し当該損害を補償することが可能。
美術品の美術館における公開の促進に関する法律（第 2 条）	登録美術品として展示され、相続が発生した場合に国債や不動産などと同じ順位で物納することが可能。
絶滅のおそれのある野生動植物の種の保存に関する法律（第 12 条第 1 項第 9 号、第 48 条の 4、第 48 条の 10）絶滅のおそれのある野生動植物の種の保存に関する法律施行規則（第 5 条第 2 項第 4 号）	「認定希少種保全動植物園」の認定を受けることにより、希少野生動植物種の個体の譲渡し規制が原則として適用。
土地区画整理法（第 95 条第 1 項第 1 号）土地区画整理法施行令（第 58 条第 1 項第 8 号）	登録博物館の用に供している宅地に対する換地計画において、特別の考慮が払われる。

登録博物館に対する法令上の優遇措置 (2022 年 1 月 1 日現在)

【私立博物館】

根 拠 法	優遇措置
土地収用法（第 3 条第 1 項第 2 号）租税特別措置法（第 33 条ほか）	登録博物館に対して土地等を譲渡した場合、譲渡者について譲渡所得の特別控除又は代替資産の所得に伴う特例の適用を受ける。
関税定率法（第 15 条第 1 項第 1 号）関税定率法施行令（第 17 条第 1 項第 4 号）	登録博物館において標本等として用いる物品を輸入し又は寄贈された場合、関税が免除される。
所得税法（第 78 条第 2 項第 2 号）所得税法施行令（第 216 条）法人税法（第 37 条第 3 項）法人税法施行令（第 76 条）	登録博物館の新増改築の費用に充てるために行う募金について、所得税法等に規定する一定の要件を満たしたもので、財務大臣の指定を受けた寄附金は、税制上の優遇措置の適用を受けることができる。
地方税法（第 701 条の 34 第 3 項第 3 号）	事業所税非課税

【公益社団法人及び公益財団法人】（◎は宗教法人も対象）

根 拠 法	優遇措置
地方税法	・都道府県民税非課税（第 25 条第 1 項第 2 号）・市町村民税（特別区民税）非課税（第 296 条第 1 項第 2 号）◎不動産取得税非課税（第 73 条の 4 第 1 項第 3 号）◎固定資産税非課税（第 348 条第 2 項第 9 号）◎都市計画税非課税（第 702 条の 2 第 2 項）

公益社団・財団法人に対する法令上の優遇措置 （2022 年 1 月 1 日現在）

根 拠 法	優遇措置
租税特別措置法（第 70 条第 1 項） 租税特別措置法施行令（第 40 条の 3 第 1 項第 3 号）	相続・遺贈により取得した財産を公益社団・財団法人に贈与した場合、贈与者に相続税は課税されない。
所得税法（第 78 条第 2 項第 3 号） 所得税法施行令（第 217 条第 1 項第 3 号） 法人税法（第 37 条第 4 項） 法人税法施行令（第 77 条第 1 項第 3 号）	公益社団・財団法人に対する寄附金は、特定公益増進法人に対する寄附金として、寄附金控除又は寄附金損金算入の特例の適用を受ける。

博物館等に対する法令上の優遇措置 （2022 年 1 月 1 日現在）

根 拠 法	優遇措置	対 象
特定外来生物による生態系等に係る被害の防止に関する法律第 5 条第 1 項 特定外来生物による生態系等に係る被害の防止に関する法律施行規則第 3 条第 1 項	主務大臣の許可の下、特定外来生物の飼育などが可能。	博物館、動物園その他これに類する施設
鳥獣の保護及び狩猟の適正化に関する法律第 9 条第 1 項 鳥獣の保護及び狩猟の適正化に関する法律施行規則第 5 条第 1 項第 1 号	環境大臣の許可の下、鳥獣保護区での鳥獣の捕獲や卵の採取などが可能	博物館、動物園その他これに類する施設
検疫法及び狂犬病予防法の一部を改正する法律第 7 条第 2 項 犬等の輸出入検疫規則第 4 条第 4 項	展示用かつ特別な管理を要する犬等について、動物検疫所長による管理方法に関する指示の下、検疫所以外の場所に当該犬等を係留し、検疫を実施できる。	博物館、動物園その他これに類する施設
塩事業法附則第 38 条第 1 項 塩事業法施行規則附則第 11 条第 4 号	博物館等の展示用の塩は「特定販売」から除外	博物館等
銃砲刀剣類所持等取締法第 4 条第 1 項第 10 号	都道府県公安委員会の許可を受け、観覧用の鉄砲、刀剣の所持が可能	博物館その他これに類する施設

【公立博物館】

根 拠 法	優遇措置	対 象
激甚災害に対処するための特別の財政援助等に関する法律（第 16 条）	激甚災害からの復旧工事費等への 3 分の 2 補助	公立社会教育施設

事務官の苦労が思いやられる」と述べている（辻 2019）。

　水藤真が「博物館が社会的な認知を受けたいのなら、法による登録という認定とともに、博物館自身がその存在理由を市民や社会に示し、認めてもらう必要がある」（水藤 1998）と述べているように、博物館の社会的な使命や役割を考えた制度設計にしなければ、国民の理解はえられないであろう。

　折しも、2019（令和元）年 9 月に ICOM 京都大会で様々な議論が行われたが、日本での博物館法改正も、こうした国際的な議論を踏まえる必要があり、博物館関係者の叡智を絞って、登録制度のインセンティヴの充実につながる予算や税制措置を含め、よりよい登録博物館制度を実現しなければならない。

（5）登録の設置主体の課題

　協力者会議の報告書で提言された登録の設置主体の限定撤廃について、現状において登録主体となれない設置主体についての課題を整理すると、以下のとおりである。

1）国立の博物館

　国立の博物館は、意外に思われるかもしれないが 2018（平成 30）年度社会教育調査では 228 館もある。一般に連想される国立博物館・美術館は、今はほとんど独立行政法人になっているが、それでも 70 館（うち博物館相当施設は 30 館）ある。国直轄の 158 館は、例えば文化庁の国立近現代建築資料館、宮内庁の三の丸尚蔵館、気象庁の気象科学館、国土交通省国土地理院の地図と測量の科学館等のほか、全国の自衛隊駐屯地等に約 90 館ある史料館や広報施設、国土交通省の地方整備局や河川局が設置している資料館、環境省のビジターセンターなどがあり、すべて類似施設となっている。

　これまで国立の博物館は、各省の設置法によって定められていること、また、その機能において公私立の博物館とは相当の隔たりがあることを理由に対象から除外されていると説明されてきた。より実質的な理由としては、博物館法制定の前年の 1950（昭和 25）年に文化財保護法が制定され、国立博物館が文化財保護委員会（現文化庁）の附属施設の位置付けとなった(8)ことから、博物館法の対象とすることができなかったという経緯がある。現在、独立行政法人

になっている文化庁所管の国立博物館・美術館はすべて博物館相当施設になっているが、独立行政法人の個別法によってその設置が定められている点は変わらない。中小博物館も含めた我が国博物館全体の制度参加を促す観点からも、国立博物館を登録博物館法の対象とする意義は大きいと思われるが、一方で独立行政法人は自己収入を得ることが求められており、原則とはいえ入館無料を規定している博物館法第 23 条と矛盾するという問題がある。さらに、博物館は社会教育施設であることを考えると、国立科学博物館は、その目的に「社会教育の振興を図ることを目的とする」と規定しているものの（独立行政法人国立科学博物館法第 3 条）、国立博物館は「文化財の保存及び活用」（独立行政法人国立文化財機構法第 3 条）、国立美術館は、「芸術その他の文化の振興を図ること」（独立行政法人国立美術館法第 3 条）を目的としており、ここでも博物館法の性格そのものが問題となる可能性がある。

　そもそも博物館法では、公立博物館及び私立博物館の類型しか設けておらず、第 2 条の定義において「その他の法人」に独立行政法人が含まれないことを明記している。したがって、国立や独立行政法人立の博物館を対象とするのであれば、現行法に新たな章を設ける必要があるのではないかと筆者は考えていた。

　2013（平成 25）年末に、独立行政法人国立文化財機構と国立美術館の統合に関する議論があった際に、同年 12 月 5 日に公明党がまとめた「独立行政法人に関する提言」において、「国立文化財機構については、博物館法上の登録博物館の指定から外れていることを踏まえ、今後の博物館法のあり方について検討し、適切な法制上の措置をとること」と述べられていたのは注目に値する。

　しかしながら、2021（令和 3）年の文化審議会答申では、「我が国の博物館に関する法令においては、国立博物館に係る独立行政法人個別法令等と、公立・私立博物館に係る博物館法が、両輪として体系を構成しているのであり、実務上は、博物館法の登録の対象とする必要は必ずしもないと考える」とし、国立及び独立行政法人立の博物館を登録の対象とすることを否定したことは、痛恨の極みである。

　2）地方独立行政法人の博物館

　2019（令和元）年 4 月 1 日に地方独立行政法人大阪市博物館機構が設置され、大阪市の 5 つの博物館、美術館（大阪市立美術館、大阪市立自然史博物館、大阪市立東洋陶磁美術館、大阪市立科学館及び大阪歴史博物館）⁽⁹⁾が地方独法立の博物館となった。また、2021（令和 3）年 4 月 1 日には、大阪市立天王寺動物園も地方独立行政法人となった。これらの館園が、登録博物館の設置主体になり得ないという現状は早急に改善しなければならない。既に地方独立行政法人の一類型となっている公立大学法人の大学博物館も同様である。⁽¹⁰⁾

　日本博物館協会においても、第 61 回全国博物館大会の決議文（2013（平成 25）年 11 月 8 日）において、「公立博物館の運営に地方独立行政法人制度が導入可能となったが、現行の博物館法における登録制度の在り方との間に大きな課題を残している」と述べ、第 62 回、第 63 回大会でも同趣旨の決議がなされた。

　2021 年の文化審議会答申では明言してないが、地方独立行政法人及び公立大学法人の博物館については、同答申を踏まえた法改正により、登録博物館の対象となると認識している。しかし、国立及び独立行政法人立の博物館を対象とせずに法のバランスがとれるのだろうか。

　3）学校附属博物館

　近年、一般公開を前提として学内に総合博物館を設置する例が多くみられるようになり、特に大学博物館は、大学等における専門的な調査研究の拠点として、また、博物館学等の専門研究領域及び博物館に関わる人材養成の場として、そして大学等の調査研究の成果を地域住民や地域の博物館に還元する窓口として機能しており、その重要性が高まっている。

　学校に附属する博物館は、博物館法制定当初文部省が作成した資料には、「学校に附属する博物館は、それぞれの学校教育の目的達成のための教育機関として設置運営されているものであって、公衆の利用の促進を図って、その文化的教養調査研究等、社会教育的活動を主たる目的としないものでもあるから、この法律の適用除外としたのである」とある。

　小・中・高等学校等については、近年余裕教室を地域の資料館として公開し

たり、水族館を設置するところも増加傾向にあるが、基本的には学芸員が配置されておらず、研究機能が十分でないなどの点で登録博物館の対象外となる。ただし、教育委員会あるいは学校法人の判断で専属の学芸員が配置されれば、登録の対象とすることを拒むものではないだろう。

　国立学校附属博物館については、国立の博物館と同じ理由により、従来登録博物館の対象外とされてきた。2004（平成16）年4月より国立大学法人となったことによって、文部科学省設置法上に基づく施設ではなくなり、国立大学が「我が国の高等教育及び学術研究の水準の向上と均衡ある発展を図る」（国立大学法人法第1条）ことを目的としていながらも、「公開講座の開設その他の学生以外の者に対する学習の機会を提供すること」（第22条第1項第4項）等を業務内容としている点で、附属博物館については社会教育施設として捉えることも可能ではないかと考えられる。しかしながら、国立大学法人法第37条第2項では、「博物館法その他政令で定める法令については、政令で定めるところにより、国立大学法人等を独立行政法人通則法第2条第1項に規定する独立行政法人とみなして、これらの法令を準用する」と規定しており、①で述べた独立行政法人の問題を解決しない限りは、登録博物館の対象とすることはできない。しかしながら、博物館法では、「社会教育的活動を主たる目的としないもの」を排除するために登録制度及びそのための審査制度を設けているのであって、学校教育上支障のない限り、すなわち設置者あるいは学校長の同意が得られる場合は、学校附属博物館も登録博物館の対象とするのが博物館法の精神というべきであろう。

　次に、私立学校附属博物館については、創設者の顕彰や当該学校法人の歴史を展示する施設である場合が多く、公衆の利用の促進や社会教育的活動を主たる目的としないものが多かったこと、また既に私立学校として国庫補助がなされていることなどから、税制上の優遇措置を講じる登録博物館の対象外とされてきた。逆に言えば、税制上の優遇措置を講じないこととすれば、学校法人を博物館法の対象とする法改正は必要だが、私立学校附属博物館を登録博物館とする法的な問題は特にない。ただし、同じ学校でありながら、私立学校附属博物館が登録の対象で、国立大学附属博物館が対象でないというのは、制度として整合性を欠くことになる。

　2021 年の文化審議会答申では明言していないが、法の整理としては国立大学法人の博物館は登録の対象外となると認識しており、同じ学校附属博物館でありながら公私立学校の博物館のみ登録の対象となる法改正が見込まれているが、個人的には釈然としない。

　なお、古くは 1958（昭和 33）年の全国大学博物館学講座協議会の第 3 回総会において、「学校博物館法」の制定について議論がなされたり、図書館のように学校に博物館を必置とすべきとする論考もたびたび見られるが、実現には至っていない。ただし、1996（平成 8）年 1 月に学術審議会学術情報資料分科会学術資料部会が「ユニバーシティ・ミュージアムの設置について（報告）」を取りまとめて以降、国立大学を中心に大学博物館の整備が促進されるようになった。1998（平成 10）年には「大学博物館等協議会」も設置されたが、私立大学の加盟がほとんどなく、逆に全国大学博物館学講座協議会には国立大学がほとんど参加していないという課題がある。

4）営利法人立（株式会社等）博物館及び個人立博物館

　そもそも利潤追求を目的とした法人については公益性の観点から問題があり、ICOM 規約においても、博物館を「非営利で常設の機関」と定義している。法制定当時には存在しなかったものの、現在は営利法人が設立した博物館においても教育上の優れた取組を行っている館も少なくなく、博物館相当施設の指定を受けた営利法人立施設も 60 館以上ある。しかしながら、いわゆる企業博物館の中には、当該企業史料の保存や社員教育、自社ブランドの向上等の機能や PR 的な施設も多く、公益性や公共サービスの観点から、これらを一律登録博物館の対象にするのは困難であろう。同様に、個人立博物館についても、経理の明白性、安定性、継続性の確保等の課題がある。

　しかしながら、2006（平成 18）年にいわゆる「公益法人制度改革関連三法」が公布され、すべての財団法人及び社団法人が設置する博物館は、一般法人となるか公益法人となるかの選択を迫られた。多くの私立博物館は、公益法人となるべく公益目的支出計画の策定等様々な対応を余儀なくされたが、これにより税制優遇措置は伴わないものの、一般法人への法人化が容易になっており、結果的に登録博物館の対象が拡大されることになった。営利法人立及び個人立

202

の博物館については、まずは法人化を促すことが求められるが、公共性、継続性等を担保できる場合には登録の対象とすることも考えられる。

2021 年の文化審議会答申では、新しい登録制度においては、「民間の法人が設置する博物館については、博物館として一定のレベルでの公益性を担保する必要もある」としつつ、「その際、博物館としての財務状況を法人全体のものから区分して確認するなどの措置が必要になると考えられる」と指摘している。営利法人を利するような制度としてはならないことは言うまでもない。

2. 学芸員制度

（1）国家資格としての「学芸員」

我が国の「学芸員」は国家資格である。博物館法上、「博物館に、専門的職員として学芸員を置く」（第 4 条第 3 項）こととされ、「学芸員は、博物館資料の収集、保管、展示及び調査研究その他これと関連する事業についての専門的事項をつかさどる」（第 4 条第 4 項）こととされている。また、博物館法体系では博物館を社会教育施設と位置づけていることから、学芸員は教育従事者としての立場も有することになる。そして、その資格を取得するために必要な単位等の要件については、博物館法施行規則で詳細に定めており、最近では2009（平成 21）年 4 月に改正が行われ、養成課程の充実が図られたことは周知のとおりである（2012（平成 24）年 4 月 1 日施行）。

ただし、大学における「博物館に関する科目」の単位の修得については、各大学で開講している科目について文部科学省が個々に課程認定を行っているわけではないので、自ずからその質や内容については差があると言わざるを得ない。したがって、学芸員資格の"質の保証"という観点から養成制度の抜本的な改善を図るためには、教員養成と同様に課程認定制度を導入するなり、国家試験を必須とすることなどを検討するべきだが、現時点では現実的ではない。

問題は、毎年およそ一万人もの"学芸員有資格者"が輩出されていながら、博物館に就職できるのは数パーセントに過ぎないことだ。文化庁が 2019（令和元）年度に実施した「博物館の機能強化に関する調査」報告書（委託先：み

ずほ総合研究所株式会社）によれば、2018（平成 30）年度の一大学ごとの資
格取得者数の平均が 25 人程度であるのに対し、博物館関係への就職者数は、
平均すると 0.7 人であり、学部卒のみのデータであるとはいえ、依然として博
物館関連への就職は狭き門であることがわかる。また、日本博物館協会による
日本「令和元年度日本の博物館総合調査報告書」では、採用時に学芸員資格を
必須としている館は 57.4% に過ぎず、「必須ではないが、考慮している」が
31.0%、「要件にもしていないし、考慮もしていない」館は 11.6% であった。
とりわけ自然史系博物館では必須にしているところが少なく、学芸員資格を採
用条件に課すと応募者数が激減するという（斎木 2016）。

　学芸員以外の社会教育に関する国家資格としては社会教育主事と司書があげ
られるが、これらが戦前から制度としては存在していたのに対し、学芸員は、
戦後、博物館法の制定によって初めて制度化されたという点で大きく異なる。
しかし、後発の国家資格として、先行する社会教育に関する資格制度の枠組み
を踏襲することになったと思われ、三資格に共通しているのは、いずれもいわ
ゆる任用資格だということである。任用資格とは、任用されて初めてその資格
を名乗ることができるもので、大学等で必要な単位を取得して卒業したとして
も、"学芸員有資格者" となるだけで、博物館（厳密には、登録博物館のみ）
の職員となり発令されない限りは、法令上「学芸員」資格は発生しない。

　日本の学芸員は、後述する欧米のキュレーターに比べて社会的地位は低く、
その職掌は法令上、博物館法の対象範囲内に限られる。しかし、いわゆる資料
蓄積型の社会教育・文化・学術施設において、資料に関する専門的な研究を行
い、その知識をもって展示・保管業務を行う国家資格は学芸員しか存在しない
ため、結果的に "学芸員有資格者" が博物館以外の施設で学芸業務を行う場合
も「学芸員」を名乗ることが多い。地方公共団体において埋蔵文化財担当職員
に「学芸員」発令をしている例などは、その典型であろう。同様に、教育委員
会事務局や文化ホール、図書館等で学芸業務に従事している者が「学芸員」発
令されていたり、自ら名刺に資格名を書いている例なども散見されるが、もと
より博物館法が想定している用例でないことは言うまでもない。倉田公裕も、
日本学術会議での学芸員問題に関するヒアリングの場で、「役所の文化課でも
学芸員というのを置いているのです。ひどいのは、銀座の画廊で学芸員という

名称を使っている。学芸員は博物館の専門的職員なのですからおかしいのです」と述べたという（倉田 1992）。

　ただし、同法には特段罰則規定もなく、社会的な影響も大きいとは思えないため、このことについて是正命令や指導等を行ったという例は寡聞にして知らない。そもそも、当の本人が任用資格であることを認識していない場合も多いのではないかと思われる。

　その点、同じ任用資格である社会教育主事については、2018年2月の社会教育主事講習等規程（昭和26年文部科学省令第12号）改正により、「社会教育士」と称することができるようになった。社会教育士の任用は、教育委員会である必要はなく、地域やNPO、企業等であってもよく、多様な主体と連携・協働して、環境や福祉、まちづくり等の社会の多様な分野における学習活動の支援を通じて、いわば「学びのコーディネーター」あるいは「ファシリテーター」として人づくりや地域づくりに携わる役割が期待されている。いわゆる基礎資格的な"博物館のよき理解者・支援者"としての学芸員という考え方は、むしろこの考え方に近いのかもしれない。2021（令和3）年の文化審議会答申では、学芸員とは別に博物館の活動に関与する者を増やすための方策として、「このような動きも参考としつつ、さらに検討を進める必要がある」と述べている。

（2）学芸員とキュレーター

　「学芸員」という名称は、法令上は博物館法の制定によって初めて規定され、国家資格の位置づけとなったが、現場ではそれ以前も博物館の専門職員に対して「学芸員」という名称は使われていた。例えば、棚橋源太郎『眼に訴へる教育機関』（1930年、宝文館）において「学芸員」という言葉が使われており、それ以前にも東京帝国大学の助教授であった團伊能が、『博物館研究』（第1巻第3号、1928年）に、当時の博物館問題を取り上げた記事の中で「学芸員（キューレーター）」という表現を記している。團は、当時日本では図書館が普及しつつある一方で、博物館の設置は不十分で、認識も不足している原因の一つとして、博物館の職務と運営に秀でた「キューレーター」が少ないことを挙げているが、少なくとも團は「学芸員」＝「curator」と認識していたことが

わかる。

　公文書上は、1886（明治 19）年 3 月に農商務省博物館が宮内省図書寮付属博物館となり、1889（明治 22）年 5 月の宮内省達第 7 号で、帝国博物館（東京）に「学芸委員」を 5 人奏任官待遇で置くことを定めている。学芸委員は、「天産人工古今ノ物品ニ就キ、性質効用及用法来歴ノ研究、或ハ時世事物沿革ノ考証並ニ其図書編著ノ事ヲ掌ル」と規定されており、「学芸員」という名称の淵源となったものと思われる。また、1923（大正 12）年に勅令第 302 号で改正された東京博物館官制において、「学芸官」という官職名が初めて登場し、1938（康徳 5）年 12 月 24 日に満洲国で公布（翌 1 月 1 日施行）された国立中央博物館官制でも「学芸官」、「学芸官佐」を置いている。満洲国において学芸官は curator と英訳されたが、現行博物館法において、学芸員イコール curator ではないことは言うまでもない。法制定当時に GHQ（連合国軍最高司令官総司令部）に提出したと思われる英文資料では「学芸員」の訳は、「curator」ではなく、「art official」であった。当時の担当者の苦渋の判断を垣間見ることができよう。「curator」という言葉は、本来は部門長を意味し、現在においても我が国の学芸員と欧米の curator の資質・能力は大きく異なる。倉田公裕は「キュレーターを学芸員と誤訳した罪は大きい。例えば、一流ホテルと木賃宿（旅人宿）を同一視したような誤訳である」（倉田 2009）とまで非難し、鶴田総一郎は、日本の学芸員は「いわば博物館専門職員として最低の水準以上にある人」（鶴田 1956）と述べたが、協力者会議の第二次報告書でも、「大学における学芸員養成教育を“博物館のよき理解者・支援者の養成の場”と位置づけるのではなく、学芸員として必要な専門的な知識・技術を身に付けるための入口として位置づけることが必要」であり、「学部では、汎用性のある基礎的な知識（＝Museum Basics）の習得を徹底する観点から、大学において修得すべき「博物館に関する科目」の内容を精選する必要がある」と結論付けた。

　実は国によって「curator」の位置づけが異なる問題は既に国際レベルでも議論されており、2005（平成 17）年 3 月、ICOM イタリア委員会主催によるシンポジウムで、ドイツ、フランス、スイスの博物館専門家から「curator」の要件が国によってあまり相違がないようにすべきではないかと議論された。

同じく「registrar」という用語も「curator」同様、国によって、あるいは機関によって異なるため、少なくとも EU 圏内では用語の定義を等しく定めるべきであるとの意見が多数を占め、最終的には「European frame of reference（ヨーロッパ参照フレーム）」を創るべきであるとの結論に達した。2 年間にわたる作業部会の検討の結果、2007（平成 19）年 8 月に開催された ICOM ウィーン大会でこの提案が紹介され、その後同年 11 月にベルリンで開催された作業部会で最終案を取りまとめた。ヨーロッパ参照フレームの目的は、博物館専門職の国内基準及び国際基準を定めることにあったが、同時に、専門職の異動をしやすくし、人材の流動性を確保する観点からも資格要件、学歴用件を定めることにあった。ヨーロッパ参照フレームの序文には「博物館は人々のために、人々によって創られているのであるから、専門的知識、関心事項、責任性などの重要性について一人ひとりが認識しなければならない」と記されている。職能は Collection and Research、Visitors 及び Administration、Management and Facilities の三つに大別され、各職能の資格・学歴要件について①職務内容、②学歴要件、③資格、④特記事項の 4 つの観点から定義し、個々の専門職ごとに求められる学歴と資格要件、経験年数も目安として定められている。

　学芸員の資格見直しで避けて通ることができない問題は職能分化の問題であろう。EU の流れを一瞥しても、博物館専門家の能力基準を統一する試みは、将来的にアジア諸国にも影響を及ぼす可能性がある。フランスや韓国では、博物館専門家のレベルを分類し、高度な専門性を身につけた者は上位資格へ昇格できることになっている。次回の学芸員資格の見直しの際には、ヨーロッパ参照フレームのような考え方を導入し、日本、韓国、中国、台湾、あるいはアジア圏内の国々との間で共通基準を創るようなグローバルな視点も検討することも必要ではないだろうか。

　アメリカには、日本の学芸員のような博物館に関する国家資格制度はない。ただし、AAM（アメリカ博物館協会）の登録認定基準には「博物館に関する知識や経験が豊富な有給の専門職員が 1 人以上いること」がアクレディテーション（認定）の要件とされており、学歴的には最低でも修士以上が望ましいといわれている。一般的には、学部段階で歴史学、美術史、人類学あるいは動物

学や天文学等の専門分野の基礎的な学習をした上で、大学院修士課程で副専攻として博物館学（Museum Studies）をはじめとする博物館の職務に必要な学問を実践的に深める場合が多い。イギリスでも、国家資格はないものの MA（イギリス博物館協会）による資格認定制度があり、申請資格を得るためには一定の実務経験または MA が認定した大学院での学習が必要とされており、やはり修士以上が一般的である。我が国の学芸系職員は、修士 32.0％、博士3.7％ にとどまっている（株式会社丹青研究所「博物館制度の実態に関する調査研究報告書」（2006 年 3 月））のが現状だが、大学院を修了したからといって博物館において即戦力となるわけではない。矢島國雄は、「課程教育はあくまで準備教育であり、基礎教育である。完成教育ではありえない」と明言し、「本格的な専門職としての養成は、あくまで現職教育にゆだねるというのがこの制度の本質ではないかと思う」と述べている。その上で、前述のように欧米では相当の研究業績と実務経験を経た上で curator に昇格するのが実態であるのに対し、日本の学芸員は「研究者、教育者、技術者の性格を併せ持ったものと位置付けられており、近年ではこれに経営管理能力をも求める方向となっている。つまり、今日では curator と学芸員とはある意味でまったく性格の異なる専門職なのである」とし、「学芸員を curator と訳すことはその制度や本質を理解しておらず、問題があるといえよう」と述べている（矢島 2016）。

　curator は、「curation」という言葉の持つ意味合いに即して作られたアメリカ流の表現で、「curate」すなわち展覧会を企画・立案または組織する人のことを意味し、「学芸員」のように博物館の専門職員としての統一的な名称ではない。そのため、上述の「ヨーロッパ参照フレーム」のような必要性が生じてくるわけだが、実態としては今なお博物館現場では、職務内容によって多様な名称で呼ばれている。例えば、教育関係はエデュケーター（educator）、資料の保存・修復関係はコンサバター（conservator）またはレストアラー（restorer）、資料の登録・管理関係はレジストラー（registrar）、映像記録業務関係はドキュメンタリスト（documentarist）、調査研究関係はリサーチャー（researcher）、展示デザイン関係はエキジビション・デザイナー（exhibition designer）またはエキジビット・デベロッパー（exhibit developer）等多岐にわたる。さらに、大規模な館では専ら外部資金調達を専門とするディベロップメ

ント・オフィサー（development officer）やそのための申請書類等の作成を担当するグラント・ライター（grant writer）、展示等の評価検証を担当するエバリュエイター（evaluator）、所蔵作品を他の博物館、美術館に貸し出す際に保護や展示指導のために作品の付き添いをするクーリエ（courier）等も専任で配置している場合もある。[22]

　アメリカの curator は、日本の学芸員よりも高い権限を有し、大学の教授職に相当する存在であり、様々な技能職員や事務職員を統括して館の運営を企画・推進する博物館の実質的運営責任者である場合が多く、小規模な館では curator がそのまま館長（director）等を意味することもある。そもそも、館長職を専門性を持たない行政官が務めることは、アメリカではまず考えられず、研究職でないのであればオーナーであるか、外部資金を調達するなどのマネージメントに長けた専門家であることなどが必須であり、何より尊敬と信頼を得ることのできる人材であることが求められている。

　日本では、多くの博物館が人員不足から少人数で研究活動は勿論のこと、資料の収集や保存、展示の企画立案、作品の貸借や保険の手続き、展覧会図録用の写真撮影やその執筆と編集、そして実際の展示造作や照明計画、広報、教育普及事業まで行っていることが多い。一見、一人で何役もこなすスーパーマンのように見えるかもしれないが、複数の専門家がチームを組んで作業をしたほうが、質的にも量的にも優れた展覧会を開催できることは言うまでもないだろう。実際、ある美術館では、職能分野別に体制を組んで対応しようとしたが、そもそも全体の人員が不足しているために、いざ海外の美術館と連携しようとしても多勢に無勢で各分野で仕事がまわらなくなり、結局もとの体制に戻したという。一人一人の能力は優れていても、少ない人数でこなせることの限界はあり、欧米の体制だけを真似ても優れた運営はできない。それが日本の博物館の現実であれば、少ない人数で相互に複数の職務を分担し合い、外部の研究者や業者等と連携・協働しつつよりよい運営を目指すことが、日本型の学芸員のあるべき姿ということなのだろうか。浜田弘明は、大学院修了者には一種学芸員、学部修了者には二種学芸員、短大修了者には三種学芸員という資格を付与し、従事できる業務例として、一種学芸員は中央館業務を中心に、二種学芸員は地域館業務を中心に、三種学芸員は案内、解説業務に従事してもらう日本的

制度を提案しているが（浜田 2020）、案内や解説業務を行う水準のものを国家資格と位置付けられるかどうかは疑問であり、むしろ学芸員補に与えられる称号と考えたほうが妥当ではないだろうか。日本学術会議が 2020（令和 2）年にまとめた「博物館法改正へ向けての更なる提言～2017 年提言を踏まえて～」でも、「一種学芸員」と「二種学芸員」に区分した学芸員資格の導入を提案している。

　それ以前に、学芸員の社会的地位が低いことこそ、早期に改善されなければならないが、理想は高く掲げつつも、現実に置かれている状況の中で最善の対応を考えていく必要があるだろう。実は欧米でも、地域の歴史協会（Historical Society）等の小さな博物館では、少数の学芸スタッフが複数の職務をこなしながら運営を行っており、大規模館ばかり比較の対象としていると、本質を見誤ることになる。

（3）学芸員補の必要性

　「学芸員補」については、大学に入学することのできる者、すなわち高等学校もしくは中等教育学校を卒業しているか高等学校卒業程度認定試験（旧大検）に合格していれば、博物館の職員であれば誰でも資格を有することができるので、誤解を恐れず言えば、単なる職名でしかない。"質の保証"を図る観点から、学芸員補の資格を短期大学卒業以上とするべきではないかという意見もあるが、むしろ問題は学芸員補に何ら専門性を求めていないことにあるため、学歴要件を改めたとしても実質的な改善策とはならないであろう。また、学芸員補の英訳について、便宜上「assistant curator」の語を使用することが多いが、これも前述のとおり単なる職名であることを考えると、より適切ではない。青木豊は、「今日の社会では高校卒業者が学芸員補として採用されることは、現実的ではないといって」よく、博物館法第 6 条は「不必要な条文であることは自明の通りであり、本条文の存在が［……］無資格者採用の温床である」と指摘している（青木 2019）。ただし、短期大学における学芸員補養成については、2021（令和 3）年度現在 6 校が開講しているに過ぎないが、例えば郡山女子大学短期大学部においては、卒業生の有資格者が県内の博物館や科学館の受付係や案内係としての需要があり、就職を果たしているという（浜田

2020)。

　その点、司書補は、大学が行う司書補講習を修了することが必要要件となっており、学芸員補の資格制度を改めるのであれば、同様の措置を行うべきではないだろうか。

　2009（平成 21）年の省令改正に際して、協力者会議では、学芸員補資格の見直しについて検討は行っていない。一方で、学芸員の試験認定の受験資格及び試験合格後に必要な実務経験については、学芸員補としての経験だけでなく、社会教育主事や司書、学校や官公庁等において博物館資料に相当する資料の収集、保管、展示等に従事する「学芸員補の職と同等以上の職」（平成 8 年文部省告示第 151 号：博物館法改正を受けて平成 20 年 6 月に改正）にあった者の経験についても同等に評価することを明確化し、実態として博物館法に基づく「学芸員補」としての発令を受けることが重要視されなくなっている。まさに名よりも実を取っているわけだが、同協力者会議の第二次報告書では、「ただし、実務経験については、本来であれば登録博物館又は博物館法第 29 条の規定による博物館に相当する施設における学芸員補の経験に限定するべきであり、将来的に登録制度の見直しが行われた際には、これらの規定も見直すことが必要である」と述べていることに留意する必要がある。次なる博物館法の改正が行われる時が、再び学芸員補も含めた学芸員養成制度の見直しを行う好機となるだろう。

　2021（令和 3）年の文化審議会答申では、「学芸員補の資格については、法制定時からの大学進学率の向上等の社会的環境の変化を反映した内容に見直しを図る必要がある」としつつも、前述の一定の活用実態を踏まえ、「これらに係る経過措置等を適切に措置する必要がある」と述べている。

（4）我が国の学芸員に求められる資質

　日本の大学における学芸員養成は、養成課程を有する大学こそ 2021（令和 3）年度現在 297 を数えるが、教える側は、実は博物館学の専任教員は全国で数えるほどしかいない。すなわち、多くは考古学や美術史等を専門とする教員であり、学生もまた主専攻のかたわら学芸員養成課程を履修している者が多い。そのこと自体は否定しないとはいえ、大学を卒業して修士課程で博物館学

を学ぼうとしても、今度は博物館学関連の研究科を開設している大学院は30数校しか存在しないというのが実態である。前述のように毎年およそ一万人の有資格者が誕生していながら、実際に博物館に学芸員として就職できるのは数パーセントに過ぎないということがよく喧伝されるが、実は、本格的に博物館学について学ぶ高度専門職業人養成の場そのものが極めて限られているという事実の方が、大いに問題なのではないだろうか。

　また、大規模な博物館に就職した学芸員は、自分の専攻分野でもある担当部門に関しては熱心に研究し、様々な課題にも取り組むものの、担当ではない部門については一切顧みないということも珍しくない。その結果、ともすれば研究のみに没頭するようになり、展示や教育普及関係はおざなりになるという場合すらある。「研究なくして展示はない」という主張はもっともらしく聞こえるけれども、研究だけしか行わない博物館職員は、もはや学芸員ではないだろう。学芸員は、大学の教授とは違うのである。専門性を有しつつも、市民向けの教育事業や広報、国際交流等の業務、時には事務事業にも従事することが求められている。近年、個別の専門分野の研究と、教育普及や保存・修理等、学芸員の分業体制をとっている博物館も見られるようになったが、専門的人材の配置という点では評価されるものの、学芸員は教育普及や保存・修理等に関する基礎的な知識・経験も必要であり、常に来館者を意識した視点を持つ必要もあることを忘れてはならない。

　だからといって、あらゆる分野を対象に仕事をしている小規模な博物館の学芸員が優れていて、学芸員は何でもこなすべきであるというつもりはない。彼らとて好き好んでそのような多岐にわたる業務をこなしているのではなく、実際問題として、少人数で業務をこなすことの限界もある。例えば、全国各地にある郷土資料館や歴史民俗資料館の場合、いわゆる文献史学と考古分野、民俗分野の三分野をカバーしておく必要があるが、これらを一人で網羅できる学芸員はほとんどいない。現実問題として、一館当たりの学芸員数が平均3.93人（相当施設は3.85人、類似施設は0.76人）[23]という現状において、県立レベルの博物館では各分野の担当職員を一人ずつ置いている場合が多いものの、市町村レベルの博物館では一人ないしは二人の職員が三分野を担当し、非常勤や嘱託の職員、時にはボランティアの方がサポートしていることが多い。この場合、

現職または退職した教員や地元の郷土史家等が対応していることが多いと思うが、学芸員の資格を有している例はそれほど多くはないというのが実態だろう。しかし、非常勤職員やボランティアをあてにしていては、いざというときに対応はできない。このため、常勤の学芸員は、すべての分野について広く知っておく必要があり、少なくとも、一般市民からの簡単な問い合わせに対応できる程度の知識はなくてはならない。場合によっては、自然科学分野まで網羅しなくてはならない場合もあるだろう。こうなってくると、もはや市民からの問い合わせに対して「私の専門ではないのでわかりません」と回答するわけにはいかなくなる。実際、ある市の歴史民俗資料館の学芸員から聞いた話では、さすがに専門的な質問には答えられなくても、一般市民からの問い合わせは、季節によってある程度パターンがあり、経験を積むことによってたいていの質問には答えることができるようになるのだという。そうなったときこそ、学芸員は地域の貴重な学習情報資源となり、信頼される存在となるのである。

　ちなみに韓国では、経験年数等に応じて准学芸士から一級学芸士まで四段階の資格に分かれ、研修制度や現職の高度学芸士養成のための大学院大学も整備されている。韓国の博物館法制度は日本の法制度を参考にして作られたものだが、今や完全に追い抜かれて先を行かれていると考えていいだろう。言うまでもないが学芸員の業務は、座学で学んだ理論のみでこなせるものではなく、やはり実務経験を積むことが重要となる。理想とするべき理論や法制度と、実際の現場で求められる活動の現実との離齬を埋めつつ、不測の事態にも対処できる判断力が求められ、経験年数に応じた資格の設定は現実的なものではないだろうか。さらに言えば、学芸員には知的好奇心に裏付けられた幅広い教養とコミュニケーション能力、そして人間的な魅力も必要であり、かつて米田耕司・長崎県美術館長（当時）が「学芸員に必要なのは３O（スリーオー）（おっちょこちょい、お節介、お人好し）だ」と述べていたが、程度の問題はあるにせよ、ある意味的を得た表現であろう。

　世界的に見れば、博物館の専門職員について国家資格を設けている国は少数でしかないが、我が国が早くも 1951（昭和 26）年に学芸員資格制度を設けたことは、我が国の博物館の発展のために人材育成の観点から大きな効果があったことは間違いないだろう。問題は、その後の半世紀に時代の変化に応じた検

証や見直しが十分に行われてこなかったことにある。海外では学芸員のような国家資格を設けている例はほとんどなく、アメリカのように資格をなくすか、イギリスのように博物館協会等の任意資格とするか、韓国のようにより段階的な制度とするか、あるいはフランスのコンセルヴァトゥールのように行政官としての専門職を養成するか、選択肢はいろいろあったはずである。博物館法制定から70年が経過した今日、今一度我が国の学芸員制度を根本から考え直す時期がきているのではないだろうか。

（5）館長に求められる資質

　博物館の館長に関しては、第3章で述べたように、博物館法第4条で「博物館に、館長を置く」とし、第2項で「館長は、館務を掌理し、所属職員を監督して、博物館の任務の達成に努める」と規定しているに過ぎない。博物館法上、館長には学芸員資格は必須ではなく、常勤でなくてもよいため、複数の館長職を兼務したり、月一〜二回程度の出勤で「館務を掌理し、所属職員を監督」しているとは言い難い館長がいるのは事実である。日本の博物館長は、概ね以下のように分類できる。

国公立博物館

　　名誉職　　元首長、元校長、建築家、地元名士
　　行政職　　管理職人事、退職前のポスト、いわゆる天下り
　　研究職　　学芸員からの叩き上げ、元大学教員、研究者
　　公　募　　経営手腕や資金調達の実績のある民間人

私立博物館

　　オーナー（設置者）
　　名誉職
　　研究職
　　一般職　　出資企業からの出向（事務長）

　後藤和民は、博物館長が「学校長や教頭になるための控え椅子や、古手の校長が引退するための余世を送る安楽椅子になっている」状況にあり、「日本において、博物館の健全な発達を阻止し、その基本的な機能や組織を蝕んでいる

ガンは、まさにこの館長の問題にある」と嘆き（後藤 1978）、倉田公裕も「過去、博物館長とは、地元名士の名誉職であり、行政の閑職であり、飾りモノであり、御神輿的に担いで置く象徴的な存在と思われる傾向があった。従って、公立では、上級公務員の捨て場であり、残り少なき定年迄の待合室といった感もあり、その多くは、博物館の役割を充分に知らず、目的達成への積極性も、意欲もない人々も少なくない様であった」（倉田 1998）と述べた。これまでの博物館概論等の専門書では、ほぼ例外なくこうした記述が見られるのだが、近年は行政評価によって館長のガバナンス能力が求められるようになり、以前に比べればだいぶ改善されているようには思われる。ただし、公立美術館についての 2009（平成 21）年のデータ[25]を見ると、館長の雇用形態は、非常勤・嘱託・兼任の割合が過半数を占め、その出自は行政職 56.1%、小中高・大学教員 26.1%、博物館管理職・研究員 17.8% と、現場出身者が非常に少ないというのが現状である。また、公立博物館の場合、自治体や館の規模によって、館長ポストが部長級か課長級かによってその権限は大きく異なり、そういう意味では元知事や元市長が館長であれば、専門性はなくても予算獲得を含め強い権限や幅広い人脈を有していることが多いので、一概にいわゆる天下りを否定するべきではないだろう。要は、いかに経験を積んだ副館長や学芸員が館長をサポートし、明確な方針の下に博物館活動に情熱を持ってもらうかが重要となる。ただし、いかに高名な学者や評論家であっても、実務経験がなければ博物館法が求める館長職は務まらないのであって、短期間での館長ポストの異動は適切ではない。また、指定管理者の館長の場合は、行政と連携した上で館の使命や運営方針に沿った活動ができるような体制を構築しないと、バランスの取れた博物館運営は難しいだろう。

　一般に、欧米の博物館長は強い権限を持っている場合が多い。アメリカ、カナダ、メキシコの美術館館長によって構成される美術館長協会（Association of Art Museum Directors）では、様々なガイドラインを定めており、倫理規程（Code of Ethics）には、美術館長は「個人的な利益のためにその影響力を行使してはならない」と定めている。資金獲得やコレクションの拡充、組織の改編等、強い権限を有しているからこそ、作品売買に関する影響力をはじめ、そのリーダーシップを私利私欲のために行使してはならないと戒めているので

ある。

　ところが、日本では最近ますます制度的なゆがみが生じはじめている。多くの公立博物館では、非常勤の館長であっても、一般職ではなく特別職として、相応の待遇としているが、2017（平成 29）年 5 月、地方公務員法及び地方自治法の一部を改正する法律の公布・施行によって、「会計年度任用職員制度」が導入され、その継続が困難になったのである。同制度は、特別職非常勤職員の任用要件を厳格化するもので、地方公務員法第 3 条第 3 項第 3 号に掲げる職⁽²⁶⁾について、専門的な知識経験等に基づき、助言、調査等を行うものに要件の厳格化を行い、同号及び同項第 3 号の 2 に該当する職⁽²⁷⁾の範囲を具体的に明示し、これらに該当しない職については、施行日以後は会計年度任用職員制度に移行することにした。2019（平成 31）年 3 月 29 日総務省自治行政局公務員部公務員課長ほか通知「会計年度任用職員制度の導入等に向けた留意事項について」の別紙 3 では、「特別職非常勤職員として任用されている公の施設の館長等についても、一般職へ移行する必要があるか。また、公民館長や図書館長、博物館長の職務を実際には副館長等が行い、館長の職を特別職として整理することは可能か」（問 2-4）という問いに対して、以下の回答を述べている（下線筆者）。

○　非常勤の館長等については、事業遂行に当たって、任命権者等に対し助言する「顧問」「参与」等と考えられる場合を除き、<u>原則として一般職に移行することが適当である。</u>

○　なお、館長、研究所長、センター長等を特別職としている場合であって、当該職員が、館、研究所、センター職員の指揮監督等の責任を担っている場合、マニュアルⅡ 2（1）③を踏まえ、当該職員が従事する業務が「相当の期間任用される職員を就けるべき業務」に該当しないか、適切に判断する必要があることにご留意いただきたい。

○　社会教育法に規定する公民館、図書館法に規定する図書館及び博物館法に規定する博物館の館長は、社会教育法第 27 条、図書館法第 13 条及び博物館法第 4 条でその設置及び職務について規定されており、<u>館長が上記の各規定に定められた職務を行う必要がある。また、その職務の内容を踏まえると、上記の各規定に定められた館長の職については一般職と</u>

　すべきである。

　つまり、博物館法に基づく登録博物館の館長である以上は、常勤の一般職と
みなすのが当然であり、いわんや非常勤であれば顧問や参与等の特別な役割が
ない限り一般職にすべきだという、本来あるべき原則を求めたのである。この
制度改正は、地方公務員法の「守秘義務」などの服務等の規定が適用されるべ
き者が、特別職非常勤職員の「嘱託員」等として任用されることによって、機
密保持等の面で問題が生じていたことを踏まえて行われたものであり、そうで
あれば博物館の館長のみ例外とする理由は見出せない。

　これを受けて、博物館長を特別職非常勤としていた各自治体の対応は分かれ
た。2020（令和2）年度の人事異動に際し、福島県立博物館長及び美術館長
は、従来の専門家ではなく、県の行政職の課長を両館長に充てた。一方、福岡
市博物館長及び美術館長は、従来の専門家の館長を特別職「総館長」に変更し
た。「特別館長」や「特任館長」という肩書の大家も増加傾向にある。会計年
度任用職員制度の導入は、本来専門家の常勤館長を置くことが理想と思われる
が、事実上名誉職となっている館長の多くは高齢化しており、そのまま一般職
に置き替えるのは困難であろう。前向きに捉えれば、これを契機として若手人
材の登用が進むことを期待したい。2021（令和3）年1月、滋賀県立近代美術
館は、東京国立近代美術館の主任研究員・絵画彫刻室長であった保坂健二朗氏
を招へいし、40代の県立美術館長が誕生した。保坂氏曰く、[28]「課長になったこ
ともない身」で館長になるというケースは日本ではあまりないが、海外では
「館長というのは、組織のトップであるということよりも前に、方向（ディレ
クション）を決める人物であるという意識が強い」ため、若くて館長になるケー
スも多いという。それゆえ、彼には「館長（ディレクター）」という辞令が
出されており、今後の日本の新しいタイプの博物館長の先駆けとなるかもしれ
ない。

　さらに、女性館長の登用を進めることも必要である。世界経済フォーラム
（WEF）が各国のジェンダー不平等状況を分析した「世界ジェンダー・ギャッ
プ報告書」によると、2021年版「ジェンダー・ギャップ指数」では、日本は
156カ国中120位でG7中最下位、政治家・経営管理職、教授・専門職、国会

議員数では、男女間に差が大きいとの評価で世界ランクがいずれも 100 位以下であった。2018（平成 30）年度社会教育調査では、博物館（類似施設を含む）の女性職員の割合は約 49%、学芸員・学芸員補の割合は約 47% で、年々微増傾向にはあるが、管理職についてはまだまだ女性は少ない。美術大学において女子学生が多いにも関わらず女性教員が少ないことも指摘されている。⁽²⁹⁾そもそも女性は、出産、子育て、介護などで仕事のペースを落とさざるを得なくなる確率が高い。このことは社会全体で担うべき課題であり、博物館で働く女性のキャリア・アップについて十分考慮すべきであろう。全国美術館会議会長の建畠哲は、近年美術館長に女性が起用される傾向にあり、2020 年に国立歴史民俗博物館で「性差（ジェンダー）の日本史」展が開催されたことに触れつつ、「性差がすべて否定されるべきかどうかはともかく、多くの場合はアンフェアであるばかりではなく、組織としてのバイタリティーの阻害要因になってしまう。多様性を容認する社会こそが持続的な発展を可能にするのであってみれば、まずは力のある女性の登用に目を向けるべきなのだ。それは公平性の問題であると同時に、人材（今後は海外の人材もといいたいところだが）という"社会的な資本"を積極的に活用する方途でもある」（建畠 2021）と述べている。今後、意識して館長をはじめとする博物館人材のジェンダー構造を変えていく必要がある。

（6）インディペンデント・キュレーターとは

　我が国では、特に現代美術の分野で「キュレーター」という場合、若干異なるニュアンスで使われることが多いので、最後にそのことについて触れておきたい。美術館では、学芸員は展覧会の企画者としての業務が重要な要素を占め、とりわけ現代美術においてはその傾向が強い。なぜなら、現代美術に携わる現役のアーティストにとって、展覧会は重要な社会との接点であり、学芸員は現代美術と社会の橋渡しをする存在としての役割を期待されているからである。したがって、学芸員の仕事は、展覧会のテーマを考え、参加アーティストや作品を選択し、しかるべき展示会場に好ましい効果を発揮するように作品を配置することに加え、カタログ等の執筆や講演、関連事業の企画制作等によって、現代美術が持つ可能性を社会に示す役割を果たすことにある。現代美術の

場合はアーティストが存命の場合がほとんどで、作品に対する歴史的な評価もなされていないため、市場の動向等の社会の変化を受けやすい。このため、学芸員は幅広い視点と柔軟な機動力が求められる。作品も大型化の傾向があり、有機物によって構成されているなど美術館内に展示することが不可能な作品も登場している。また、自然環境や建物そのものが作品になり、もはや美術館というハコモノは必要ではなくなり、オリジナルの作品を「保存」することを前提としていない場合などもある。

　その結果、欧米の現代美術界を中心に、美術館やギャラリー、団体等の組織に所属しないフリーランスのキュレーターという職種が職業として確立するようになってきた。彼らをインディペンデント・キュレーター（independent curator）あるいはゲスト・キュレーター（guest curator）と呼んでいる。

　インディペンデント・キュレーターは、各国、各都市で開催される様々な展覧会企画にプロの専門家として参加したり、自ら企画・開催しており、東南アジアでは各博物館・美術館に属している専門職員としてのキュレーターよりも優秀である場合も多いという。博物館に置かれる日本型の学芸員とは異質な職業であり、むしろアート・ディレクターやプロデューサー的な存在であると言っていいだろう。我が国にも、自称「インディペンデント・キュレーター」が散見されるようになってきたが、十分なキャリアを積んでいない若手である場合もあり、未だ日本では彼らが活躍する土壌が十分に形成されているとは言い難い。しかし、実はその専門性については学芸員と大きく変わらず、むしろ美術館職員としての学芸員こそ、こうしたアート・ディレクターやプロデューサーとしてのマネージメント能力が求められているのではないだろうか。

（7）上級学芸員資格の是非

　インディペンデント・キュレーターの存在を考えると、今や学芸員制度そのものが、グローバル社会の中で大きな変革を求められており、単なる社会教育施設の職員ではなく、博物館の総合的なマネージメントを行う高度職業人材としての育成が必要とされているとも考えられる。学芸員にとって必要とされる基本的な素養は、専門性だけではなく、豊富な教養と語学力、コミュニケーション能力、知的好奇心、さらには健全な体力なども求められている。世界的に

見れば、博物館の専門職員について国家資格を設けている国は少数でしかないが、我が国が戦後間もない時期から学芸員資格制度を設け、体系的に博物館の質の向上のためのシステムを作り上げてきたことは、博物館の発展や人材育成の観点から大きな効果があったことは間違いないだろう。問題は、その後の半世紀に時代の変化に応じた検証や見直しが十分に行われてこなかったことにあり、学芸員資格の取得者数と博物館の採用者数との乖離は、その表れでもある。

　協力者会議では、博物館法改正を念頭に置いた第一次報告において学芸員資格を修士以上に改めることを提言したが、それ以前にも日本博物館協会が1955（昭和30）年の法改正に際して議論した「博物館法等に関する専門部会報告」において、1級〜7級の階梯を作り、実績と経験を踏まえた制度にすることを提案している。しかしながら現状では、博物館学に関する講座・コースを設置したり、大学院や高度学芸員養成のためのリカレント教育を行っている大学院は少数に過ぎず、そうした環境が醸成されるまでは、いわゆる上級学芸員制度の創設は難しいのかもしれない。そのためには、例えば全国のいくつかの大学院を拠点大学院として指定し、高度学芸員養成を行うなどの取り組みが考えられよう。将来的には、現職の学芸員が学ぶことのできる博物館学の専門職大学院を設置することが筆者の夢でもあるが、実は前述の「博物館法等に関する専門部会報告」では、国立大学に博物館学科を設置することや、国立の博物館職員養成所を設けることも提案しているのである。その後、博物館関係者から継続した検討や要望活動が行われなかったのは、残念でならない。一方で、1992（平成4）年に開館した兵庫県立人と自然の博物館のように、兵庫県立大学自然・環境科学研究所の大学職員の併任[30]により、公立博物館では初めてとなる大学機能を併せ持つ博物館も発足しており、博物館学専攻に関しても各地で同様の取り組みができないものだろうか。

　（2）で述べたとおり、日本学術会議は2020（令和2）年にまとめた「博物館法改正へ向けての更なる提言〜2017年提言を踏まえて〜」では、「一種学芸員」と「二種学芸員」に区分した新たな学芸員資格の導入を提案したが、日本学術会議がこうした提案をするのは初めてではなく、2003（平成15）年の学術基盤情報常置委員会の報告「学術資料の管理・保存・活用体制の確立および

専門職員の確保とその養成制度の整備について」では、学芸員とは別に多様な専門職員の配置を行うとともに、それらの「養成のための制度および専門職員の研修制度の確立を、大学院教育の中に位置づけることにも配慮しつつ確立していくこと」を提言している。また、同年の動物科学研究連絡委員会・植物科学研究連絡委員会の報告「自然史系・生物系博物館における教育・研究の高度化について」では、「グローバルスタンダードを満たす水準で［……］博物館の創造的リーダーシップを学術面から支える職としてシニアキュレーターを公的に設定し、資格として創設すること」や、学芸員の俸給表に「行政職の適用を速やかに撤廃すること」を提言するとともに、「大学・大学院と指導的立場にある博物館に横断的なカリキュラムを持つ『博物館高度化機構』を設置」することを提言している。近年でも、2007（平成19）年の「博物館の危機をのりこえるために（声明）」では、「現状の学芸員制度に加えて、例えばより上級の学芸員資格を設け、学芸業務に携わる人々の専門性を高めると同時にキャリアパスを保証し、より多様な社会的ニーズに適切に応えることができる優秀な人材を養成すると同時に確保することが必要である」と述べている。2017（平成29）年の史学委員会博物館・美術館等の組織運営に関する分科会による提言「21世紀の博物館・美術館のあるべき姿—博物館法の改正へ向けて」では、一定水準以上の研究能力が認められる博物館には、研究機関指定の基準、特に博物館の研究費予算措置などの基準の柔軟化を図ることを提案している。実際、文部科学省から研究機関指定を受け、勤務する学芸員や研究員が科学研究費補助金に応募申請できる研究者番号を付与されているのは、2021（令和3）年度現在、わずか48館（国立博物館、国立美術館、国立科学博物館を含む）に過ぎない。同提言では、「研究者の資格の目安とされる科学研究費代表申請資格が、大学や一部の研究機関等に所属する研究者に限られているという制度は、研究の自由と多様性を振興しようとする我が国の学術政策にはそぐわないので、改善の方途を探るべきである」と指摘している。

　科学研究費補助金については、美術史学会や全日本博物館学会が長年にわたって要望活動を行った結果、様々な改善が図られている。例えば従来研究職給与表の適用を受けている学芸員しか申請資格がなかったのが、2001（平成13）年8月7日に「科学研究費補助金取扱規程第2条第1項第1号及び第4号並び

に同条第 4 項の機関の指定に関する要項（文部科学大臣決定）」が策定され、その手続きはゆるやかなものに転換された。また、科学研究費補助金には、従来博物館学の分類がなかったが、2007（平成 19）年度から二年間の時限付で基盤研究（C）の枠で申請が可能となり、その後さらに延長され、2011（平成 23）年度から「総合系」「総合領域」分野に分科「博物館学」、細目「博物館学」が追加された。2013（平成 25）年度には分科「文化財科学・博物館学」、細目「文化財科学・博物館学」に変更されたが、2018（平成 30）年度から「系・分野・分科・細目表」を廃止し、小区分、中区分、大区分で構成される審査区分表に変更され、大区分 A、中区分 3（歴史学、考古学、博物館学およびその関連分野）に小区分「博物館学関連」となった。博物館法制定当時、博物館学が「伝統的な学問分野から見ると、次元の低い、技術の集積を纏めた補助学であり、「トンボ蝶々も鳥のうち」といわれるマイナーな学として、軽く扱われていた」（倉田 2009）頃からすれば、まさに隔世の感がある。一方、かつては日本育英会による奨学金返還免除制度があり、多くの博物館の学芸員がその恩恵を受けていたが、2004（平成 16）年 3 月末の日本育英会法の廃止に伴い、同制度は廃止された。学芸員の研究職としての採用の促進とその地位の向上、待遇の改善、さらに研究環境の改善は、継続的に検討すべき重要な課題であろう。

　また、省令レベルにはなるが、学部段階における「博物館に関する科目」も、改正後 10 年を経過し、そのさらなる拡充も必要であろう。鷹野光行は、前回の改正について「（科目を）新設しなければ対応できないから新設したのであり、私の本音ではまだこれでも十分だとは考えていない」（鷹野 2010）と述べているし、青木豊も、「残念ながら大局的には博物館学を構成する科目群には未だ至っていないと考えられる」（青木 2010）と述べている。我が国の文化振興のためにも博物館を支える人材の養成について、今後さらなる検討が進められることを期待したい。

3. 文化政策としての博物館行政

（1）文化行政における立法

　第3章で博物館法等の改正の経緯を概観したが、博物館行政は国家行政の様々な変化に影響を受けてきたということが理解できたであろう。そして、2020（令和2）年の日本学術会議の提言が「我が国は、文化行政の地方分権化が十分な検討がなされずに推し進められて来たために、国全体として文化芸術政策を俯瞰するのが困難な状況になってきている」と指摘しているように、地方分権や権限移譲の名のもとに、十分な検討がなされずに法改正等が行われてきた面も否定できない。地方分権等の必要性は否定しないものの、俯瞰的な観点が欠如した実績作りの数合わせのための地方分権は、博物館行政の地方格差を生み、小規模館が疲弊していくだけであることに留意する必要がある。

　ここではまず、生涯学習・社会教育行政ではなく、文化行政において進められてきた博物館に関連する法令を概観する。

　1998（平成10）年に相続税における美術品の物納を可能とする「美術品の美術館における公開の促進に関する法律」、2011（平成23）年に展覧会の主催者が海外から借り受けた美術品に損害が生じた場合に、政府が当該損害を補償する「展覧会における美術品損害の補償に関する法律」（いわゆる「美術品国家補償法」）、同年に海外の美術品等の我が国における公開の促進を図るため、海外の美術品等に対する強制執行、仮差押え及び仮処分を禁止する「海外の美術品等の我が国における公開の促進に関する法律」（いわゆる「海外美術品等公開促進法」）が、それぞれ制定された。

　また、館種に応じて、国宝・重要文化財等を所有または展示する場合には「文化財保護法」や「重要美術品等ノ保存ニ関スル法律」、銃砲刀剣類を所有または展示する場合には「銃砲刀剣類所持等取締法」、美術品の展示公開等に関しては「著作権法」が密接に関連してくる。例えば文化財保護法では「公開承認施設」という制度があり、同法第53条に基づき所有者以外の者が国宝・重要文化財を公開する場合、原則として文化庁長官の許可を必要とするものの、

あらかじめ文化庁長官の承認を受けた博物館等は事後の届出で足りることとされている。この承認基準は、文化財の取扱いに習熟している専任の学芸員等が2名以上置かれていることや、博物館の施設全体の防犯及び防火体制の体制が確立していること等を要件とし、その効力は5年間で、承認に際してもその申請前5年間に国宝・重要文化財の公開を適切に3回以上行った実績が求められている（「重要文化財の所有者及び管理団体以外の者による公開に係る博物館その他の施設の承認に関する規程（平成8年文化庁告示第9号）」）。この承認基準自体、かなり厳しい要件を課しているが、各館にとっては国宝・重要文化財を公開するためには必要なことであり、毎年ほぼ120施設程度が公開承認施設になっている。この中には博物館類似施設も一定数含まれており、これらの館は博物館相当施設の申請資格を有していながら、あえて申請していないのはそのメリットがないからであろう。「美術品国家補償法」の制定に伴い、いくつかの大型館が博物館相当施設の指定申請を行ったのは、まさにメリットができたからにほかならない。本来、登録博物館もこの承認基準と同様の要件を課してしかるべきであり、少なくとも登録博物館であることを承認の要件とすることが理想だと思われるが、博物館法では博物館の事業について規定した第3条第1項第8号に「当該博物館の所在地又はその周辺にある文化財保護法の適用を受ける文化財について、解説書又は目録を作成する等一般公衆の当該文化財の利用の便を図ること」とあるだけで、登録博物館制度や学芸員制度と文化財保護法はリンクしていない。博物館法が文化庁に移管された今こそ、再考するべきであろう。

　2001（平成13）年に我が国の文化芸術全般にわたる基本的な法律として「文化芸術振興基本法」が成立し、同法に基づき4次にわたって「文化芸術の振興に関する基本的な方針」が策定されてきた。同法は2017（平成29）年6月に改正され「文化芸術基本法」となり、翌2018（平成30）年に「文化芸術推進基本計画」が閣議決定された。同法第26条では、「国は、美術館、博物館、図書館等の充実を図るため、これらの施設に関し、自らの設置等に係る施設の整備、展示等への支援、芸術家等の配置等への支援、文化芸術に関する作品等の記録及び保存への支援その他の必要な施策を講ずるものとする」（下線筆者）と規定しており、美術館も「博物館」に包含されると定義している博物

館法とのバランスがとれていない。文化芸術推進基本計画でも同様である。これは、従来博物館法の所管が文部科学省の社会教育課であり、文化庁の美術学芸課は「文化施設のうち<u>美術館</u>（独立行政法人国立美術館が設置するものを除く。）<u>及び歴史に関する博物館</u>に関すること」（2018年10月改正前の文部科学省組織令第109条第2号；下線筆者）を所管していたためと思われ、改正後の組織令第97条でも、文化庁企画調整課の所掌事務は、「劇場、音楽堂、美術館その他の文化施設に関すること」及び「博物館による社会教育の振興に関すること」とされている。法令上、文化施設としての「美術館」と、社会教育施設としての「博物館」が併存することになっているわけだが、博物館法が文化庁に移管された以上、わかりやすく整理できないものだろうか。

　文化芸術基本法第36条では、「政府は、文化芸術に関する施策の総合的、一体的かつ効果的な推進を図るため、文化芸術推進会議を設け、文部科学省及び内閣府、総務省、外務省、厚生労働省、農林水産省、経済産業省、国土交通省その他の関係行政機関相互の連絡調整を行うものとする」とされ、「文化芸術推進会議の設置について（平成29年11月10日関係府省庁申合せ）」では、議長は文化庁長官で、メンバーは各府省の局長級となっている。2021（令和3）年12月現在、まだ2回しか開催されていないようだが、博物館法の改正についても、文化芸術推進会議を活用してリーダーシップを発揮してほしいものである。

　なお、文化芸術推進基本計画においては、「今後の文化芸術政策の目指すべき姿」として、「美術館、博物館、図書館等は、文化芸術の保存・継承、創造、交流、発信の拠点のみならず、地域の生涯学習活動、国際交流活動、ボランティア活動や観光等の拠点など幅広い役割を有している。また、教育機関・福祉機関・医療機関等の関係団体と連携して様々な社会的課題を解決する場としてその役割を果たすことが求められている」とされている。将来的な博物館法の改正に当たっては、こうした趣旨の文言を盛り込むことを検討する必要があるのではないだろうか。

　法令ではないが、2017（平成29）年3月から文化庁庁舎内に内閣官房の「文化経済戦略特別チーム」が設置され、同年12月に内閣官房及び文化庁は「文化経済戦略」を策定した。ここでは、「さらなる入館者数の増加のための魅

力ある美術館・博物館の機能強化など、文化芸術資源を活かした我が国の経済社会の活性化のためにも果たす役割は極めて大きい」という記述など、博物館の経済的側面が強調されているが、「文化経済活動を通じた社会包摂・多文化共生社会の実現」といった今後まさに考慮すべき提言もみられる。2018 年 8 月には「文化経済戦略アクションプラン 2018」を策定し、継続的に戦略の進捗状況を評価・検証し、施策内容の充実をはじめ、目標の早期達成や高度化等、アクションプランの継続的な見直しを行うこととされている。

　文化経済戦略も踏まえ、直近では、「文化観光拠点施設を中核とした地域における文化観光の推進に関する法律（いわゆる「文化観光推進法」）が、2020 年 4 月に成立し、同年 5 月 1 日に施行された（観光庁との共管）。同法は、文化の振興を観光の振興と地域の活性化につなげ、これによる経済効果が文化の振興に再投資される好循環を創出することを目的としており、文化観光拠点施設を中核とした地域における文化観光を推進するため、主務大臣が定める基本方針に基づく拠点計画及び地域計画の認定や、当該認定を受けた計画に基づく事業に対する特例措置等について定めている。具体的には、国等による文化資源の公開への協力、共通乗車船券の発行に必要な届出のワンストップ化や道路運送法・海上運送法における事前届出を事後届出で足りることとするなど手続の簡素化、日本政府観光局（JNTO）による海外宣伝、国・地方公共団体・国立博物館等による多言語化や ICT を活用した展示等について助言、文化財登録原簿への登録を提案することなどで、2019（令和元）年 1 月に創設された「国際観光旅客税（いわゆる「出国税」）」による税収を財源とした文化資源を活用したインバウンドのための環境整備事業も行われている。しかしながら、その後の新型コロナウイルスの感染拡大により、当面インバウンドが停滞し、税収の伸びが期待できない中にあって、SDGs にも配慮した文化行政としての施策の軌道修正についても検討する必要があろう。

（2）環境行政等における立法

　文部科学省は、近年動物園・水族館や植物園に対して積極的に関与してこなかったが、動物園・水族館や植物園に対して登録博物館のメリットを拡充するのであれば、環境省や国土交通省、経済産業省、農林水産省等他省庁所管の制

度も視野に入れなければならない。

　例えば、日本動物園水族館協会では、2013（平成25）年から「いのちの博物館の実現に向けて――消えていいのか、日本の動物園水族館」と題したシンポジウムを全国展開し、「動物園水族館法」の制定や「国立動物園」の設置を要望した。また、2016（平成28）年には「特定非営利活動法人国立動物園をつくる会」が発足している。

　環境省は、2013（平成25）年10月に「動植物園等公的機能推進方策のあり方検討会」を発足させたが、総合的な博物館法制度を構築する発想はなく、環境省所管による新法の制定が小規模動物園等を切り捨てることになる懸念等から新たな立法は見送られた。一方で、2017（平成29）年の「絶滅のおそれのある野生動植物の種の保存に関する法律（いわゆる「種の保存法」）の改正によって、希少種の保護増殖という点で一定の基準を満たす動植物園等を環境大臣が認定する「認定希少種保全動植物園等」制度が創設された。従来、動植物園等の種の保存等に対する役割を認める制度は存在せず、生息域外保全等の取組は各植物園等の自主的な協力に頼っていたが、法改正によって動植物園等の間で繁殖等のために個体を移動する際に種の保存法に基づく譲渡し等の許可手続き（第13条）を必要としたことから、その手続きを緩和する必要があったのである。そのため、希少種の保護増殖という点で適切な施設及び能力を有する動植物園等を認定する制度を創設し（第48条の4等）、計画の策定を通じて、積極的な連携を図るとともに、譲渡し等の規制緩和（第48条の10）を行った。なお、登録博物館及び博物館相当施設における展示のための譲渡し等（生きている個体に係るものを除く）は、大学における教育または学術研究等と並んで適用除外とされている（絶滅のおそれのある野生動植物の種の保存に関する法律施行規則第5条第2項第4号）。

　また、「鳥獣の保護及び管理並びに狩猟の適正化に関する法律」第9条第1項において、学術研究の目的、鳥獣の保護または管理の目的その他環境省令で定める目的で鳥獣の捕獲等又は鳥類の卵の採取等をしようとする者は、環境大臣または都道府県知事の許可を受けなければならないとされており、「その他環境省令で定める目的」は、同法施行規則第5条第1項において「博物館、動物園その他これに類する施設における展示」と規定されている。同じく同法第

24 条において、学術研究の目的、養殖の目的その他環境省令で定める目的で販売禁止鳥獣等の販売をしようとする者は、都道府県知事の許可を受けなければならないとされており、同法施行規則第 23 条第 1 項及び第 2 項において「博物館、動物園その他これに類する施設における展示」と規定されている。

　最大の課題は、「動物の愛護及び管理に関する法律」において、動物園・水族館はペットショップ等と同列の扱いとされていることだろう。2006（平成18）年の同法改正以降、すべての動物園・水族館は動物取扱業を営む者としての登録を受けなければならないが（第 10 条）、環境省は、動物園・水族館法等の法的規制がない現状においては、動物取扱業の「展示」業の枠から外すための基準の設定が困難であるとの主張を譲らない。その基準を新たな博物館法で規定することはできないものだろうか。高田浩二は、「環境省の下で動物園（水族館）法の制定をとすり寄った日本動物園水族館協会が、その刃で「動物取扱業」の扱いを受けて切り返された様な状況である。これは、あまりにも自己矛盾した行為ではないかと感じた出来事であった」（高田 2020）と述べており、自然史系博物館で哺乳動物、鳥類、爬虫類の飼育展示が行われていながら登録されていなかったり、入園無料の動物園が登録免除になった例があるなどの矛盾を指摘し、「動物取扱業の登録と規制」の法令には曖昧なグレーゾーンが多いと指摘している（高田 2007）。なお、同法第 5 条第 4 項の規定に基づき「展示動物の飼養及び保管に関する基準」（環境省告示）が定められている。

　水族館に関しては、いわゆる「イルカ問題[32]」に端を発し、2018（平成 30）年 7 月に自民党「水族館を応援する議員連盟」が発足し、「水族館基本法（仮称）」の制定に向けた動きが進んでいる。議員立法とはいえ、環境や水産資源保護の観点からのみ「水族館」を定義付けするのではなく、博物館法とのバランスを考慮する必要があろう。

　植物園に関しては、絶滅のおそれのある野生動植物の種の国際取引に関する条約（いわゆる「ワシントン条約」）上認められている「科学施設」の認定が日本では行われていないため、ラン等の輸出入が事実上不可能になっており、長年の課題になっていた。しかしながら、2019（令和元）年 4 月に経済産業省の「ワシントン条約第 7 条第 6 項に基づく研究施設登録の制度構築に関する検討会議」が必要な制度整備を行うべきとの報告をまとめ、「科学施設」の対象

に、登録博物館及び博物館相当施設も含むこととされた。これを受けて、同年10月1日から科学施設登録制度が開始されている。

（3）文化審議会博物館部会

2018（平成30）年10月から施行された改正文部科学省設置法において、文化庁は「文化に関する基本的な政策の企画及び立案並びに推進に関すること」と「文化に関する関係行政機関の事務の調整に関すること」（第4条第1項第77・78号）が新たな所掌事務とされた。博物館法が文化行政に移管された今こそ、博物館法の改正と文化政策としての博物館振興施策を推進するチャンスであり、すべての博物館関係者は望ましい博物館制度の構築に向けて全力で取り組まなければならないだろう。

2019（令和元）年11月に文化審議会に博物館部会が発足した。同部会では、「博物館の制度と運営に関する幅広い課題は、整理しながら、一定の期間をかけて検討」することとされていたが、文化庁は2020（令和2）年11月に横浜で開催された全国博物館大会で、博物館法改正に向けて「2021年央に中間まとめを出す」旨の宣言を行い、2021（令和3）年1月に「法制度の在り方に関するワーキンググループ」を発足させた。

最終的に同ワーキンググループは、11回に及ぶ議論を経て審議をまとめ、博物館部会での審議を経て、2021年12月20日に答申「博物館法制度の今後の在り方について」を取りまとめた。その内容は、本章の各節において断片的に紹介したとおりだが、改めて博物館登録制度の見直しの方向性を整理すると、以下のようになる。

設置主体

　現在、地方公共団体、一般社団法人、一般財団法人、宗教法人等に限定されている設置者の法人類型による限定を可能な限り拡大。新たに対象となる民間の法人は一定の公益性を担保。

審査基準

　現行の外形的基準のみならず、博物館としての活動も考慮。

審査主体・プロセス

　引き続き都道府県等の教育委員会が審査。その際、専門家の意見を聴取。

継続的に活動と経営の改善・向上を図る仕組み

　定期的な報告等による水準の維持・向上。新制度移行に当たって、5 年程度の準備期間の中で再度審査。

博物館による他館や関係機関との連携の促進

　複数の博物館が相互に連携してネットワークを形成し、効率的・効果的に課題に対処することを促進。

新制度と連動した総合的な博物館振興策の推進

　予算や税制などインセンティブをできる限り拡大。

　一方で、国立博物館は登録博物館の対象外とされ、引き続き博物館相当施設の制度を残し、具体的なインセンティブや第三者機関の設置については言及しないなど、不十分な点はあるとはいえ、まずは一歩前進ということであろう。国立博物館については、同答申で「設置及び運営に関する法律である博物館法の改正を第一歩として、国立博物館を含むすべての博物館の振興のための更なる制度整備についても視野に入れ、その在り方を検討していくことが求められる」と述べられていることは、大いに注目に値する。

　また、学芸員制度については、「拙速な議論を避け、実態の把握を行いながら、中長期的な課題として、引き続き博物館部会において継続的に検討していく必要がある」と明記しており、博物館部会における議論は、これからも継続して行われることになる。本答申を踏まえた法改正の具体的な内容は、現時点では不明だが、今後さらなる法改正や、政省令や望ましい基準等の改正も行われることになるのであろう。引き続き博物館関係者が一丸となって、一歩一歩かもしれないが、よりよい制度改正に向けた検討が進められていくことを期待したいと思う。

註
（1）N＝2,314。「すごくあてはまる」と「まああてはまる」の合計。
（2）2006（平成 18）年 10 月 1 日を基準日に調査。
（3）その後、二度延期されることが公表され、2021（令和 3）年 12 月現在、2022
　　（令和 4）年末に長官ら一部のみ移り、2023（令和 5）年度に順次移転する計画に

なっている。

（４）2018（平成 30）年 5 月 23 日衆・文部科学委員会における城井崇議員の質問に対する答弁。

（５）同日同委員会の畑野君枝議員の質問に対する答弁。

（６）日本博物館協会「博物館の評価機関等に関するモデル調査研究報告書」（2008年 3 月）、日本博物館協会「博物館登録制度の在り方に関する調査研究報告書」（2017 年 3 月）など。

（７）例えば、造幣局の造幣博物館、産業技術総合研究所地質調査総合センターの地質標本館、国際協力機構（JICA）の海外移住資料館など。独立行政法人国立高等専門学校機構が設置する鳥羽商船高等専門学校の百周年記念資料館や弓削商船高等専門学校の史料館等もこの類型に入る。

（８）行政組織については、通常各省設置法によって規定されるが制定当初は文化財保護法の中に規定され、その後の改正で文部省設置法に規定された。

（９）2022（令和 4）年 2 月 2 日に大阪中之島美術館が開館し、同機構は 6 館となった。

（10）愛知県立芸術大学芸術資料館、同大学法隆寺金堂壁画模写展示館、東京都立大学牧野標本館、京都市立芸術大学大阪市立大学理学部附属植物園など。

（11）薬学に関する学部または学科については、「薬用植物園（薬草園）」が必置とされている（大学設置基準第 39 条）。なお、韓国では、歴史的な経緯もあり、最近まで大学に博物館が必置とされていた。

（12）学芸員養成課程開講大学 299 校を対象とし、有効回答 127 件（国公立 41 件、私立 86 件）、回答率 42％。

（13）N = 1,568。

（14）学芸員数は 8,403 人（類似施設含む）（2018 年度社会教育調査）、埋蔵文化財専門職員は 5,592 人（2019 年度埋蔵文化財関係統計資料）。地方自治体では、埋蔵文化財専門職員の採用に当たって学芸員資格を受験資格とする事例が相当数あるが、発掘調査能力を証する資格としては適切ではない。

（15）厳密には、講習の修了証書授与者が「社会教育士（講習）」と、養成課程の修了者が「社会教育士（養成課程）」と称することができ、履歴書や名刺には単に「社会教育士」と記載してもよいとされている。

（16）戦前は行政組織や官吏制度が勅令、すなわち天皇により与えられており、官吏は武官と文官に分類されるほか、「高等官」と「判任官」に分類された。高等官は「親任官」の下に一等から九等の等級があり、一等と二等を「勅任官」、三等以下を「奏任官」とした。本省では課長級以下が奏任官であった。

（17）満州国の元号は 1932〜34 年が「大同」で、愛新覚羅溥儀の皇帝即位に伴い、1934 年 3 月 1 日に「康徳」に改元され、1945 年 8 月 18 日まで使用された。

（18）満洲国国立中央博物館は、1935（康徳 2）年 6 月奉天（現在の瀋陽）に開館し

た満洲国国立博物館と、同年 8 月同じく奉天に開館した南満洲鉄道株式会社教育研究所附属教育参考館を前身として、首都である新京（現在の長春）にビルを間借りした展示場として 1940（康徳 7）年 7 月に開館したが、本館庁舎を建築するには至らず、1945（康徳 12）年 8 月 16 日に民衆によって破壊され、満洲国の崩壊とともに消滅した。

(19) 日本博物館協会が 1960（昭和 35）年に翻訳した博物館法の英訳でも「art official」と表記している（「JAPANESE NATIONAL COMISSION FOR UNESCO, Aug. 1960, MUSEUMS IN JAPAN」）。

(20) イギリスでは keeper と呼ぶ場合も多い。

(21) アメリカで curator とは別に educator が博物館における専門職として確立したのは 1960 年代後半だが、最近は「curator of education」のように呼称する例も多い。

(22) development officer は、経営学を学んだ MBA（経営学修士）取得者であることが多い。courier は、職種というよりも curator 等の業務の一環だが、大規模館では専属の職員がいる場合がある。

(23) 2018 年度社会教育調査より。

(24) conservateur du patrimoine（文化財保存監督官）。1990〜91 年に制度化した専門職種の公務員。

(25) 財団法人地域創造　2009『これからの公立美術館のあり方についての調査・研究報告書』。

(26) 「臨時又は非常勤の顧問、参与、調査員、嘱託員及びこれらの者に準ずる者の職（専門的な知識経験又は識見を有する者が就く職であつて、当該知識経験又は識見に基づき、助言、調査、診断その他総務省令で定める事務を行うものに限る。）」と規定している。

(27) 投票管理者、開票管理者、選挙長、選挙分会長、審査分会長、国民票分会長、投票立会人、開票立会人、選挙立会人、審査分会立会人、国民投票分会立会人その他総務省令で定める者の職。

(28) 『滋賀県立美術館 News Letter　2021 年 2 月』より。

(29) 「統計データから見る日本美術界のジェンダーアンバランス　シリーズ：ジェンダーフリーは可能か？（1)」『美術手帖』ポータルサイト 2019.6.5

(30) 職員の併任に関しては、大学と県教育委員会が職務を併任する職員の身分等の取扱いについて協定を締結している。

(31) 第 2 章 2.（4）相続税を参照。

(32) 2015 年 4 月、世界動物園水族館協会（WAZA）は、日本動物園水族館協会加盟園館が、倫理的ではないとする追い込み漁で捕獲したイルカを多くの水族館が入手し飼育展示しているとして、会員資格停止を勧告した問題。同年 5 月 20 日、日本動物園水族館協会は WAZA へ残留する方針を発表した。

戦後博物館法規に関する略年表（丸数字は、第3章 2. の博物館法改正経緯の番号と一致）

年　　月	博物館関連法規の制定・改正	関連事項
1947（昭和22）年 3 月	教育基本法公布	
1949（昭和24）年 6 月	社会教育法公布	
1950（昭和25）年 5 月	文化財保護法公布	
1951（昭和26）年 5 月 　　　　　　　　12 月	博物館法公布	イコム日本委員会発足
1952（昭和27）年 3 月 　　　　　　　　5 月 　　　　　　　　8 月	博物館法施行令公布 博物館法施行規則公布 日本赤十字社法①	
1953（昭和28）年 8 月 　　　　　　　　12 月	地方自治法の一部を改正する法律の施行 に伴う関係法令の整理に関する法律②	 第 1 回全国博物館大会開催
1955（昭和30）年 7 月 　　　　　　　　10 月	博物館法の一部を改正する法律③ 博物館法施行規則全部改正	
1956（昭和31）年 6 月	地方教育行政の組織及び運営に関する法 律の施行に伴う関係法律の整理に関する 法律④	
1959（昭和34）年 4 月	社会教育法等の一部を改正する法律⑤	
1960（昭和35）年 12 月		ユネスコ「博物館をあらゆる 人に開放する最も有効な方法 に関する勧告」採択
1964（昭和39）年 10 月		東京オリンピック開催
1967（昭和42）年		明治 100 年
1968（昭和43）年 6 月		文化庁設置
1970（昭和45）年 3〜9 月		大阪万博開催
1971（昭和46）年 6 月	許可、認可等の整理に関する法律⑥	
1973（昭和48）年 11 月	「公立博物館の設置及び運営に関する 基準」告示	
1983（昭和58）年 12 月	国家行政組織法の一部を改正する法律の 施行に伴う関係法律の整理等に関する法 律⑦	
1985（昭和60）年 6 月〜 1987（昭和62）年 8 月		臨時教育審議会答申
1986（昭和61）年 12 月	日本国有鉄道改革法等施行法⑧	
1990（平成 2）年 8 月		生涯学習審議会発足
1991（平成 3）年 4 月	国立学校設置法及び学校教育法の一部を 改正する法律⑨ 学校教育法等の一部を改正する法律⑩	

年月	法律等	備考
1993（平成5）年11月	行政手続法の施行に伴う関係法律の整備に関する法律⑪	
1995（平成7）年1月		阪神淡路大震災
1996（平成8）年8月	博物館法施行規則の一部改正（学芸員養成課程が5科目10単位から8科目12単位に）	
1997（平成9）年3月	「私立博物館における青少年に対する学習機会の充実に関する基準」告示	
1998（平成10）年3月		公立社会教育施設整備費補助金、一般財源化
4月	文部省生涯学習局長通知により、首長部局所管の公立博物館も博物館相当施設の指定が可能になる	
6月	美術品の美術館における公開の促進に関する法律公布	
1999（平成11）年7月	地方分権の推進を図るための関係法律の整理等に関する法律⑫	
12月	中央省庁等改革関係法施行法⑬ 独立行政法人の業務実施の円滑化等のための関係法律の整備等に関する法律⑭	
2001（平成13）年1月		文部科学省設置 独立行政法人制度発足 生涯学習審議会が中央教育審議会生涯学習分科会に再編
3月		日本博物館協会「「対話と連携」の博物館」公表
7月	学校教育法の一部を改正する法律⑮	
12月	文化芸術振興基本法公布	
2003（平成15）年6月	「公立博物館の設置及び運営に関する基準」一部改正告示	
9月		地方自治法の一部改正の施行により、指定管理者制度導入
2006（平成18）年6月		競争の導入による公共サービスの改革に関する法律の施行により市場化テスト導入
	一般社団及び一般財団法人に関する法律及び公益社団法人及び公益社団法人の認定等に関する法律の施行に伴う関係法律の整備等に関する法律⑯	
12月	教育基本法改正	
2007（平成19）年6月	学校教育法等の一部を改正する法律⑰	
2008（平成20）年5月	地域における歴史的風致の維持及び向上に関する法律公布	
6月	社会教育法等の一部を改正する法律⑱	

2009（平成21）年 4 月	博物館法施行規則の一部改正（学芸員養成課程が 9 科目 19 単位に）（平成 24 年度から施行）	
11 月		民主党政権による事業仕分け
2011（平成23）年 3 月		東日本大震災
4 月	展覧会における美術品損害の補償に関する法律公布 海外の美術品等の我が国における公開の促進に関する法律公布	
6 月	特定非営利活動促進法の一部を改正する法律⑲ 情報処理の高度化等に対処するための刑法等の一部を改正する法律⑳	
8 月	地域の自主性及び自立性を高めるための改革の推進を図るための関係法律の整備に関する法律㉑	
12 月	東日本大震災復興特別区域法㉒ 「博物館の設置及び運営上の望ましい基準」告示	
2012（平成24）年 7 月		日本博物館協会「博物館の原則」、「博物館関係者の行動規範」制定
2014（平成26）年 6 月	地域の自主性及び自立性を高めるための改革の推進を図るための関係法律の整備に関する法律㉓	
2015（平成27）年 9 月		国連「持続可能な開発のための 2030 アジェンダ（SDGs）」採択
11 月		ユネスコ「ミュージアムとコレクションの保存活用、その多様性と社会における役割に関する勧告」採択
2017（平成29）年 5 月	学校教育法の一部を改正する法律㉔	
2018（平成30）年 6 月		文部科学省設置法の改正により、博物館に関する事務を文化庁に移管
2019（令和元）年 6 月	地域の自主性及び自立性を高めるための改革の推進を図るための関係法律の整備に関する法律㉕	
9 月		ICOM 京都大会開催
11 月		文化審議会博物館部会発足
2020（令和 2）年 4 月	文化観光拠点施設を中核とした地域における文化観光の推進に関する法律公布	新型コロナウイルス感染拡大

引用・参考文献

ICOM-ICTOP　2008 "Museum professions–a European frame of reference"

青木　豊　2010「高度博物館学教育の実践」『博物館研究』Vol. 45 No. 12　日本博物館協会

青木　豊　2012「博物館の施設・整備」大堀哲・水嶋英治編著『博物館学Ⅰ』学文社

青木　豊　2019a「社会における学芸員の認識」『博物館が壊される！―博物館再生への道―』雄山閣

青木　豊　2019b「学芸員養成制度の不備」同上

新井重三　1952a「社会教育機関としての博物館と学芸員のありかたについて」『日本博物館協会会報』第16号　日本博物館協会

新井重三　1952b「博物館における教育活動の根本問題について」『日本博物館協会会報』第17号　日本博物館協会

新井重三　1973「博物館における研究の性格と機能的にみた博物館の分類 Curatorial Museum Non-Curatorial Museum」『博物館研究』第45巻第2号　日本博物館協会

伊藤寿朗　1971「戦後博物館行政の問題」『月刊社会教育』1971年11月号　国土社

伊藤寿朗　1990「博物館法と戦後の博物館」小林文人・藤岡貞彦編『生涯学習計画と社会教育の条件整備』エイデル研究所

伊藤寿朗　1991『ひらけ、博物館』岩波書店

伊藤寿朗　1993『市民のなかの博物館』吉川弘文館

伊藤寿朗・森田恒之編　1978『博物館概論』学苑社

犬塚康博　2015『反論博物館論序説―20世紀日本の博物館精神史』共同文化社

岩城卓二・高木博志編　2020『博物館と文化財の危機』人文書院

梅棹忠夫編　1981『博物館と美術館』中央公論社

梅棹忠夫編　1983『博物館と情報』中央公論社

大堀　哲　1999「博物館法」『季刊教育法』110号　エイデル研究所

学術審議会学術情報資料分科会学術資料部会報告「ユニバーシティ・ミュージアムの設置について―学術標本の収集，保存・活用体制の在り方について―（1996年1月）

加藤有次　1996『博物館学総論』雄山閣

金山喜昭　2012『公立博物館をNPOに任せたら―市民・自治体・地域の連携』同成社

金山喜昭　2018「公立博物館の入館料は無料か有料か」『法政大学資格課程年報』7

金山喜昭　2020『転換期の博物館経営―指定管理者制度・独立行政法人の検証と展望』

238

　　　　　同成社

金山喜昭　2020「東博の入館料値上げ問題について」『学会ニュース No. 132』全日本博物館学会

川崎　繁　1979「博物館法の思い出」『博物館研究』Vol. 14 No. 2　日本博物館協会

川崎　繁　2008「博物館法制定時の事情」『博物館学雑誌』第 34 巻第 1 号　全日本博物館学会

河島伸子　2020a「「文化の価値」とミュージアム」河島伸子・小林真理・土屋正臣『新時代のミュージアム』ミネルヴァ書房

河島伸子　2020b「ミュージアム運営と資金調達」同上

神辺知加　2007「「子どものための文化史展」について―東京国立博物館の教育普及事業史研究敗戦直後―」『MUSEUM』No. 611　東京国立博物館

倉田公裕　1992「日本の博物館における学芸員の諸問題について」『歴史手帖』第 20 巻 11 号　名著出版

倉田公裕　1998「館長という専門職（序）」『明治大学学芸員養成課程年報 1998』

倉田公裕　2009「20 世紀の博物館学研究者からのメッセージ―その反省と期待―」『瑞浪市化石博物館研究報告』No. 35　瑞浪市化石博物館

倉田公裕・矢島國雄　1997『新編博物館学』東京堂出版

栗田秀法編『現代博物館学入門』ミネルヴァ書房

栗原祐司　2009a「学芸員とキュレーター―日米比較―」『社会教育』2009 年 11 月号　全日本社会教育連合会

栗原祐司　2009b「学芸員養成の充実方策について（博物館法施行規則の改正）」『博物館研究』Vol. 44 No. 4　日本博物館協会

栗原祐司　2010「我が国の博物館政策の諸課題」『日本ミュージアム・マネージメント学会研究紀要』第 14 号　日本ミュージアム・マネージメント学会

栗原祐司　2011「文化財及び博物館政策の課題と展望」『月刊文化財』2011 年 4 月号　第一法規

栗原祐司　2014「我が国の博物館法制度の現状と課題」『國學院雑誌』第 115 巻 8 号　國學院大學

栗原祐司　2018「観光行政・文化行政と博物館」青木豊ほか『博物館と観光　社会資源としての博物館論』雄山閣

栗原祐司　2019「求められる新博物館法の要件」青木豊ほか『博物館が壊される！―博物館再生への道―』雄山閣

栗原祐司　2020「ICOM 京都大会と今後の我が国の博物館」『博物館研究』Vol. 55　別冊　日本博物館協会

栗原祐司　2021『教養として知っておきたい博物館の世界』誠文堂新光社

栗原祐司・林菜央・井上由佳・青木豊　2019『ユネスコと博物館』雄山閣

後藤和民　1978「第 5 章　博物館の運営と職員」伊藤寿朗・森田恒之編『博物館概論』

学苑社

小林真理　2020「ミュージアム政策の不在」河島伸子・小林真理・土屋正臣『新時代の
　　　　ミュージアム』ミネルヴァ書房

小林真理・小島立・土屋正臣・中村美帆　2021『法から学ぶ文化政策』有斐閣

これからの博物館の在り方に関する検討協力者会議報告書「新しい時代の博物館制度の
　　　　在り方について」(2007 年 6 月)

これからの博物館の在り方に関する検討協力者会議報告書「学芸員養成の充実方策につ
　　　　いて」(2009 年 2 月)

これからの博物館の在り方に関する検討協力者会議報告書「博物館の設置及び運営上の
　　　　望ましい基準の見直しについて」(2010 年 3 月)

斎木健一　2016「自然史系博物館の専門職員養成と学芸員資格」『博物館研究』Vol. 51
　　　　No. 2　日本博物館協会

財団法人地域創造　2009『これからの公立美術館のあり方についての調査・研究報告
　　　　書』

佐々木秀彦　2011「博物館法にみる資料のとらえ方」八尋克郎・布谷知夫・里口保文編
　　　　著『博物館でまなぶ―利用と保存の資料論―』東海大学出版会

佐々木秀彦　2013『コミュニティ・ミュージアムへ―「江戸東京たてもの園」再生の現
　　　　場から』岩波書店

椎名慎太郎・稗貫俊文　1986『文化・学術法（現代行政法学全集）』ぎょうせい

椎名仙卓　1988『日本博物館発達史』雄山閣

椎名仙卓　2000『図解博物館史〈改訂増補〉』雄山閣

椎名仙卓・青柳邦忠　2014『博物館学年表―法令を中心に―』雄山閣

嶋崎　丞　1998「設置基準と博物館活動」『博物館研究』Vol. 33 No. 9 日本博物館協会

下村卓也　2013「地方独立行政法人制度の見直しについて」『月刊地方自治』2013 年 12
　　　　月号　地方自治制度研究会

社会教育推進体制の在り方に関するワーキンググループ「社会教育推進体制の在り方に
　　　　関するワーキンググループにおける審議の整理」(2013 年 9 月)

生涯学習審議会社会教育分科会報告「社会教育主事、学芸員及び司書の養成、研修等の
　　　　改善方法について」(1996 年 4 月)

白原由起子　2015「日本の美術館・博物館がめざす将来―欧米のミュージアムから学ぶ
　　　　こと」『三田評論』No. 1192　慶應義塾

水藤　真　1998『博物館を考える』山川出版社

水藤　真　2003『博物館を考えるⅢ』山川出版社

菅井　薫　2011『博物館活動における「市民の知」のあり方』学文社

高田浩二　2007「動物園・水族館は動物取扱業者か？」『日本ミュージアム・マネージ
　　　　メント学会報』No. 45

高田浩二　2020「博物館としての動物園水族館の在り方Ⅱ」『日本の博物館のこれから』

科研費報告書

鷹野光行　2007「「これからの博物館の在り方に関する検討協力者会議」報告書をめぐって」『考古学研究』第 54 巻第 2 号　考古学研究会

鷹野光行　2008「制度からみた博物館」『博物館学雑誌』第 22 巻第 1・2 合併号　全日本博物館学会

鷹野光行　2010「学芸員養成の充実方策について―これからの博物館の在り方に関する検討協力者会議第二次報告書から」『博物館研究』Vo. 45 No. 12　日本博物館協会

鷹野光行　2010『博物学特論　博物館と考古学の接点を求めて』慶友社

高橋明也　2015『美術館の舞台裏―魅せる展覧会を作るには』筑摩書房

瀧端真理子　2016「日本の博物館はなぜ無料でないのか？」『追手門大学心理学部紀要』第 10 巻

瀧端真理子　2014〜2017「Musa（博物館学芸員課程年報）」第 28 号〜第 31 号　追手門大学

建畠　哲　2021「相次ぐ女性美術館長の誕生」『新美術新聞』2021 年 1 月 21 日号

棚橋源太郎　1929「博物館施設近時の傾向」『博物館研究』第 2 巻第 9 号　日本博物館協会

棚橋源太郎　1947「日本の博物館」『世界の博物館』大日本雄辨會講談社

棚橋源太郎　1950『博物館学綱要』理想社

棚橋源太郎　1950「博物館同植物園法の制定」『日本博物館協会会報』第 8 号　日本博物館協会

棚橋源太郎　1950「博物館と同植物園とはなぜ同一法で律するを可とするか」『日本博物館協会会報』第 9 号　日本博物館協会

千地万造　1994『博物館の楽しみ方』講談社

千地万造編　1968『博物館学講座 5』雄山閣

中央教育審議会地方教育行政部会まとめ「地方分権時代における教育委員会の在り方について」（2005 年 1 月）

中央教育審議会答申「今後の地方教育行政の在り方について」（2013 年 12 月）

辻　秀人　2019「博物館法はどこに向かうのか」『博物館が壊される！―博物館再生への道―』雄山閣

鶴田総一郎　1956「博物館学総論」日本博物館協会編『博物館学入門』理想社

動植物園等公的機能推進方策のあり方検討会平成 25 年度報告書「動植物園等の公的機能推進方策のあり方について」（2014 年 3 月）

戸田　孝　2016「教員を学校以外へ配属する場合の人事制度の地域差」『科学教育研究』Vol. 40 No. 1　日本科学教育学会

中島俊教　1981「博物館法」『博物館学講座 10』雄山閣

中野信子・熊澤弘　2020『脳から見るミュージアム』講談社

南條史生　2020「弘前れんが倉庫美術館開館」『新美術新聞』No. 1539　美術年鑑社

日本学術会議「博物館の危機をのりこえるために（声明）」（2007 年 5 月）

日本学術会議学術基盤情報常置委員会「学術資料の管理・保存・活用体制の確立および専門職員の確保とその養成制度の整備について（報告）」（2003 年 6 月）

日本学術会議史学委員会博物館・美術館等の組織運営に関する分科会「地域主権改革と博物館―成熟社会における貢献をめざして（提言）」（2011 年 8 月）

日本学術会議史学委員会博物館・美術館の組織運営に関する分科会「21 世紀の博物館・美術館のあるべき姿―博物館法改正へ向けて（提言）」（2020 年 8 月）

日本学術会議史学委員会博物館・美術館等の組織運営に関する分科会「地域主権改革と博物館―成熟社会における貢献をめざして（提言）」（2011 年 8 月）

日本学術会議史学委員会博物館・美術館の組織運営に関する分科会「21 世紀の博物館・美術館のあるべき姿―博物館法改正へ向けて（提言）」（2017 年 7 月）

日本学術会議史学委員会博物館・美術館の組織運営に関する分科会「博物館法改正へ向けての更なる提言～2017 年提言を踏まえて～（提言）」（2020 年 8 月）

日本学術会議動物科学研究連絡委員会・植物科学研究連絡委員会「自然史・生物系博物館における教育・研究の高度化について（報告）」（2003 年 6 月）

日本学術会議基礎生物学委員会・応用生物学委員会・地球惑星科学委員会合同自然史・古生物学分科会「文化の核となる自然史系博物館の確立を目指して（対外報告）」（2008 年 1 月）

日本社会教育学会社会教育法制研究会　1972『社会教育法制研究資料 XIV』

「博物館の未来を考える」刊行会　2021『博物館の未来を考える』中央公論美術出版

博物館法等に関する専門部会報告　1954　『博物館研究』第 1 巻第 7 号　日本博物館協会

浜田弘明　2016「日本的学芸員養成教育のあり方を考える」『博物館研究』Vol. 51 No. 2　日本博物館協会

浜田弘明　2020「我が国における学芸員養成の現状と課題」『日本の博物館のこれから II』科研費報告書

林　克彦　2020「私立博物館への寄贈とみなし譲渡所得」『博物館研究』Vol. 55 No. 3　日本博物館協会

林　良博　2007「大学博物館の現状と未来」『学術の動向』2007 年 2 月号　日本学術協力財団

半田昌之　2017「博物館・美術館への「公共施設等運営権制度」を活用した PFI 事業（コンセッション事業）導入について」『日本の博物館のこれから』科研費報告書

美術史学会「科学研究費補助金の代表申請資格を得るために―美術館・博物館のための研究機関指定申請マニュアル―」（2004 年 5 月）

富士川金二　1971「博物館の法体系」『博物館学』成文堂

文化審議会答申　2021「博物館法制度の今後の在り方について」（2021 年 12 月）

宮地　茂　1959『改正社会教育法解説』全日本社会教育連合会

森　耕一　1981『図書館の話』至誠堂

森田利仁　2016「学芸員資格に専門種別を復活すべきとき」『博物館研究』Vo. 51 No. 2
日本博物館協会

諸坂佐利　2018「我が国の「水族館」を取り巻く法環境に関する法解釈学的及び法政策
学的考察―いわゆる「イルカ」問題にも触れながら」『博物館研究』Vol. 53
No. 11　日本博物館協会

矢島國雄　2016「博物館専門職員養成の諸問題」『博物館研究』Vol. 51 No. 2　日本博
物館協会

和田勝彦　2015『遺跡保護の制度と行政』同成社

お わ り に

　研究者のみならず、大学等の学芸員養成課程で博物館学を学んでいる学生を含め、広く博物館関係者が博物館法の内容とその改正等の経緯を知ることによって、その現状と課題を認識してもらうことは、今後の博物館制度の充実のためにも必要であり、ひいては次の博物館法改正に向けた起爆剤となるのではないだろうか。これが、本書を執筆することとした理由である。本書は、主に博物館に関する法令を中心に概説しているが、文化財保護法や著作権法など、既に専門書が豊富にある法令に関しては、誌面の関係もあり、詳細は割愛した。もとより筆者は、文部官僚の出自ではあるが、法律の専門家ではない。不勉強のところもあり、遠慮なく御叱責賜れば幸いである。

　本書の執筆を始めたのは、「はじめに」で述べたように、2008（平成 20）年の博物館法改正に際して博物館法の解説書の必要性を感じてからなので、早くも 14 年の月日が流れてしまった。同成社の佐藤涼子社長には、早い段階で書籍出版のお話をいただきながら、日々の業務に忙殺され、先延ばしを繰り返してきてしまった。毎年のように督促を受けながら、10 年近くにわたって辛抱強くお待ちいただいたことに対し、お詫びを申し上げるとともに、改めて心から感謝の意を申し述べたい。同じく、編集・校正等の労をわずらわせた同社の三浦彩子氏にも御礼申し上げる。

　博物館法改正は、博物館関係者の永年の課題であり、筆者にとっても不十分な結果に終わった 2008 年の法改正に携わって以来の念願でもある。2008 年以降も法改正の必要性はたびたび俎上に上がるものの、具体化には至らず、博物館法は「もう死んだ法律」であり、「放置しておけばよい」と明言する貝塚健氏の論考「雑感：博物館法をめぐる議論をめぐって」（『博物館研究』vol. 51. No. 12、日本博物館協会）に対し、日本博物館協会は 2017（平成 29）年度の棚橋賞を授与した。一見、同協会はもう博物館法改正を断念したのかと思われたが、貝塚氏の主張は、「もう法や国になんでもお願いする時代」ではなく、

「博物館法にこだわり続けていては優秀な人材の確保はおぼつかない」と述べ、博物館の存在意義を見直すべきとする提案も含まれていたことから、むしろ、そうした提案にも賞を授与する同協会の懐の深さを示すものであったとも考えられる。しかしながら、筆者は、賞の名を冠した故・棚橋源太郎先生がそれで満足しているかどうかを考えれば、やはり博物館法を理想とする姿にするための努力は、なお必要であると考えた。2017年及び2020（令和2）年に日本学術会議が博物館法改正へ向けた提言をまとめたことは、筆者を大いに勇気づけてくれたし、その内容には貝塚氏も提案していた第三者機関の設置についての提言も含まれていた。さらに、2018（平成30）年10月から博物館法が文化庁に移管され、2019（令和元）年6月には長年の課題であった地教行法の改正が行われ首長部局所管の公立博物館でも登録博物館となれるようになるなど、博物館法改正に向けた機運は高まっていった。2021（令和3）年12月に文化審議会において、博物館法改正に向けた答申がまとめられ、2022（令和4）年夏には博物館法改正が行われるであろう。そういう意味では、本書はすぐに古くなってしまうかもしれないが、資料的価値は変わらないであろうし、可能であれば、将来最新情報を追加して改訂版を刊行できればと希望している。

　本書の執筆に当たっては、多くの関係者にご協力を賜った。とりわけ全体を通じて日本博物館協会専務理事の半田昌之氏には様々な御配慮を賜った。第3章は玉川大学教育博物館の菅野和郎氏に貴重な御意見をいただいた。この場を借りて厚く御礼申し上げる次第である。非常に残念なのは、当初は博物館法制前史として、明治以降の博物館法制定に向けた動きを執筆したのだが掲載できなかったことである。新潟県立歴史博物館の山本哲也氏から貴重な御意見も賜っていたのだが、分量オーバーとなり、断腸の思いで本書からは割愛した。また次の機会に公表できればと思っている。

　最後に一気呵成に書き上げることができたのは、正直なところ新型コロナウイルスの感染拡大に伴う本務の会議・行事等の縮減やリモート・ワークの増加に伴い執筆時間を確保することができたことが大きいが、本書の出版の意義を認め、応援いただいた佐々木丞平京都国立博物館名誉館長の寛大なお気持ちが何よりの心の支えであった。改めて感謝と御礼の言葉を申し上げたい。

　筆者は、全国津々浦々にある 6 千館以上に及ぶ博物館を訪れてきたが、それらはまさに多種多様の一言に尽きる。それらすべてに博物館法を適用すべきというつもりは毛頭ないが、それでも日本の博物館の発展のために、博物館法が役に立つことを信じており、これからも時代の変化に対応して改善していかなければならないと思っている。最後に、先達の言葉を紹介して結びとしたい。

　倉田公裕氏は、筆者も関わった 2008 年の博物館法改正が期待外れに終わったことについて「つまり、博物館を理解し、応援してくれる博物館ロビイスト（lobbyist・応援団）の不在が原因のひとつであると思われ」、「問題点を指摘し、改正運動を試みた同輩、後輩も「一匹狼」であり、強力な（狼群団）を作ることができなかったことが問題である」（倉田 2009）と述べている。

　本書を刊行したのは、来るべき博物館法改正において、文化審議会博物館部会の委員はじめそれに携わる関係者が「一匹狼」にならないようにすることが一つの目的でもある。博物館法を「もう死んだ法律」だと諦めるのではなく、一人でも多く「有意なものに変えていこうとする意思」を持って「博物館ロビイスト」となってほしいと願っている。

　もとより、法律は政策に還元されてはじめて生きたものになる。博物館法の改正によって、博物館政策がより一層充実したものになることを期待したい。

　本書が博物館学を学ぶ方々や現場で法制度等に携わる方々の参考になり、博物館法制度のさらなる充実に少しでも資することができれば幸いである。

　2022 年 2 月吉日

　　　　　　　　　　　　　　　　　　　　　　　　　栗 原 祐 司

基礎から学ぶ博物館法規

■著者略歴■

栗原祐司（くりはら ゆうじ）

1966 年東京都生まれ。上智大学法学部、放送大学教養学部卒業。
1989 年文部省入省後、ニューヨーク日本人学校国際交流ディレクター、
文部科学省社会教育課企画官、文化庁美術学芸課長、東京国立博物館総
務部長、独立行政法人国立文化財機構事務局長等を経て、
2016 年 10 月より、京都国立博物館副館長（現職）。
日本博物館協会理事、ICOM 日本委員会副委員長、國學院大學大学院
及び国際基督教大学非常勤講師、日本展示学会副会長、全日本博物館学
会役員、日本ミュージアム・マネージメント学会理事も務める。
〔主要論著〕
『美術館政策論』（共著、晃洋書房、1998 年）、『ミュージアム・フリー
ク in アメリカ―エンジョイ！ミュージアムの魅力』（雄山閣、2009
年）、『ユネスコと博物館』（共著、雄山閣、2019 年）、『博物館ななめ歩
き』（監修、文藝春秋、2020 年）、『教養として知っておきたい博物館の
世界』（誠文堂新光社、2021 年）ほか。

2022 年 2 月 28 日発行

|---|---|
著 者	栗 原 祐 司
発行者	山 脇 由 紀 子
印 刷	㈱ 理 想 社
製 本	協 栄 製 本 ㈱

発行所　東京都千代田区飯田橋 4-4-8　㈱ 同成社
（〒102-0072）東京中央ビル
TEL　03-3239-1467　振替　00140-0-20618

©Kurihara Yuji 2022. Printed in Japan
ISBN978-4-88621-883-4 C3032